JN422574

에스라, 느헤미야서 강해

구약의 유다 마지막 역사

김홍규 지음

도서출판 영문

The Last History of the Old Testament

by

Hong Kyu Kim (Ph.D)

2021

Young Moon Publishing Co.,

Seoul, Korea

유다의 마지막 역사에 나타난 하나님의 구원 설계

한 권의 책 속에는 글쓴이의 긴 시간의 고심(苦心)과 열의가 응고되어 있다. 다른 사람들에게는 또 한 권의 책일 뿐이지만, 저자에게는 수십 번 수백 번 생각하고 결심하면서 만들어진 것이다. 필자의 숨 소리와 땀 내음을 맡으면서 본서를 읽고 평해 준다면 정말 감사하겠다.

하나님이 자기 백성을 사랑하시는 데는 결코 포기가 없으시다. 인류가 죄를 범한 후로는 타락과 불순종의 역사가 반복되었다. 하나님이 손을 놓아버리면 인간은 구원의 끈이 끊어지고 만다. 자기 백성을 구원하시겠다는 하나님의 언약과 변하지 않는 사랑으로 인하여 구원의 역사는 지금까지 쉬지 않았다.

범죄한 아담 부부가 에덴 동산에서 추방된 후에, 하나님은 믿음의 계열 '셋'의 혈통에서 '노아'가 태어나게 하셨다. 그리고 온 세상이 대홍수 심판으로 멸망할 때에 방주를 짓게 하시고 그 여덟 식구를 구원해 주셨다. 지구에 사람이 번성해 갈 때에 바벨탑 사건으로 하나님을 배반하고 인간 중심의 삶을 살려고 했던 인류에게 또 다시 언어 심판을 하셨다. 서로 말이 통하지 않아서 뿔뿔이 흩어진 사람들 중에 '아브라함'을 선택하셨다. 그리고 그 믿음의 사람을 통하여 이스라엘 민족이 태동하게 하셨다.

이 지구상에 이스라엘 민족이 생겼다는 것은 온 인류에게 희망의 불을 밝히셨다는 것이다. 하나님은 그 민족을 통하여 온 세상이 구원과 복을 받도록 약속하셨기 때문이다. 이스라엘 민족 유다 지파 자손에서 왕이 나오게 될 것이고, 그 다윗의 혈통에서 온 인류의 구원주이신 예수 그리스도가 오실 것을 언약하셨다. 이스라엘도, 오늘 이방인인 우리도 그 언약을 믿고 구원을 받게 되었다. 이미 이천여 년 전에 유다 땅 베들레헴에 구세주가 탄생하셨고, 그 예수 그리스도가 십자가에 달려 죽으시면서 우리가 받아야 마땅할 지옥의 고통을 대신하셨다.

이스라엘의 마지막 역사는 구세주가 탄생할 다윗의 혈통이 어떻게 끊어지지 않고 이어져 왔는가를 증거하고 있다. 타락한 이스라엘의 왕족과 귀족들이 패망하여 바벨론에 포로로 끌려가고 다윗의 왕통이 끊어진 상황에서도, 하나님은 언약하신 대로 그 백성을 지켜주셨다. 하나님은 유다 지파 다윗의 혈통에서 구원주 메시야가 오실 것이라고 언약하신 대로 세계 역사를 이끄셨다.

이스라엘 백성들이 바벨론에 포로로 끌려가면서 하나님의 언약은 깡그리 무너지는 것 같았다. 그러나 유다의 왕 '여호야긴'을 37년 동안 바벨론 감옥에서 지켜주셨다가, 하나님의 언약을 성취하기 위하여 기적같이 그를 석방시키셨다. 그 다윗의 왕통에서 유다의 총독 '스룹바벨'이 나오게 되었고, 그가 예루살렘의 성전을 재건하고 여호와 신앙을 회복하였다.

페르시아의 '아하수에로' 왕 시절에는 '모르드개'와 유다인을 미워했던 총리 '하만'에 의하여 유다인들이 몰살당할 위기가 있었다. 그러나 하나님은 악한 '하만'과 유다인들을 증오하던 무리들을 오히려 멸하셨다. 제비를 뽑아 죽을 날짜가 정해졌던 유다인들은 살리시고, 그 음모를 꾸민 자들은 처형당하게 하셨다. 유다인 구원을 위한 반전의 역사가 '에스더서'이다.

사탄은 끊임없이 유다 지파의 '씨 흐름'을 멸절시켜 예수 그리스도의 오심을 막으려고 시도하였다. 그러나 하나님은 이미 하신 언약을 조금도 흔들림이 없이 그대로 성취해 나가셨다. 이 놀라운 하나님의 섭리와 은혜의 역사를 발견하기 위하여 구약의 마지막 역사인 에스더서와 에스라서와 느헤미야서를 반드시 읽고 연구해야 할 가치가 있다.

본서가 나오기까지 기도해 주신 새서울교회 성도들과 '모든 민족 선교회'와 'F.B.A'(친구들 바이블 아카데미) 목회자들과 영문 출판사 사장님께 감사를 드린다.

2021년 1월 21일

새서울교회 목양실에서

주님의 종, 김홍규

Contents

Ⅰ. 구약의 마지막 역사

Ⅱ. 에스라서 강해

III. 느헤미야서 강해

The last history of the Old Testament

I. 구약의 마지막 역사

The last history of the Old Testament

1
유다 말기의 역사와 바벨론 제국

1.1 유다와 관계된 다섯 제국

에스라와 느헤미야서는 히브리어 원전에는 한 권으로 연결되어 있다. 헬라어 성경인 70인역으로 번역할 때에 에스라서와 느헤미야서를 나눈 것이다. 구약성경의 마지막 역사서인 에스라서와 느헤미야서를 통하여 유다 말기의 역사와 하나님이 계획하신 인류의 구원 역사를 살펴보려고 한다.

구약 역사의 마지막 세 권인 "에스라, 느헤미야, 에스더서"를 이해하려면 유다 말기에 나타났던 세 제국, 앗수르와 바벨론과 바사(페르시아)에 대한 역사를 알아야 한다. 왜냐하면 북 이스라엘은 앗수르의 침략으로 패망하였고, 남쪽 유다의 지도자들은 바벨론에 멸망하여 포로로 잡혀갔다. 그리고 페르시아(바사)의 초대 왕 '고레스'(Cyrus)가 마음의 감동을 받아 하나님의 백성인 유다 민족의 일부를 귀향하게 하였기 때문이다(스1:1).

에스라, 느헤미야, 에스더서에 페르시아의 왕인 '고레스'와 '아닥사스다'와 '다리오', 그리고 '아하수에로' 왕들이 나오기 때문에 그 나라와 왕들의 역사를 이해하지 못하면 에스라서와 느헤미야서를 충분히 이해할 수 없다.

그리고 '이사야서'부터 '말라기'까지의 선지서를 이해하는 데에도 결국 이스라엘의 구약 마지막 역사와 바벨론 포로기 전후의 역사를 이해하고 있어야 한다. 다니엘서는 유다의 '여호야김' 왕 시대에 1차 포로로 잡혀갔던 다니엘 선지자의 바벨론 포로기의 역사이고, 에스겔서는 '여호야긴' 왕 시대에 2차 포로로 잡혀갔던 에스겔 선지자의 예언들이 기록되어 있다.

구약의 마지막에 등장하는 학개, 스가랴, 말라기 선지자 역시도 바벨론 포로귀환 후 성전 건축 독려와 그 이후로 해이해진 신앙에 대한 경고의 교훈들이 기록되어 있다. 대부분의 구약 선지서들은 유다의 마지막 역사와 연계되어 있다.

선지서는 하나님이 선택하신 이스라엘이 언약을 깨뜨림으로 그 죄를 대속하실 메시야가 오셔서 약속하신 '하나님의 나라'를 세우실 것을 예언하였다. 선지자들이 꾸준히 제기한 말씀이 하나님의 나라를 새롭게 세우실 예수 그리스도에 대한 소망의 계시였다.

이스라엘의 구원은 이제 한 나라만의 일이 아닌 세계 열방의 간절한 여망이었다. 은혜의 하나님은 온 세상에 선택된 자기의 거룩한 백성을 구원하시려고 계획하셨다.

유다의 마지막 역사에 나타난 다섯 제국은 하나님의 구원 계획의 핵심인 예수 그리스도의 탄생과 복음의 확산을 위하여 세계 역사에 영향을 끼쳤다. 그 다섯 제국이 앗수르와 바벨론과 그리고 70년 포로기 후에 등장하는 페르시아(바사)와 헬라(그리이스)와 로마 제국이다.

1.2 유다 말기의 왕들과 바벨론 포로

'앗수르'의 수도였던 니느웨가 B.C.612년 8월에 신바벨론과 메대(메디아) 연합군에 의하여 함락되고, 앗수르 군대는 패주하여 유프라테스강 서안의 시리아까지 밀리게 되었다. 다급해진 앗수르는 애굽의 왕 '느고'(Neco)에게 구원군을 요청하였다. 동맹에 동의한 애굽 왕 '느고'는 후원군대를 이끌고 유다를 관통하여 지나가게 되었다.

그러나 유다 왕 '요시야'는 애굽이 원수의 나라인 앗수르에 후원군을 보내는 것을 싫어하였다. 더군다나 유다의 영토를 밟고 지나가는 것을 원하지 않았으므로 '므깃도'에서 '요시야' 왕이 애굽 군대를 막아섰다. '느고'는 유다를 치려고 하는 것이 아니니 애굽의 군대에 대항하지 말라고 경고하였다.

그러나 요시야가 "하나님의 입에서 나온 '느고'의 말을 듣지 않았다"고 성경은 기록하고 있다.

> "애굽 왕 느고가 유브라데 강 가의 갈그미스를 치러 올라왔으므로 요시야가 나가 방비하였더니 느고가 요시야에게 사신을 보내어 이르되 유다 왕이여 내가 그대와 무슨 관계가 있느냐 내가 오늘 그대를 치려는 것이 아니요 나와 더불어 싸우는 족속을 치려는 것이라. 하나님이 나에게 명령하사 속히 하라 하셨은즉 하나님이 나와 함께 계시니 그대는 하나님을 거스르지 말라. 그대를 멸하실까 하노라 하나" (대하35:20,21).

결국 요시야 왕은 주전 609년에 '므깃도' 전투에서 중상을 입고 전사하였다(대하35:22-24). 요시야가 죽은 후에 그의 넷째 아들 '여호아하스'

가 23세의 나이로 석 달간 유다를 통치하였다. 그러나 애굽 왕이 그의 왕위를 폐하고 애굽으로 붙잡아 가서 죽였다(왕하23:34). 애굽 왕 '느고'는 요시야의 아들인 '엘리아김'의 이름을 '여호야김'으로 개명하여 왕으로 세웠다(대하36:1-5). 그는 여호아하스의 배 다른 형으로 25세에 왕이 되어 11년 동안 통치하였다(주전608-598년). 통치 기간 중 4년은 애굽에 예속되었고, 그 후 3년은 바벨론에 예속되었다. 그는 통치 기간 마지막 3년을 바벨론 왕 느부갓네살을 섬기다가 그를 배반하였다(왕하24:1).

바벨론의 느부갓네살 2세가 세자(世子)로서 군대를 이끌고 하란으로 진격하여 애굽과 앗수르의 연합군과 맞서 전쟁하였다. B.C. 605년에 '갈그미스' 전투에서 사투를 벌였고, 앗수르와 이집트의 연합군은 바벨론의 세력을 이기지 못하여 패전하였다. 패배한 앗수르 최후의 통치자 '아수르 우발리트 2세'(Ashur-Uballit) 이후로 앗수르는 역사 무대에서 사라지게 되었다.

바벨론은 그 여세를 몰아 계속 팔레스틴 지역을 침략하였고, 유다뿐만 아니라 인근의 여러 이방국들과 애굽까지 굴복시켰던 것이었다. 바벨론 왕 '느부갓네살'이 유다 백성들을 네 차례 포로로 잡아갔다. '여호야김' 왕(B.C.605년) 때에 1차 포로들을 잡아갔다.

'여호야김'은 그의 부친 요시야와 달리 악한 왕이었고(왕하23:37), 예레미야 선지자는 그를 탐욕과 무죄한 피를 흘린 폭군으로 묘사하고 있다(렘22:13-19, 왕하24:4). 여호야김은 '하나님의 사람' 마저 죽인 악한 왕이었다(렘26:20-23). 나라가 위기에 빠졌는데도 깨어 하나님께 기도하기는 커녕 악을 행하였다. 하나님께서는 바벨론을 통하여 유다와 그 왕을 심판하셨다. 포로로 끌려간 여호야김은 짐승처럼 취급을 받고 비참하게 죽임을 당했다(왕하24:6, 렘22:19). 그 당시 왕족과 귀족들의 일부가 잡혀갔다. 소년 '다니엘'과 세 친구들도 그 때에 함께 잡혀갔다(왕하24:1-7, 단1:1-6).

2차 포로는 여호야김의 후계자인 '여호야긴' 왕(597년) 때에 일어났다. 선지자 '에스겔'이 이때에 함께 포로로 잡혀가서 예언 활동을 하였다. 느부갓네살은 유다의 왕 여호야긴과 그 가족들과 권세 있는 자들을 비롯하여 용사 1만 명 외에 많은 장인(기술자)들을 대거 포로로 잡아갔다(왕하 24:11-17).

3차 포로는 유다의 마지막 왕인 '시드기야' 왕(586년) 때에 있었다. 느부갓네살은 성전의 기명들과 놋 기둥을 비롯한 성물들을 탈취해 갔다. 예루살렘 성이 함락되고 성전이 무너졌으며, 시드기야를 포함한 백성들이 포로로 끌려갔다(왕하25:6-12, 렘25:9-11). 이로써 유다는 바벨론에 멸망하고 말았다. 유다의 주권을 빼앗기고, 왕과 안식일과 절기도 다 상실하고 말았다.

4차 포로는 주전 581년(느부갓네살 2세 24년)에 왕의 시위대장 '느부사라단'이 예루살렘 성에 남아있던 제사장과 왕의 시종을 비롯한 72명을 사로 잡아갔다. 바벨론 왕이 '하맛' 땅 '립나'에서 유다 포로들을 다 죽였다(왕하25:20,21).

느부갓네살의 후계자인 '에윌므로닥'(562-560년)이 즉위한 그 해에 포로로 잡혀갔던 '여호야긴'(여고냐)왕이 포로 된 지 37년만에 감옥에서 해방이 되었다(왕하25:27). 유다 왕통의 후손을 지키려는 하나님의 놀라운 섭리가 아닐 수 없다. 사실 이스라엘 백성들은 '시드기야' 왕과 그 왕자들이 죽었을 때, 다윗의 왕통이 끊어지고 하나님의 구원 언약이 성취될 수 없게 되었다고 절망하였다. 그러나 하나님은 다윗 왕통의 후손 한 사람을 지키셨다. 그가 바로 '여호야긴'(여고냐)이다.

'여호야긴'은 18세에 왕이 되어(왕하24:8) 석 달 만에 느부갓네살에게 항복하였다(왕하24:12). 그리고 37년 동안 바벨론 감옥에 갇혀있었다. 그의 나이 55세에 석방되었다. 예레미야 선지자는 그에게 자식이 없을 것이고 평생 동안 형통하지 못할 것이라고 예언하였다(렘22:30).

바벨론 왕 '에윌므로닥'이 그를 후대하여 죄수의 의복을 벗게 하고 그의 남은 일평생을 왕의 앞에서 음식을 먹게 하였다(왕하25:28-30). 그 당시 바벨론 군대에 대항하지 않고 포로가 되어 한 평생을 감옥에서 보낸 그를 바벨론 왕이 측은히 여긴 것이다. 그러나 이스라엘을 상실하고 다윗의 왕좌를 빼앗긴 '여호야긴'의 비애는 평생 동안 가슴에 응어리로 남았을 것이다. 그러나 그가 바벨론의 감옥에서 죽지 않고 37년을 버틴 것은 다윗의 혈통을 지키려 하신 하나님의 절대적인 은혜였다.

유다의 바벨론 포로는 이미 약 일천년 전인 모세 시대에 예언된 말씀이 성취된 것이다. 신명기 28장은 이스라엘 백성들에게 복과 저주를 선택하라고 하시고, 하나님의 사랑과 법도를 잊고 우상을 숭배하게 되면 장차에 이방의 포로로 끌려가게 될 것이라고 말씀하셨다(신28:20-23, 36). 애굽에서 노예가 되었던 이스라엘이 가장 두려워 한 것은 자유를 빼앗긴 것이다. 가나안을 얻은 복을 받은 이스라엘이었지만 말씀대로 순종하지 않고 우상숭배로 타락하면 또 다시 이방의 포로가 될 것이라고 경고하셨다. 하나님의 말씀을 청종하면 복을 받게 되고, 하나님의 말씀을 버리고 불순종하면 저주를 받게 된다.

바벨론이 페르시아(바사) 제국에 멸망하고 초대 왕 '고레스'의 칙령(B.C. 538년)에 의하여, '여호야긴'의 손자인 '스룹바벨'이 1차 포로귀환(537년)의 지도자인 총독으로 임명을 받아 예루살렘으로 돌아가게 되었다. 그가 예루살렘 성전을 다시 짓게 되고, B.C.515년에 완공하였다(대상3:16-19, 스6:13-15).

하나님은 이스라엘 백성들에게 장차 오실 메시야는 유다 자손 중에서 나오며 다윗의 왕통에서 올 것이라고 예언하셨다. 그러므로 유다의 왕이었던 '여호야긴'을 살리셨고 그 손자 '스룹바벨'이 유다의 총독이 되어 다시 성전을 건축하였다. 그리고 마침내 로마 제국 시대에 그 후손인 '요셉과 마리아'가 그들의 고향이며 다윗의 고향인 베들레헴에 호적을 등록하러 갔다가 온 세상의 구세주이신 예수 그리스도를 탄생시키게 되었다.

메시야의 오심이 하나님이 언약하신 그대로 성취되었다. 잘려진 나무 밑둥의 그루터기에서 새 순이 나오듯이 '스룹바벨'은 유다 왕통의 새 순이었다. 스룹바벨(זְרֻבָּבֶל)은 "바벨론의 후예, 또는 바벨론에 대한 슬픔"이란 뜻을 가진 이름이다. 스룹바벨이 유다 총독이 되어 성전을 다시 재건하게 되었다. 선지자 학개와 스가랴는 이 사건이 장차 오실 영적 성전이신 예수 그리스도의 탄생에 대한 전주곡이라고 예언하였다(학 2:6-9,20-23, 슥4:6-14).

다시 바벨론 역사로 돌아가서, 하나님은 예레미야를 통하여 예언하신 대로 유다 민족이 바벨론의 70년의 포로생활을 마치고 귀향하게 하셨다(렘29:10). 바벨론의 마지막 왕인 '벨사살'(555-539년)이 하나님 성전의 제사용 그릇으로 술을 마시며 교만할 때에 '메디아'(메대) 사람 '다리오' 왕에게 공격을 받아 멸망하였다. 그렇게 바벨론의 역사가 끝나고 메대와 바사의 시대가 도래하였다(단5:22-31).

메대인 '다리오'가 바벨론을 함락시킨 '고레스'라고 보는 학자들이 있다.[1] '다리오'가 왕이었을 때 다니엘이 총리였고 그가 신하들의 음모에 말려 다니엘 선지자를 사자굴에 던지도록 명령하였다(단6:16,9:1,11:1). 그러나 다리오 왕은 하나님께서 다니엘을 보호하시는 기적의 현장을 목격하고, 다니엘의 원수들을 사자굴에 던져 넣게 하였다. 그는 하나님 앞에서 떨며 두려워 하였다(단6:26, 27).

---

1) 김호관, 재건과 회복(에스라, 느헤미야서), 한국동남성경연구원, 2012, 20.

The last history of the Old Testament

2
이스라엘의 포로귀환과 페르시아 제국

2.1 해방자, 고레스 왕 이야기

'메디아'(메대)와 '페르시아'(바사)는 각기 도시국가 형태로 존재하고 있었는데, 세력이 약했던 바사가 '고레스'(키루스 2세: B.C.559-530) 시대에 이르러 강력해졌다. 고레스가 메디아와 페르시아를 통일시키면서 유다 민족의 포로 해방을 명령하게 되었다.

조병호 목사의 "성경과 5대 제국"에 보면 '고레스'의 역사이야기가 나온다. 메디아의 '아스티아게스' 왕에게 '만다네'란 공주가 있었다. 어느 날 왕이 꿈을 꾸었다. 공주 만다네가 소변을 보았는데 메디아의 전 도시가 물에 잠기고 아시아 전역에 물이 범람하는 꿈이었다. 범상치 않은 꿈을 꾼 왕이 사제들에게 그 꿈에 대하여 물었다. 사제들이 해몽하기를 "만다네가 낳은 아들이 왕을 배반하여 아시아 전역을 점령한다"는 것이었다. 불길한 징조라고 생각한 왕은 자기 나라 메디아에서 사위감을 고르지 않고, 자기들보다 세력이 약한 이웃 나라인 페르시아에서 평범한 청년을 골라 그 딸을 시집보냈다. 그 청년은 중류층보다 훨씬 낮은 신분에 있었던 '캄비세스'란 자였다. 그런데 딸이 결혼하여 임신한 후에 왕은 전보다 더 불길한 꿈을 꾸었다.

그러자 '아스티아게스' 왕은 공주가 낳은 아기를 죽이는 것이 좋겠다고 판단하여 왕의 비서실장격인 신복 '하르파고스'를 보내 외손자를 죽이도록 은밀하게 명령했다. 냉정한 아스티아게스는 자기 나라의 안전보장을 위하여 우환을 없애야 된다고 생각하고 잔인한 음모를 꾸몄던 것이다. 그러나 차마 왕의 명령대로 갓난 아기를 죽일 수 없었던 '하르파고스'는 공주 '만다네'가 낳은 아기를 산 속에 사는 소치기 내외에게 주었다. 마침 같은 날에 아들을 출산한 부인이 있었는데, 사산을 하였다. 그 죽은 아기는 만나네에게 주어 사산한 것처럼 위장하고, 만나네가 낳은 아들은 그들에게 은밀하게 보내어 비밀로 하라고 했다. 나중에 공주 '만다네'가 낳은 그 아들은 페르시아의 친부모에게로 보내지고, 결국 그 아들이 커서 페르시아의 초대 왕 '고레스'가 (559-529년) 되었다.

일화에 보면 고레스가 자기의 외손자인 것을 알게 된 메디아의 '아스티아게스' 왕은 자기의 명을 어긴 '하르파고스'를 벌하기 위하여 식사에 초대했다. 왕은 그에게 소고기라면서 맛있는 고기를 한 냄비 먹게 했다고 한다. '하르파고스'가 다 먹고 난 후에 과거에 왕의 명을 어긴 죄를 물으며, "네가 먹은 고기는 네 아들의 살이라"고 말했다고 한다. 정신적으로 큰 고통을 받은 '하르파고스'는 잔인한 왕에게 복수하기 위하여 정계를 떠나 모든 가산을 정리하여 '만다네'를 찾아갔다고 한다. 그리고 그녀의 아들 '고레스'를 무사로 키우기 위하여 개인 사범이 되어, 그가 영웅적인 인물이 되도록 모든 뒷바라지를 다 했다고 전해진다. 결국 고레스는 페르시아의 장수가 되어 더 강한 할아버지의 나라, 메디아를 쳐서 합병하였다. 그리고는 바벨론을 점령하고 점차 강한 페르시아 제국을 형성하게 되었다.

고레스는 어릴 때부터 전쟁 놀이를 좋아하였고 여러 아이들을 모아 골목 대장 역할을 했다고 한다. 그 때 함께 놀았던 친구 중에 유다인 '스룹바벨'이 있었다. 고레스는 다음에 자기가 진짜 왕이 되면 포로로 잡혀온 유다인들을 예루살렘으로 돌려보내겠다고 약속했다고 한다.

고레스는 메디아(메대)의 도시 '에크바타나'로 진군하여 메대를 차지한 후(550년) 메대와 바사의 힘을 통합하여 29년간 재위하면서 리디아, 앗수르, 바벨론을 정복하고 제국의 영토를 동쪽으로 확산하여 아시아의 지배자가 되었다.[2)]

2.2 유다인의 세 차례 포로귀환

페르시아 왕 '고레스'가 B.C.537년에 하나님의 뜻에 따라 유다인 1차 포로귀환을 시켰다. 그는 앗수르 제국의 혼혈주의나 바벨론 제국의 인질교육정책과 달리 관용의 정책을 펴기로 결심했다. 그래서 점령한 대부분의 지역에서 끌려온 포로들을 각 나라로 돌려보내는 정책을 폈던 것이다. 성경은 하나님께서 고레스의 마음을 감동시키셨다고 기록하고 있다(스1:1). 하나님께서 그에게 선한 마음을 주셨고 유다 민족을 예루살렘으로 돌아가도록 감동시키셨다.

유대인 역사가 요세푸스(Josepus)에 의하면 고레스가 그 당시로부터 약 150여년 전에 이사야 선지자가 예언했던 자신에 대한 예언을 읽고 그런 선한 결심을 했다고 말한다(사44:28, 45:1).

"여호와께서 그의 기름 부음을 받은 고레스에게 이같이 말씀하시되 내

---

2) 조병호, 성경과 5대 제국, 서울: 통독원, 2011, 192-194.

가 그의 오른손을 붙들고 그 앞에 열국을 항복하게 하며 내가 왕들의 허리를 풀어 그 앞에 문들을 열고 성문들이 닫히지 못하게 하리라" (사45:1).

또한 신학자 '그로세드' (H.H. Grosheide)도 그의 '에스라' 주석에서 유다인들이 '고레스에 관한' 선지자들의 예언을 그에게 알려주어 그가 바벨론을 제압하고 승리할 것을 알려주었기 때문에 그가 유다인의 해방을 적극적으로 도왔을 것이라고 말했다.

고레스왕의 후계자 캄비세스(Cambyses: B.C.530-522)는 성경에 '아닥사스다' 로 등장하고 있다(스4:7). 그는 성전건축을 방해하는 사마리아인들의 고발장을 받고 성전건축을 중단시킨 왕으로 알려져 있다(주전522경).[3] 그는 폭군으로 애굽 원정을 떠나기 전, 자기 친동생 '스메르디스' 를 죽이도록 명령을 내렸다. 얼마 후에 친여동생 '메로에' 가 혈육인 스메르디스가 죽었다는 비보를 듣고 눈물을 보였다는 이유로 그도 죽였다. 캄비세스는 바사의 수도 '수사' 성에서 스메르디스를 자처한 반역자가 나타났다는 소식을 듣고 바사로 돌아가려고 말에 올랐다. 가는 중에 말에서 떨어져 재위 7년 5개월만에 죽었다고 전해진다.[4]

페르시아의 총독이었던 '다리오' (522-486년)가 반란을 평정하고 왕이 되었다. 다리오 2년(520년)에 중단되었던 성전건축이 재개되었다(스4:24). 그는 고레스 칙령을 찾아 조사한 후에 성전건축을 지원하여 515년에 성전을 완공하게 하였다(스6:1-15). 1차 포로에서 돌아온 유다인들이 사마리아 사람들의 성전 건축의 방해로 약 16년간 지연되었다가 학개와 스가랴 선지자의 경고의 메시지를 듣고 성전 재건을 하게 되었다(학1:1, 슥1:1). 마침내 4년의 시간이 걸려 스룹바벨 성전이 완공되었다(B.C.515년).

3) 박윤선, 사기서 8, 서울: 영음사, 1987, 10,12.

4) 조병호, op. cit., 200.

다리오 대제(Darius the Great)의 후계자가 에스더서에 나오는 '아하수에로'(Ahasuerus: 486-465년) 왕이며, 그 후계자가 에스라와 느헤미야를 2차, 3차 포로에서 귀환시킨 '아닥사스다'(Artaxerxes) 왕이다.

유다인 2차 포로귀환은 '롱기마누스'라고도 불리는 페르시아 왕 '아닥사스다' 7년에(B.C.458) 학사 에스라가 주축이 되어 이루어졌다. 장정 1496명과 그의 처자를 거느리고 사막을 횡단하여 넉 달만에 예루살렘에 도착하였다.[5] 약 5000명 가량은 되었을 것이다.

아닥사스다 왕 통치 20년(주전 445년)에 예루살렘에 큰 재화가 있어 예루살렘 성벽이 무너지고 성문이 불에 탔다(느1:3). 이 불행한 소식을 전해 들은 느헤미야가 금식 기도하다가 왕의 윤허를 얻어 B.C.444년에 제 3차 귀환을 하였다(느2:1-7).

세월이 흘러 다시 유다인들의 신앙이 해이해지고 하나님의 말씀을 불순종하였다. 2차 포로에서 돌아온 제사장이며 학사 에스라는 백성들에게 율법을 가르치고 지키게 하였다. 14년 후에 3차 포로귀환에서 돌아온 느헤미야는 에스라와 함께 백성들이 하나님의 말씀대로 바로 살도록 율법을 교육하였다.

특히 느헤미야는 무너진 예루살렘 성벽을 재건하는 일에 최선을 다했다. '산발랏'과 '도비야'를 비롯한 사마리아 지역 반대파들의 위협을 무릅쓰고 52일만에 무너진 성벽을 수축하였다.

---

5) 최종진, 구약성서개론, 서울: 소망사, 2002, 330.

The last history of the Old Testament

3
구원 역사의 관점에서 본 '포로 후기'의 역사

3.1 포로귀환은 유다 공동체의 제2출애굽

유다인들이 바벨론 지역에 포로로 끌려갔지만 하나님께서는 70년 후에 그들이 포로에서 귀환하게 될 것을 예레미야를 통하여 예언하셨다(렘 29:10-14). 유다의 왕족들이 포로로 끌려갔는데 '여호야긴' 왕이 유일하게 살아남아서 그의 손자인 '스룹바벨'이 유다인 오만여 명을 이끌고 예루살렘으로 귀환하였다.

하나님은 이스라엘 민족과 다윗에게 약속하신 대로 영원히 그 왕통을 끊지 않으시고 이어가셨다(삼하7:16, 시89:3,4,28,29). 장차 오실 메시야는 바벨론에서 오실 것이 아니라 유다 땅 베들레헴에서 오실 것이므로(미 5:2), 유다 백성들이 고향으로 돌아오게 하셨다.

출애굽 사건이 성도로서 삶의 출발점, 곧 거듭남을 예표한다면, 포로귀환 사건은 거듭난 자들이 세속적 가치를 벗어나 거룩하게 변화되는 성화의 과정을 암시한다. 이스라엘은 애굽이라고 하는 우상숭배의 나라에서 종살이 하다가 하나님의 은혜로 '출애굽'하여 하나님이 지정하신 가나안에 정착하였다. 그러나 여전히 세속적인 문화와 우상숭배의 영향으로 타락하게 되어 바벨론에 포로로 끌려가게 되었다. 그러나 예루살렘 성전을 그리워하며 여호와 신앙을 지키던 남은 자들을 '출바벨론' 시켜서 하나님의 나라를 새롭게 건설하게 하였다.

'출애굽'을 불신앙의 사람이 신앙의 사람으로 거듭난 것으로 해석할 때에, '출바벨론'은 이미 하나님의 백성 된 자가 다시 타락하여 세속화 되었을 때 회개하고 변화를 받아 성화의 과정에 들어섰다고 볼 수 있다.

출애굽 때에 하나님의 특별한 도우심이 없었더라면 애굽의 노예생활에서 벗어날 수 없었던 것처럼, 출바벨론 역시 하나님의 은총 없이는 가능하지 못했다. 출애굽 때에 하나님은 완고한 바로의 세력을 꺾으시려고 열 가지의 재앙을 내리셨다. 출바벨론 때는 악하고 부패한 바벨론을 메대와 바사의 군사력으로 물리치셨다.

출애굽에서는 모세를 지도자로 세워 인도하셨고, 출바벨론은 바사의 초대 왕 '고레스'와 '스룹바벨'을 하나님의 종으로 삼으셔서 유다의 포로들이 귀환하게 하셨다. 다윗의 왕통을 이은 '스룹바벨'은 파견된 유다의 총독이 되었고, 영적 제사장으로는 '여호수아'가 선택되었다. 이들은 장차 오셔서 세상 사람들을 죄에서부터 해방시키실 예수 그리스도의 그림자로 쓰임 받았다(슥4:6-14, 6:11-13).

이스라엘의 출애굽과 출바벨론의 사건에서 전적인 하나님의 은혜와 도우심이 있었다. 우리의 구원과 거듭남과 성화 역시도 예수 그리스도의 은혜와 사랑이 없이는 불가능하다. 이스라엘의 바벨론 포로의 역사를 보면서 하나님의 선택된 백성이 범죄할 때에 이방 세력을 통하여 심판하시는 하나님을 발견한다. 그리고 포로귀환의 역사를 보면서 신앙의 순결을 유지하려는 이스라엘의 남은 자들을 통하여 구원하시는 하나님을 발견한다. 하나님은 유다 지파 다윗의 혈통에서 인류의 구원자가 오실 것을 약속하신 대로 구약의 역사를 성취해 나가셨다.

3.2 하나님의 주권과 섭리

에스라와 느헤미야서의 역사는 마치 죽은 고목의 그루터기에서 새 싹이 돋고 새 가지가 나온 것과 같다. 하나님께서 이스라엘과 인류의 구원을 위하여 기적 같은 일을 이루셨다. 역사의 격랑 속에서도 어김없이 자기의 택하신 백성을 구원으로 인도해 가시는 하나님의 섭리가 잘 나타나 있다. 이스라엘 백성들의 노력에 의해서가 아니라 전적인 하나님의 주권과 은총으로 약속을 성취해 가셨다.

이스라엘이 완전히 망하여 주권을 상실하고 나라도 왕권도 잃어버렸지만, 여호와 신앙을 소유했던 '남은 백성'들을 통하여 이스라엘의 성전 중심의 신앙이 회복되게 하셨다.

하나님은 하나님의 나라를 다시 세우는데 필요한 물질을 제공하셨고(스1:5-11, 2:68,69), 제사에 동원될 제사장들과 레위인과 노래하는 자들과 성전을 지키고 관리해야 할 문지기들과 '느디님' 사람들까지 준비해 주셨다(스2:70). 그리고 그들을 정치적으로나 영적으로 통치할 지도자들, 스룹바벨과 여호수아와 에스라와 느헤미야를 세워 주셨다.

예루살렘 성전을 재건하도록 '고레스' 왕이 조서를 내려주었고, 다리오 2년까지 중단되었던 성전 건축을(스4:24) 다리오 6년에 완공시켰다(B.C. 515년). 그래서 학사 에스라는 "내 하나님 여호와의 손이 내 위에 있으므로 내가 힘을 얻었다"고 고백하였다(스7:28). 바사 왕 고레스가 예루살렘에 성전을 건축하도록 허락한 것도 하나님이 하신 일이며, 스룹바벨이나 느헤미야가 가서 성전을 건축하고 성벽을 재건한 것도 하나님이 하신 일이다. 출바벨론과 유다 왕족의 회복과 성전 재건은 전적인 하나님의 주권적인 역사와 섭리였다.

The last history of the Old Testament

4
유다인 생존 위기의 역사

4.1 유다인 몰살 위기와 왕후 에스더

유다인의 일차 포로 귀환과 성전 재건의 역사 후에 유다인들이 다 멸망할 뻔 했던 위기의 역사가 있었다. 에스더서는 연대기 순으로 보면 에스라서 앞에 와야 한다. 학사 에스라와 느헤미야가 예루살렘에 가기 이전에 에스더 왕후와 유다인이 생명의 위기를 느낀 충격적인 사건이 있었다.

에스더서의 역사는 유다인의 제1차 포로귀환(B.C.537년)과 2차 포로귀환(B.C.458년) 사이에 일어난 사건이다. 페르시아의 '아하수에로' (크세르크세스) 왕의 총리였던 '하만'이 팔레스틴과 예루살렘의 유다인은 물론 페르시아가 다스리는 127도에 흩어진 유다인들을 다 몰살시키려고 하였다.

만약 그 때 아말렉의 후손인 '하만' 총리에 의해 유다인들이 다 살해당하게 되었더라면, 유다인들이 하나님의 나라를 건설할 수 없었을 것이다. 먼저 포로에서 풀려나 예루살렘에 가서 성전을 재건했던 유다인들의 후손들도 처형 대상이었기 때문에 아마 예수님의 구속 사역을 성취하는데 큰 차질을 빚게 되었을 것이다. 그러므로 구약 역사서의 마지막에 연대순과 달리 에스더서를 부록처럼 첨가하였을 것이다.

에스더서는 '아하수에로' 왕(통치 기간: B.C.485-465년) 시대에 페르시아의 수산궁과 그 통치 영역에서 일어났던 심각한 사건을 기록하고 있다. 유다인을 말살하려는 '하만'의 악한 계략이 '에스더'와 '모르드개'의 용기와 믿음을 통하여 수포로 돌아갔다. 그 후에 '아닥사스다' 왕 시대에 학사 '에스라'를 중심한 2차 포로귀환(B.C.458년)과 총독 느헤미야를 주축으로 한 3차 포로귀환(B.C.444년)이 있었다.

유다인의 원수로 등장하는 '하만'은 아각의 후손(8:3)으로 아말렉의 마지막 자손이다. 아말렉인들은 선택받은 이스라엘에 대항한 첫 번째 민족이며(출17장, 민24:20, 신25:17-19), 따라서 하나님은 사울 왕을 시켜 이들을 심판하도록 하셨다(삼상15장). 그때 아각이 그들의 왕이었다. 그런 까닭에 '기스'의 증손인 '모르드개'는 아각 사람 '하만'에게 용감히 대항했다. 기스의 후손(사울)과 아말렉의 후손(아각)이 다시 한 번 충돌을 벌이는 모습을 본다.

하나님은 몰살당할 위기에 놓인 이스라엘 백성들을 구원해 내시고 아말렉의 마지막 후손을 몰락시키셨다. 유다인을 말살하려던 12월 13일에 수산 성에서 하만의 자손을 포함하여 500명을 살육하고, 그 다음 날 다시 300명을 죽이고, 전국적으로 75000명을 죽였다. 유다인들은 원수 갚은 그 날을 기억하기 위하여 12월 14일과 15일을 '부림절'로 정하고 경축의 날로 삼았다(제비를 뽑는다는 히브리어 '푸르' פור에서 왔다).

4.2 이스라엘의 구원과 하나님 언약의 성취

에스더서는 구약 전체에 흐르는 구원사의 한 중요한 부분을 차지하고 있다. 사탄의 머리를 깨뜨리고 온 인류의 구세주로 오실 여인의 후손은 유다 지파에서 나올 것이고, 다윗의 혈통에서 오실 것이다. 그러나 유다인들이 말살될 수 있었던 이 사건은 구원역사의 최대의 위기였다. 하나님은 스룹바벨을 통하여 유다로 떠난 유다인들도 지켜 주셨지만, 여전히 페르시아에 남아 있었던 유다인의 생명도 보호해 주시고 지켜주셨다.

만약 유다 민족이 말살되었더라면, 유다 지파의 후손에서 오실 메시야의 대가 끊어져서 구원역사의 씨흐름이 단절되었을 것이다. 하나님의 섭리 속에서 에스더를 페르시아의 왕비로 미리 준비시켜 주셨고, 악한 하만의 손에서 유다인들이 구원을 받도록 역사하셨다.

예수 그리스도의 구원역사에 있어서 에스더서는 중요한 역사의 한 부분이다. 비록 이스라엘 백성들이 바벨론에 포로로 잡혀가고, 그 후에 바벨론이 망하고 페르시아와 그리스와 로마 제국이 새로 등장할 때라도 하나님은 다윗의 혈통에서 오실 메시야이신 예수 그리스도에 대한 약속을 잊지 않으셨다. 하나님의 그 신실하신 언약의 성취를 에스더서가 잘 증명해 보이고 있다.

이 '하만'의 악한 계략은 '스룹바벨' 이후의 '씨 흐름'을 멸절시켜 예수 그리스도의 길을 막으려는 사탄의 계략이었다. 그러나 하나님은 이 위기를 믿음으로 극복하게 하셔서 여인의 후손으로 오실 그리스도의 구속사적인 씨흐름에 차질이 없도록 하셨다. 유다인 증오 세력을 물리치고 역전하게 함으로 스룹바벨 이후의 다윗의 왕통이 지속될 수 있었다. 그리고 마침내 예수 그리스도가 오시기까지 하나님의 구원의 언약이 성취될 수 있었다.

에스라서와 느헤미야서는 예수 그리스도가 이 땅에 구원주로 오시기까지 이방 포로로 잡혀갔던 유다인들의 영적 '씨 흐름'이 끊어지지 않고 어떻게 이어졌는가를 보여주고 있다. 또한 우리가 반드시 마음에 새겨야 하는 하나의 중요한 교훈이 있다. 그것은 비록 이스라엘 민족이 우상숭배와 말씀 불순종으로 망하였지만, 지속적으로 예배 공동체를 유지한 사람들에게는 예루살렘의 예배 회복과 구원의 언약이 성취되었고, 그렇지 못한 사람들은 구원의 대열과 신앙에서 제외되었다는 것이다.

앗수르에 포로가 되었던 북쪽 이스라엘의 열 지파(왕상11:31)는 하나님의 언약과 구원에서 탈락되었다. 느헤미야는 예루살렘 성벽 재건을 반대하는 북쪽 사마리아 사람들에게 "예루살렘에서 아무 기업도 권리도 없다"고 말하였다(스4:3,느2:20).

북쪽 이스라엘이 B.C.722년에 앗수르에 멸망하여 포로로 끌려간 후에 그들은 앗수르 왕의 통혼 정책으로 이스라엘인의 여호와 신앙과 정신이 이방 종교와 문화로 인하여 세속화 되어 버렸다. 하나님의 말씀을 교육하는 예배 공동체가 형성되지 못했다. 그리고 사마리아 지역에 남아 있었던 자들도 크게 다를 바 없었다. 학자들은 그 당시 본토에 남아 있었던 사람들이 약 2만 명쯤 되었다고 하는데, 그들 또한 이방인들과 혼혈이 되어 바른 신앙을 유지하지 못했다.

페르시아 왕 고레스가 유다인 포로들을 귀환하게 하였을 때는 (B.C.537) 벌써 세월이 185년이 흘렀다. 그 긴 시간 동안에 북 이스라엘인들은 여호와의 신앙을 다 소멸하고 말았다. 그 당시 사마리아에 있던 사람들은 오히려 포로에서 돌아온 귀환자들의 거룩한 사역을 방해하였다(스4:4-6). 북 이스라엘의 열 지파 후손이었던 그들은 하나님 백성들의 대적자가 되었던 것이다.

그러나 B.C.605년부터 네 차례에 걸쳐 바벨론에 포로로 끌려갔던 남쪽 유다인들은 서럽고 억눌린 전쟁 노예의 신분으로도 하나님의 말씀을 들으며 예배 공동체를 유지하였다. 바벨론 여러 강변에 앉아서 시온을 향하여 눈물로 기도를 드리며 예배를 드렸다(시137:1,2). 그들은 바벨론 포로기에도 다니엘이나 에스겔 선지자를 통하여 하나님의 말씀을 들었고(단 9:4,19, 겔3:11,15,27), 페르시아 시대에도 학사 '에스라' 를 통하여 성경의 가르침을 받았다(스7:10-12).

바벨론 포로기의 유다인들을 통하여 얻는 가장 큰 교훈은 환난과 역경 가운데서도 예배를 쉬지 않고 드리면서 하나님의 말씀을 듣고 순종한 자들은 그들이 갈망하던 예루살렘의 성전 예배가 회복되고 복을 받았다는 것이다. 그러나 하나님의 말씀을 잃어버리고 예배 공동체가 해체된 북 이스라엘 백성들은 하나님의 구원의 언약에서 제외되었다는 것이다.

II. 에스라서 강해

Ezra Explanation

1
유다의 포로귀환

스 1:1-11

1바사 왕 고레스 원년에 여호와께서 예레미야의 입을 통하여 하신 말씀을 이루
게 하시려고 바사 왕 고레스의 마음을 감동시키시매 그가 온 나라에 공포도 하
고 조서도 내려 이르되 2바사 왕 고레스는 말하노니 하늘의 하나님 여호와께서
세상 모든 나라를 내게 주셨고 나에게 명령하사 유다 예루살렘에 성전을 건축하
라 하셨나니 3이스라엘의 하나님은 참 신이시라 너희 중에 그의 백성 된 자는
다 유다 예루살렘으로 올라가서 이스라엘의 하나님 여호와의 성전을 건축하라
그는 예루살렘에 계신 하나님이시라 4그 남아 있는 백성이 어느 곳에 머물러 살
든지 그 곳 사람들이 마땅히 은과 금과 그 밖의 물건과 짐승으로 도와주고 그
외에도 예루살렘에 세울 하나님의 성전을 위하여 예물을 기쁘게 드릴지니라 하
였더라 5이에 유다와 베냐민 족장들과 제사장들과 레위 사람들과 그 마음이 하
나님께 감동을 받고 올라가서 예루살렘에 여호와의 성전을 건축하고자 하는 자
가 다 일어나니 6그 사면 사람들이 은 그릇과 금과 물품들과 짐승과 보물로 돕
고 그 외에도 예물을 기쁘게 드렸더라 7고레스 왕이 또 여호와의 성전 그릇을
꺼내니 옛적에 느부갓네살이 예루살렘에서 옮겨다가 자기 신들의 신당에 두었던
것이라 8바사 왕 고레스가 창고지기 미드르닷에게 명령하여 그 그릇을 꺼내어
세어서 유다 총독 세스바살에게 넘겨주니 그 수는 금 접시가 서른 개요 은 접시
가 천 개요 칼이 스물아홉 개요 10금 대접이 서른 개요 그보다 못한 은 대접이
사백열 개요 그밖에 그릇이 천 개이니 11금, 은 그릇이 모두 오천사백 개라 사로
잡힌 자를 바벨론에서 예루살렘으로 데리고 갈 때에 세스바살이 그 그릇들을 다
가지고 갔더라

고레스 왕에게 내려진 하나님의 명령

하나님은 자기 백성 이스라엘이 범죄했을 때 심판하셨지만, 끝내 버리

지 않고 사랑하셨다. 아브라함과 다윗에게 약속하신 대로 다윗의 왕통에서 다시 지도자를 내시고 하나님의 뜻이 나타나게 하셨다. 바사 왕 '고레스'는 다윗의 혈통인 '스룹바벨'을 총독으로 세워 유다 백성들이 그들의 고향으로 돌아가게 하였다(B.C.538년).

성경학자들은 성경에 나타난 '고레스'(כֹּרֶשׁ)를 단5:30,31의 메데 사람 '다리오'로 본다. '다리오'(דָּרְיָוֶשׁ)의 뜻은 "왕의 지휘봉을 가진 자"로 페르시아의 다섯 통치자에게 사용되었다.[6] 고레스는 '태양'이란 이름인데 이사야 선지자는 그가 태어나기 150여 년 전에 그가 와서 유다를 해방시킬 것이라고 예언하였다(사44:28, 45:1).

> "바사 왕 고레스 원년에 여호와께서 예레미야의 입을 통하여 하신 말씀을 이루게 하시려고 바사 왕 고레스의 마음을 감동시키시매 그가 온 나라에 공포도 하고 조서도 내려 이르되, 바사 왕 고레스는 말하노니 하늘의 하나님 여호와께서 세상 모든 나라를 내게 주셨고 나에게 명령하사 유다 예루살렘에 성전을 건축하라 하셨나니"(1,2절).

유다 백성들은 바벨론에 포로로 잡혀갔다가 70년 후에 귀환하였다. 선지자 예레미야는 그들이 포로로 잡혀갈 때 다시 귀환할 것을 예언하였다. 포로로 잡혀간 자들이 좌절과 절망에 빠져 있었기 때문에, 그들에게 희망과 용기를 주기 위해서였다. 하나님은 포로로 잡혀간 그들이 끝까지 여호와 중심의 신앙을 잘 지켜주기를 바라셨다.

> "이 모든 땅이 폐허가 되어 놀랄 일이 될 것이며 이 민족들은 칠십 년 동안 바벨론의 왕을 섬기리라"(렘25:11).

---

6) 김호관, 재건과 회복(에스라, 느헤미야서), op. cit., 20.

> "여호와께서 이와 같이 말씀하시니라. 바벨론에서 칠십 년이 차면 내가 너희를 돌보고 나의 선한 말을 너희에게 성취하여 너희를 이 곳으로 돌아오게 하리라. 여호와의 말씀이니라. 너희를 향한 나의 생각을 내가 아나니 평안이요 재앙이 아니니라. 너희에게 미래와 희망을 주는 것이니라"(렘29:10,11).

바벨론 나라가 하나의 도시국가였던 메대의 '다리오' 왕에게 망한 후(단5:30,31, 9:1,2), 바사 왕 고레스가 메대(메디아)와 바사(페르시아)를 통일하게 되었다. 하나님께서 그 해에 '고레스'의 마음을 감동시켜서 포로로 잡혀왔던 유다 백성들을 예루살렘으로 귀환하게 하셨다.

출바벨론

고레스는 이방인 바사 왕이었지만 하나님이 그의 종으로 쓰셨다. 이사야 선지자는 고레스 왕이 유다 민족을 해방시킬 것을 미리 예언하였다. 이스라엘 백성들이 애굽에 노예가 되었을 때 모세를 통하여 출애굽시킨 것처럼, 고레스를 통하여 출바벨론을 시킨 것이다(미7:15).

> "고레스에 대하여는 이르기를 내 목자라 그가 나의 모든 기쁨을 성취하리라 하며, 예루살렘에 대하여는 이르시기를 중건되리라 하며, 성전에 대하여는 네 기초가 놓여지리라 하는 자니라. 여호와께서 그의 기름 부음을 받은 고레스에게 이같이 말씀하시되 내가 그의 오른손을 붙들고 그 앞에 열국을 항복하게 하며 내가 왕들의 허리를 풀어 그 앞에 문들을 열고 성문들이 닫히지 못하게 하리라"(사44:28-45:1).

이스라엘은 하나님의 선택된 거룩한 백성이다. 하나님은 그들이 애굽에서 종살이 하다가 400여년(애굽에 들어간 지 430년)이 지나면 출애굽할 것을 미리 아브라함과 야곱에게 예언하셨다(창15:13,14, 46:4). 두 번째 출애굽이라 할 수 있는 바벨론 70년 포로생활에서 그들이 귀환할 것을 이사야 선지자는 거의 160여년 전에 예언하였고, 예레미야는 70여년 전에 예언하였다. 하나님께서 예언하신 대로 유다 백성들은 바벨론의 포로에서 해방되었고, 하나님의 회복의 은총을 입게 되었다.

우리의 인생도 죄악에 포로된 시간들이 있다. 신앙생활을 한다고 하지만 하나님의 말씀대로 온전히 순종하지 못하고 세속에 물들어 범죄하면서 생활을 한다. 그 고통과 억압의 세월을 끝내고 온전히 예수님 안에서 참된 자유와 해방을 누려야 한다.

궁극적으로는 이 세상이 애굽이나 바벨론 같은 곳이다. 죄에 대한 갈등과 고민에서 완전히 벗어나서 영적 해방을 누리는 날이 올 것이다. 예수님을 구주로 영접하고 거듭나게 되는 은혜를 맛보게 된다. 그리고 마침내 죄의 속박에서 완전히 벗어나는 그 날은 고생과 수고가 다 끝나고 주님이 계신 천국으로 가는 날이다.

하나님은 유다 백성들이 우상숭배와 세속적인 타락으로 범죄하였을 때 그들을 강대국의 칼로 심판을 받게 하셨다. 그러나 그들이 다시금 하나님 앞에 나와서 회개하고 간절히 기도할 때에 고통으로부터 벗어나게 하시고 해방의 기쁨을 주셨다.

> "너희가 내게 부르짖으며 내게 와서 기도하면 내가 너희들의 기도를 들을 것이요 너희가 온 마음으로 나를 구하면 나를 찾을 것이요 나를 만나리라" (렘29:12,13).

우리가 하나님의 뜻대로 바로 살지 못하고 범죄하고 세속화된 생활을 하면 하나님께서 징계와 심판을 하신다. 그러나 우리가 회개하고 하나님의 뜻대로 살면 긍휼을 베푸시고 상한 갈대라도 꺾지 아니하시고 꺼져가는 등불도 꺼지 아니하실 것이다.

하나님의 감동

바사 왕 고레스는 하나님께 감동이 되어 유다인들이 예루살렘으로 돌아가서 성전을 건축하라고 칙령을 내렸다. 그는 이스라엘의 하나님이 참 신이라고 고백했다.

> "이스라엘의 하나님은 참 신이시라. 너희 중에 그의 백성 된 자는 다 유다 예루살렘으로 올라가서 이스라엘의 하나님 여호와의 성전을 건축하라. 그는 예루살렘에 계신 하나님이시라"(3절).

역사가 요세푸스에 따르면 고레스는 자신이 장차 이스라엘의 해방자가 될 것이라는 이사야 선지자가 예언했던 말씀을 읽고 감동을 받았다고 한다. 이방의 신을 숭배하는 자가 하나님은 참 신이라고 고백하기가 쉽지 않다. 그에게 그런 동기를 유발시킬만한 큰 영적 체험이 있었던 것 같다.

하나님께서는 때로 이방인들까지도 감동을 시켜 하나님의 일을 이루어 가시는 분이다. 하나님은 유대인들만의 하나님이 아니시다. 온 세상 민족의 하나님이시다. 비록 이방인이라도 회개하고 하나님을 믿으면 용서해 주시고 구원을 베푸신다. 요나 선지자를 보내어 앗수르의 큰 성읍 '니느웨' 백성들을 회개하도록 하셨다. 그들이 회개했을 때 멸망의 손을 거두시고 약 150여년 지난 후에 그들이 바벨론에 의하여 패망할 때까지 지켜주셨다(B.C.612년).

지금도 우리는 복음이 전파되지 않은 곳에 선교사들을 파송하고 있다. 하나님께서 복음의 불모지에도 성령의 역사가 일어나 그들이 예수님을 믿고 구원받기 바란다. 이방인도 사랑하시는 하나님의 뜻을 따라 땅 끝까지 복음을 전파해야 한다.

고레스 왕은 "남아 있는 백성이 어느 곳에 살든지 그 곳 사람들이 마땅히 은과 금과 그 밖의 물건과 짐승으로 도와주라" 고 덧붙여 명령하고 있다(4절). 포로로 귀환한 사람들 뿐만 아니라 그러지 못한 자들도 성전건축을 위하여 돈이나 물질로 많이 헌금을 했다.

> "그 사면 사람들이 은 그릇과 금과 물품들과 짐승과 보물로 돕고 그 외에도 예물을 기쁘게 드렸더라" (6절).

바사 왕 고레스도, 포로에서 돌아온 유다인들도, 그러지 못하고 바사에 그대로 거주한 자들도 다 하나님의 감동을 받고 성전건축에 협력하였다(5절). 1장에서의 핵심 단어는 '하나님의 감동' 이다. 우리가 선한 일을 도모하려면 하나님께 감동을 받아야 한다.

교회당 건축뿐만 아니라 구제와 선교사역도 어느 한 사람이 독주할 수 없다. 다 함께 기도하고 성령의 감동을 받아야 한다. 가정에서도 중대한 일을 결정하고 시행하려고 할 때에 온 가족이 기도하고 협력해야 한다. 우리가 하나님의 일을 함에 있어 성령의 감동을 받는 것이 최우선이다.

느헤미야가 예루살렘 성벽을 중건할 때에 그는 파사에서부터 금식 기도하면서 마음의 준비를 하였다. 하나님의 감동이 마침내 바사 왕 '아닥사스다' 에게 일어나서 느헤미야를 총독으로 임명하고 건축 재목까지 주어 예루살렘으로 가게 하였다.

> "왕이 나를 보내기를 좋게 여기시기로 내가 기한을 정하고 .... 내 하나님의 선한 손이 나를 도우시므로 왕이 허락하고" (느2:6-8).

하나님이 감동을 시키면 아무리 힘든 사람의 마음도 은혜롭게 열리게 된다. 그러므로 우리는 어떤 힘든 일을 인간의 노력이나 지혜로 무리하게 해결하려고 하기보다는 하나님께 간절히 부르짖고 기도해야 한다. 세상 만사가 사람의 마음을 움직여야 하지 않는가? 결혼도 배우자의 마음을 움직여야 하고, 취업도 직원을 선택하는 자의 마음을 얻어야 한다. 어느 것 하나 사람의 마음을 감동시키지 않고 되는 일은 없다. 자기에게 주어진 일에 대하여 최선을 다하여 일해야 하지만, 하나님의 도우심을 바라고 기도하는 것이 그 무엇보다도 중요하다.

마음이 감동된 고레스는 문득 신당에 보관해 두었던 성전의 그릇들이 기억났다. 그 그릇들은 바벨론 왕 느부갓네살이 예루살렘에서 탈취해 온 것들이었다. 고레스는 창고지기에게 명령하여 그 그릇들을 유다의 총독 '세스바살' 에게 넘겨주도록 했다. 그 수를 계수해 보니 금과 은의 그릇과 칼이 모두 5400개였다. 그 유물의 가격은 단 한 개라도 엄청난 것이었다. 그 거액의 보물을 유다로 돌려보냈다. 여간해서 실행하기 어려운 일이었다.

> "바사 왕 고레스가 창고지기 미드르닷에게 명령하여 그 그릇들을 꺼내어 세어서 유다 총독 세스바살에게 넘겨주니" (8절).

"금, 은 그릇이 모두 오천사백 개라 사로잡힌 자를 바벨론에서 예루살렘으로 데리고 갈 때에 세스바살이 그 그릇들을 다 가지고 갔더라" (11절).

왕의 마음이 감동되었을 때 물질의 축복도 함께 하였다. 우리가 기도하고 하나님의 선한 뜻을 이행하려고 하면, 하나님께서 우리의 일에 감동할 사람을 붙여 주신다. 그리고 사람의 마음이 감동하면 물질도 함께 따라온다. 또한 우리가 하나님의 종으로 일하기로 결심했을 때 몸과 마음과 물질이 함께 드려져야 하나님이 기뻐하신다.

하나님을 사랑하고 따르는 것은 우리의 마음의 뜻과 물질과 온 정성이 함께 드려져야 하는 것이다.

Ezra Explanation

2
돌아온 사람들

스 2:1-42

1옛적에 바벨론 왕 느부갓네살에게 사로잡혀 바벨론으로 갔던 자들의 자손들 중
에서 놓임을 받고 예루살렘과 유다 도로 돌아와 각기 각자의 성읍으로 돌아간
자 2곧 스룹바벨과 예수아와 느헤미야와 스라야와 르엘라야와 모르드개와 빌산
과 미스발과 비그왜와 르훔과 바아나 등과 함께 나온 이스라엘 백성의 명수가
이러하니 3바로스 자손이 이천 백칠십이 명이요 4스바댜 자손이 삼백칠십이 명
이요 5아라 자손이 칠백칠십오 명이요 6바핫모압 자손 곧 예수아와 요압 자손이
이천팔백십이 명이요 7엘람 자손이 천이백오십사 명이요 8삿두 자손이 구백사십
오 명이요 9삭개 자손이 칠백육십 명이요 10바니 자손이 육백사십이 명이요 11브
배 자손이 육백이십삼 명이요 12아스갓 자손이 천이백이십 명이요 13아도니감
자손이 육백육십육 명이요 14비그왜 자손이 이천오십육 명이요 15아딘 자손이
사백오십사 명이요 16아델 자손 곧 히스기야 자손이 구십팔 명이요 17베새 자손
이 삼백이십삼 명이요 18요라 자손이 백십이 명이요 19하숨 자손이 이백이십삼
명이요 20깁발 자손이 구십오 명이요 21베들레헴 사람이 백이십삼 명이요 22느
도바 사람이 오십육 명이요 23아나돗 사람이 백이십팔 명이요 24아스마웻 자손
이 사십이 명이요 25기랴다림과 그비라와 브에롯 자손이 칠백사십삼 명이요 26
라마와 게바 자손이 육백이십일 명이요 27믹마스 사람이 백이십이 명이요 28벧
엘과 아이 사람이 이백이십삼 명이요 29느보 자손이 오십이 명이요 30막비스 자
손이 백오십육 명이요 31다른 엘람 자손이 천이백오십사 명이요 32하림 자손이
삼백이십 명이요 33로드와 하딧과 오노 자손이 칠백이십오 명이요 34여리고 자
손이 삼백사십오 명이요 35스나아 자손이 삼천육백삼십 명이었더라 36제사장들
은 예수아의 집 여다야 자손이 구백칠십삼 명이요 37임멜 자손이 천오십이 명이
요 38바스훌 자손이 천이백사십칠 명이요 39하림 자손이 천십칠 명이었더라 40
레위 사람은 호다위야 자손 곧 예수아와 갓미엘 자손이 칠십사 명이요 41노래하
는 자들은 아삽 자손이 백이십팔 명이요 42문지기의 자손들은 살룸과 아델과 달
문과 악굽과 하디다와 소배 자손이 모두 백삼십구 명이었더라

오만여 명의 믿음의 사람들

예루살렘 성전의 영광이 회복되기를 간절히 바라던 자들이 바사국에서 돌아왔다. 1차 포로귀환 때에 제사장 예수아와 총독 스룹바벨이 이끌고 나온 유다의 회중이 42,360명이고 종이 7,337명이고 노래하는 자가 200명으로 도합 49,897명이었다(스2:64,65).

이 사람들 중에 다윗의 후손이 포함된 유다 지파의 사람들과(2,21절) 제사장과 레위 자손이 많았다(36-42절). 그리고 레위 지파를 돕는 '느디님' 자손과(스8:20) 솔로몬의 신하 자손이 392명이었다(58절). 1차 포로에서 귀환한 자들이 유다 지파와 베냐민 지파와 레위 지파 사람들과 성전의 일을 돕는 자들이 많이 나왔다는 것은 예루살렘 성전 건축과 하나님의 영광이 회복되기를 간절히 바라는 자들이 대부분 나왔다는 것이다. 그리고 그들은 실제로 성전건축을 위하여 정열과 물질을 바치고 헌신한 사람들이었다.

> "옛적에 바벨론 왕 느부갓네살에게 사로잡혀 바벨론으로 갔던 자들의 자손들 중에서 놓임을 받고 예루살렘과 유다 도로 돌아와 각기 각자의 성읍으로 돌아간 자" (1절).

유다 백성들이 과거 바벨론의 왕 느부갓네살에게 포로로 잡혀간 것은 유다의 왕 '여호야김' 때부터 3차례 였다. 그 때가 B.C.605년이었다. 그리고 이들의 자손들이 바사 왕 고레스의 칙령에 따라 1차 포로귀환한 때는 B.C.537년이었다. 1세대의 사람들은 거의 죽었을 것이고, 2,3세대의 사람들이 귀환했을 것이다. 그래서 에스라서의 기자는 처음 포로로 잡혀갔던 시절을 '옛적'이라고 기록하고 있다.

귀환자들이 '예루살렘과 유다 도'로 돌아왔다는 것은 그 당시 유다 땅은 바사의 한 도에 해당되었다는 것을 의미한다. 역사가 '헤로도투스'

(Herodotus)에 의하면 바사 왕 '다리오' 때는 전국을 20개 도로 나누었는데, 유다는 제 5도에 속했다고 한다. 그리고 그 당시 바사국의 사람들은 유다 땅을 '강 건너의 지방'이라고 말하기도 했다.

귀환자들 중 스룹바벨을 비롯한 유다 지도자들의 명단이 먼저 서술되어 있다. 그리고 3절부터 35절까지 일반 민중들의 자손과 수가 기록되어 있다. 36-63절까지는 제사장을 비롯한 성전 직원들의 후손들의 명단이 나와 있다. 11명의 지도자들 이름이 영광스럽게 기록되어 있다.

> "곧 스룹바벨과 예수아와 느헤미야와 스라야와 르엘라야와 모르드개와 빌산과 미스발과 비그왜와 르훔과 바아나 등과 함께 나온 이스라엘 백성의 명수가 이러하니"(2절).

이들은 유다의 광복운동의 선구자이며 하나님의 성전 재건의 헌신자들이다. 이들은 일반 민중의 인솔자였고 하나님의 말씀을 가르쳤던 자들이다. 이들은 주로 유다와 베냐민 지파의 족장들이고 레위 지파의 제사장과 성전의 일을 맡은 레위 사람들이다. 백성의 지도자로 이들은 하나님께 감동을 받고 백성들을 인솔하였다(스1:5).

오늘날도 교회의 지도자들은 인간의 지혜와 재능만으로 섬기는 것이 아니라, 성령님의 감동을 받아야 한다.

> "그가 내게 대답하여 이르되 여호와께서 스룹바벨에게 하신 말씀이 이러하니라 만군의 여호와께서 말씀하시되 이는 힘으로 되지 아니하며 능력으로 되지 아니하고 오직 나의 영으로 되느니라"(슥4:6).

귀환자들의 우선 목적은 여호와의 성전을 건축하는 일이었다. 그 사역에 하나님의 감동을 받은 스룹바벨이 앞장을 섰다. 그는 유다 자손이며,

다윗 왕족이었다. 유다 왕 '여호야긴'의 손자였다(대상3:16-19). 그는 왕 같은 지도자로 세움을 받아 하나님의 성전을 건축하였고, 메시야를 예표하는 자가 되었다.

야곱은 일찍이 유다 지파의 자손이 모든 형제의 왕이 될 것을 예언하였다. 그 혈통에서 모든 백성을 복종시킬 메시야가 올 것을 예언하였다. '실로' (שִׁילֹה)는 '그에게 속한자' 란 의미로 성부 하나님이 보내신 예수 그리스도를 뜻한다.

> "규가 유다를 떠나지 아니하며 통치자의 지팡이가 그 발 사이에서 떠나지 아니하기를 실로가 오시기까지 이르리니 그에게 모든 백성이 복종하리로다" (창49:10).

스가랴 선지자는 이스라엘 민족에게 산과 같은 큰 어려운 문제를 유다 지파의 자손이며 다윗 왕의 혈통인 '스룹바벨'이 와서 해결할 것이라고 예언하였다. 그가 예루살렘 성전의 기초를 쌓고 완공까지 할 것이라고 예언하였다.

> "큰 산아 네가 무엇이냐 네가 스룹바벨 앞에서 평지가 되리라 그가 머릿돌을 내놓을 때에 무리가 외치기를 은총, 은총이 그에게 있을지어다 하리라" (슥4:7).

> "스룹바벨의 손이 이 성전의 기초를 놓았은즉 그의 손이 또한 그 일을 마치리라" (슥4:9).

> "이르되 이는 기름 부음 받은 자 둘이니 온 세상의 주 앞에 서 있는 자니라 하더라(슥4:14).

스가랴 선지자가 말한 '두 감람나무'와 '기름 부음 받은 두 사람'은 왕과 제사장을 뜻하는데, 성전의 기초를 놓을 스룹바벨과 예수아를 말한다(2절). 순금 등대에 감람 기름이 부어져서 금빛 찬란한 빛을 밝히듯이 스룹바벨과 예수아는 이스라엘과 온 세상을 비추는 빛이 될 것이다.

스룹바벨은 장차 오실 메시야이신 그리스도의 그림자로서 예수 그리스도야말로 온 세상을 비추는 참된 빛이시다. 스룹바벨은 성전을 건축하였지만, 예수님은 무너진 성전 대신에 자신이 제물이 되어 영원한 성전이 되셨다. 예수 그리스도가 하나님을 만나게 하는 참된 성전이 되심으로 이스라엘 뿐만 아니라 온 인류에게 구원의 길을 열어 주셨다.

지도자들과 일반 민중

유다 민족의 영적인 지도자는 대제사장 '예수아'이다. 그는 아론의 후손이다(대상6:14,15, 스3:2). 역대상 6장에는 아론의 자손 계보가 나와 있다. 그 중에 '여호사닥'이란 자가 에스라서의 '요사닥'이란 자와 동일인이다. 예수아는 요사닥의 아들이고, 그는 대제사장 아론의 후손이다. '예수아'는 '여호와는 구원이시다'는 의미를 지닌 '여호수아'의 준말이다.

하나님의 성전을 재건하는 일에 하나님의 기름 부음을 받은 최고 지도자 두 사람은 정치적인 왕과 같은 다윗의 왕족인 총독 '스룹바벨'과 아론 자손인 대제사장 '예수아'였다.

3-20절까지는 족장의 이름을 따라 계수된 수이고, 21-35절까지는 출신 지역 별로 수를 계수하고 있다. 족장의 이름으로 계수된 자가 16,144명이었고, 출신지 별로 계수된 수가 8,412명이었다. 그리고 제사장과 레위 사람들의 수가 4,630명 이었고, 유다의 포로였던 외국인으로서 성전과 왕궁에서 수종들었던 느디님 사람과 솔로몬의 신하의 자손이 392명이었다.

그리고 조상의 가문을 밝힐 수 없었던 들라야, 도비야, 느고다 자손이 652명이었다. 통계에 나온 수가 도합 30,230명이다. 그 외의 종들과 잡족들이 다 합하여진 총계가 49,897명이었다.

통계에 나온 약 삼만 명의 유다인들은 성전 건축에 간절히 사모하고 직접 헌신하기를 원했던 자들이었고, 나머지 이만여 명은 그들의 신앙을 동조하거나 따랐던 종들이었을 것이다. 물론 훨씬 더 많은 유다인들이 바사국에 그대로 남아있었다. 자원하여 몸과 물질을 바친 이들은 하나님의 영광을 위하여 일하려고 했던 거룩한 백성들이었다. 성경에 이들의 수효를 상세히 기록한 것은 그 당시에 하나님의 뜻을 순종하여 돌아온 그들의 결단을 칭찬하려는 것이다. 에스라서 기자가 오랫 동안 그들의 가상한 이름을 남기려고 했던 의도였을 것이다.

하나님께서는 예루살렘과 유다 땅으로 돌아온 그들을 얼마나 기뻐하셨을까? 탕자가 아버지께로 돌아왔을 때 그 아버지가 달려가서 포옹하고 입을 맞춘 것처럼, 하나님은 그 귀환자들을 심히 기뻐하셨을 것이다(눅15:11-24). 그래서 그들의 손으로 성전을 건축하게 하셨다.

3절의 '바로스' 자손이 비교적 수가 많은 2,172명이었다. 스10:25에 이방 여자와 결혼한 후에 회개한 명단 중에 바로스 자손이 나온다. 8절의 '삿두' 자손도 이방 여자와 결혼한 것을 회개하고 그 아내들과 이별하였다(10:27). 쉽지 않은 신앙적인 결단을 했던 사람들이었다.

'스바다' 자손은 1차 포로귀환에서 뿐 아니라 학사 에스라와 함께 2차 귀환할 때에도 80명이 돌아왔다(8:8). 6절의 '바핫모압'의 자손과 35절의 '스나아' 자손은 회중에서 가장 많은 2,812명과 3,630명이 귀환하였다. 7절의 '엘람'은 성전의 문지기로 봉사한 사람으로 나타난다(대상26:3, 느12:42). 15절의 '아딘'이란 이름은 '부드럽다'는 의미를 가지고 있는데, 그의 자손 중 대표자가 하나님께 충성하겠다는 뜻으로 언약에 도장을 찍은 적이 있었다(느10:16). 14절의 '비그왜'와 16절의 '아델'이란 이름도 그 언약에 도장을 찍은 것으로 나온다(느10:16,17). 이들은 상당히 신앙적으로 바로 살려고 결단한 사람들인 것 같다.

21-35절에 나타난 출신 지방 별로 귀환한 사람들을 보면, 21개 지방들 중에 베냐민 지파에 속한 지방이 14곳이나 된다. 베들레헴과 느도바는 유다 지역이고, 아스마웻, 기랴다림, 그비라, 브에롯, 라마, 게바, 믹마스, 벧엘, 느보, 로드, 하딧, 여리고 등은 베냐민 지파에 속한 지방이다.

베냐민 지파는 사사시대에 성적인 죄를 범하여 동족 간에 전쟁을 일으키기도 하였고, 베냐민 지파인 사울 왕이 죽은 후에 다윗 초기 왕정 때에 상당한 갈등을 일으켰던 지파였다. 그러나 베냐민 지파는 회개하고 유다 지파에 협조하여 북 이스라엘이 분열될 때에 남쪽 유다를 지지하여 그들과 함께 하였다. 베냐민 지파가 많이 회개하고 하나님께로 돌아온 것은 하나님의 감동의 역사라고 말할 수 있을 것이다.

레위 자손들

귀환한 제사장 집안은 크게 네 부류였다. '예수아'와 '임멜'과 '바스훌'과 '하림' 자손이었는데 거의 숫자가 비슷하다. 그 중에 '바스훌'은 유다가 포로로 잡혀오기 전, 선지자 예레미야를 핍박했던 제사장이었다(렘20:1-6). 그러나 하나님은 이런 핍박자의 후손들도 회개시켜 복을 주셨다. 귀환한 바스훌의 자손들은 모두 1,247명으로 제사장 집안 중에서는 가장 많은 수이다.

40-42절까지는 레위 지파에 소속된 자손들이 나와 있다. 그들 중에 찬양 사역을 하였던 아삽 자손이 128명이었고, 문지기 사역을 하였던 자손들이 139명이었다.

Ezra Explanation

3
느디님 사람들과 솔로몬의 종들

스 2:43-70

43느디님 사람들은 시하 자손과 하수바 자손과 답바옷 자손과 44게로스 자손과
시아하 자손과 바돈 자손과 45르바나 자손과 하가바 자손과 악굽 자손과 46하갑
자손과 사믈래 자손과 하난 자손과 47깃델 자손과 가할 자손과 르아야 자손과
48르신 자손과 느고다 자손과 갓삼 자손과 49웃사 자손과 바세아 자손과 베새
자손과 50아스나 자손과 므우님 자손과 느부심 자손과 51박북 자손과 하그바 자
손과 할훌 자손과 52바슬룻 자손과 므히다 자손과 하르사 자손과 53바르고스 자
손과 시스라 자손과 데마 자손과 54느시야 자손과 하디바 자손이었더라 55솔로
몬의 신하의 자손은 소대 자손과 하소베렛 자손과 브루다 자손과 56야알라 자손
과 다르곤 자손과 깃델 자손과 57스바댜 자손과 하딜 자손과 보게렛하스바임 자
손과 아미 자손이니 58모든 느디님 사람과 솔로몬의 신하의 자손이 삼백구십이
명이었더라 59델멜라와 델하르사와 그룹과 앗단과 임멜에서 올라온 자가 있으나
그들의 조상의 가문과 선조가 이스라엘에 속하였는지 밝힐 수 없었더라 60그들
은 들라야 자손과 도비야 자손과 느고다 자손이라 모두 육백오십이 명이요 61제
사장 중에는 하바야 자손과 학고스 자손과 바르실래 자손이니 바르실래는 길르
앗 사람 바르실래의 딸 중에 한 사람을 아내를 삼고 바르실래의 이름을 따른 자
라 62이 사람들은 계보 중에서 자기 이름을 찾아도 얻지 못하므로 그들을 부정
하게 여겨 제사장의 직분을 행하지 못하게 하고 63방백이 그들에게 명령하여 우
림과 둠밈을 가진 제사장이 일어나기 전에는 지성물을 먹지 말라 하였느니라 64
온 회중의 합계가 사만 이천삼백육십 명이요 65그 외에 남종과 여종이 칠천삼백
삼십칠 명이요 노래하는 남녀가 이백 명이요 66말이 칠백삼십육이요 노새가 이
백사십오요 67낙타가 사백삼십오요 나귀가 육천칠백이십이었더라 68어떤 족장들
이 예루살렘에 있는 여호와의 성전 터에 이르러 하나님의 전을 그 곳에 다시 건
축하려고 예물을 기쁘게 드리되 69힘 자라는 대로 공사하는 금고에 드리니 금이
육만 천 다릭이요 은이 오천 마네요 제사장의 옷이 백 벌이었더라 70이에 제사
장들과 레위 사람들과 백성 몇과 노래하는 자들과 문지기들과 느디님 사람들이
각자의 성읍에 살았고 이스라엘 무리도 각자의 성읍에 살았더라

느디님을 비롯한 종들의 후손들

포로귀환자들 대부분은 유다 자손과 베냐민 자손들이었다. 그리고 제사장을 비롯한 레위인들이 많았다. 그들 중에서도 특이하게 과거 이스라엘에 살 때부터 비천한 신분의 사람들이 있었다. 느디님 사람들과 솔로몬의 신하들이었다. 43-58절까지는 느디님 사람과 솔로몬의 신하들 자손이 나와 있다. 느디님 사람은 기브온 족속으로 가나안에 입성하였던 지도자 여호수아를 속이고 평화조약을 맺었던 자들의 후손이다(수9:27).

> "다윗과 방백들이 레위 사람들을 섬기라고 준 느디님 사람 중 성전 일꾼은 이백이십 명이었는데 그들은 모두 지명 받은 이들이었더라" (스8:20).

여호수아와 이스라엘을 속인 기브온 족속이 '느디님' 사람으로 불렸는데, 그들은 성전 사역을 도우며 나무 패는 일과 물 긷는 일을 주로 하였다. '느디님'이란 '주어진 자들'이란 뜻으로 '주다' '시키다'는 의미를 지닌 히브리어 '나탄'(נָתַן)에서 파생된 말이다. 그들은 성전 노예로 미천한 대접을 받았던 후손들이었지만, 그들은 대체로 하나님을 신실하게 믿고 따랐던 것으로 보인다. 그들의 조상들은 죄로 인하여 멸망받을 수밖에 없었지만 하나님의 은혜를 입고 성전에서 봉사하는 자들이 되었다.

'솔로몬의 신하들'도 솔로몬 시대에 포로로 잡혀온 외국인들로 솔로몬의 종들이었다(왕상9:20,21). 가나안의 원주민들이 많았고 그들은 성전과 왕궁과 국고성을 건축하는 일에 동원되었다.

> "이스라엘이 아닌 헷 족속과 아모리 족속과 브리스 족속과 히위 족

속과 여부스 족속의 남아 있는 모든 자, 곧 이스라엘 자손이 다 멸하지 않았으므로 그 땅에 남아 있는 그들의 자손들을 솔로몬이 역꾼으로 삼아 오늘에 이르렀으되 오직 이스라엘 자손은 솔로몬이 노예로 삼아 일을 시키지 아니하였으니 그들은 군사와 지휘관의 우두머리들과 그의 병거와 마병의 지휘관들이 됨이라"(대하8:7-9).

느부갓네살이 왕궁의 왕족이나 방백들, 성전의 제사장이나 선지자들을 사로잡아 갈 때에 그들의 종들이었던 느디님 사람들이나 솔로몬의 종들이 함께 포로가 되었을 것이다. 그러나 다행스럽게도 그 자손들이 여호와 신앙의 영향을 받아 유다 자손들이 바벨론에서 귀환할 때에 하나님의 감동으로 귀환자의 대열에 참여하게 되었다. 아마 성전에서 수종들었던 느디님 사람들의 후손들이나 솔로몬의 종들의 후손들은 그 조상들이 거룩한 일을 했기 때문에 그 영향을 받은 것으로 보인다.

신앙은 항상 그 조상으로부터 물려받는 것이다. 비록 비천하고 가난한 신분의 사람들이었지만 하나님을 경외하고 거룩한 일을 하였기 때문에, 그 후손들이 신앙의 본을 받고 하나님께 복을 받은 것으로 짐작된다. 하나님은 빈부귀천을 따지지 않고 믿음생활을 올바로 하는 집안의 후손들을 축복하신다.

나머지 귀환자들 중에 어느 족보에 속하였는지 알려지지 않은 사람들이 있었다. 비록 계보에 그 이름이 기록 되지 않았지만 하나님은 그들의 신앙을 귀하게 보시고 예루살렘으로 귀환하도록 하셨다. 그 중에 길르앗 사람 '바르실래'의 딸의 후손 중에 귀환자가 있었다(61절). 사위가 그 집안의 정신을 이은 경우라 할 수 있다.

비록 족보에 이름이 없었기 때문에 제사장의 직분을 행하지 못하게 되었고 지성물도 제사장이 일어나기 전에는 먹지 못했다(62,63절). 그러나 하나님은 그들 자손의 신앙 정신을 귀하게 보시고 귀환자 대열에 들게 하셨다. 바르실래는 후덕한 사람으로 압살롬 반란 때에 곤경에 처한 다윗왕을 도와준 인물이었다(삼하17:27-29, 19:31,32). 그 바르실래의 사위가 제사장이었다. 그 사람은 결혼 후에 장인의 이름을 본따서 자기 이름을 지었다. 외경인 에스드라전서 5:38에는 그의 본명이 '야두스' 였다고 한다. 바벨론 귀환 후, 호적부에서 신원이 정확하게 밝혀지지 않았기 때문에 제사장의 직분에서 제외되었다(느7:63,64).

물질적인 헌신

귀환자의 통계와 함께 말과 낙타와 노새와 나귀의 수도 계수하였다(66,67절). 아마 가축 중에서도 값나가는 것이었으므로 재산 목록에 들어갔을 것이다. 그리고 귀환자들이 먼 길을 여행하면서 그 짐승들을 타고 왔을 것으로 짐작이 된다.

어떤 족장들이 성전 건축을 위하여 특별헌금을 드렸다. 공사하는 금고에 모인 금이 육만 천 다릭이고, 은이 오천 마네였으며, 제사장의 옷이 백 벌이었다(68,69절). 그들은 기쁘게 드렸고, 힘 자라는 대로 드렸다.

이 두 가지는 예나 지금이나 하나님 앞에 헌금을 드리는 성경적인 원리이다. 기쁨과 자원하는 마음으로 헌금을 드려야 한다. 강요하여 드리거나 마음에 우러나지 않는데 억지로 드리는 것은 드리는 사람이 심적으로 부담이 될 것이다. 하나님은 기쁨으로 드리는 자를 좋아하신다. 그리고 헌금은 힘 자라는 대로 최선을 다하고 정성을 다해야 한다. 성의 없이 드리면 하나님께서 감동하시지 않는다.

'다릭'은 바사의 금전인데, 61000다릭은 미화로 450000불쯤 된다. 그리고 '마네'는 은의 중량을 가리키는데 5000마네는 150000불쯤 되는 가치이다. 금과 은을 합치면 한화로 약 6억쯤 되는 금액이다. 귀환한 유다 지도자들은 금과 은과 제사장의 옷을 하나님께 드렸다(69절).

솔로몬이 처음 왕이 될 때에 천 마리의 희생 제물로 번제를 드려 최선을 다할 때, 하나님께서 감동하시고 복을 내리셨다(대하1:6,7). 그리고 성전을 완공하고 낙성식을 거행할 때에는 누구도 흉내낼 수 없을 정도의 거대하고도 놀라운 제사를 여호와 하나님께 드렸다. "소가 이만 이천 마리이고 양이 십이만 마리나" 되었다. 제사장들은 나팔을 불고 온 이스라엘 백성들이 지켜보는 가운데 거국적인 제사를 드렸다(대하7:5-7).

솔로몬 시대는 부귀영화가 전무후무한 시대였고, 지금 포로에서 돌아온 그들의 상황은 아주 미약한 상태였다. 그러나 어떤 족장뿐만 아니라 포로에서 귀환한 자들이나 바벨론 현지에 남은 유다인이나 모두 하나님의 성전 건축에 깊은 관심과 열정을 가지고 최선을 다하여 헌금하였다. 어떤 상황에서도 최선을 다했다는 것이 중요하다.

나라를 상실했던 이스라엘 민족은 하나님의 말씀대로 예루살렘의 영광이 회복되는 것을 보게 되었다. 제사장을 비롯한 성전의 봉사자들과 일반 민중들은 하나님의 감동으로 바사국에서 마침내 말씀대로 유다 땅으로 돌아왔다. 이 역사적인 사건을 이사야는 150여년 전에 이미 예언하였다.

> "그의 종의 말을 세워 주며 그의 사자들의 계획을 성취하게 하며 예루살렘에 대하여는 이르기를 거기에 사람이 살리라 하며 유다 성읍들에 대하여는 중건될 것이라 내가 그 황폐한 곳들을 복구시키리라 하며"(사44:26).

"고레스에 대하여는 이르기를 내 목자라 그가 나의 모든 기쁨을 성취하리라 하며 예루살렘에 대하여는 이르기를 중건되리라 하며 성전에 대하여는 네 기초가 놓여지리라 하는 자니라"(사44:28).

긍휼과 사랑이 풍성하신 하나님은 예언하신 대로 70년이 지난 후에 유다 백성 중 여호와를 사모하는 자 약 오만 명을 포로에서 돌려보내셨다.

Ezra Explanation

4
비로소 번제를 드리다

스 3:1-7

1이스라엘 자손이 각자의 성읍에 살았더니 일곱째 달에 이르러 일제히 예루살렘
에 모인지라 2요사닥의 아들 예수아와 그의 형제 제사장들과 스알디엘의 아들
스룹바벨과 그의 형제들이 다 일어나 이스라엘 하나님의 제단을 만들고 하나님
의 사람 모세의 율법에 기록한 대로 번제를 그 위에서 드리려 할새 3무리가 모
든 나라 백성을 두려워하여 제단을 그 터에 세우고 그 위에서 아침 저녁으로 여
호와께 번제를 드리며 4기록된 규례대로 초막절을 지켜 번제를 매일 정수대로
날마다 드리고 5그 후에는 항상 드리는 번제와 초하루와 여호와의 모든 거룩한
절기의 번제와 사람이 여호와께 기쁘게 드리는 예물을 드리되 6일곱째 달 초하
루부터 비로소 여호와께 번제를 드렸으나 그 때에 여호와의 성전 지대는 미처
놓지 못한지라 7이에 석수와 목수에게 돈을 주고 또 시돈 사람과 두로 사람에게
먹을 것과 마실 것과 기름을 주고 바사 왕 고레스의 명령대로 백향목을 레바논
에서 욥바 해변까지 운송하게 하였더라

지도자들의 신앙과 그 영향

예루살렘에 돌아온 사람들은 마침내 다 일어나서 번제단을 만들었다. 그 동안 포로귀환자들은 각자의 성읍에 살았다. 그러다가 그 해 7월에 그들은 성전 건축을 착수하기 위하여 모였다. 모인 그들은 초하루부터 비로소 하나님께 번제를 드리고 크게 감격하였다. 얼마만의 자유로운 제사인가? 그것도 꿈에 그리던 고향 땅 거룩한 예루살렘 성전 터에서 드린 제사가 아닌가?

우리가 신앙 안에서 꿈꾸고 기도하는 것은 반드시 이루어진다. 하나님의 나라를 위하여 위대한 비전을 가지고 기도해야 한다. 하나님께서 꼭 이루어질 수 있도록 도우실 것이다.

> "이스라엘 자손이 각자의 성읍에 살았더니 일곱째 달에 이르러 일제히 예루살렘에 모인지라" (1절).

> "일곱째 달 초하루부터 비로소 여호와께 번제를 드렸으나 그 때에 여호와의 성전 지대는 미처 놓지 못한지라" (6절).

고향에 돌아온 그들이 수 개월 동안 그들 조상이 살던 곳에 살았던 것 같다. 아마 옛날 형제나 친척을 찾아볼 수도 있고, 조상들이 말하던 자기들의 성읍에 대하여 관심이 컸을 것이다. 그러나 귀환자들의 가장 큰 목적은 예루살렘 성전을 재건하는 것이었다. 그래서 그들은 귀환한 그 해 칠월에 마음의 흩어짐이 없이 '일제히 예루살렘에 모였다'고 기록하고 있다. '일제히'란 말은 '한 사람 같이'라는 의미이다.

신앙 안에서의 단결과 협력은 대단히 아름답고 귀하다. 시133:1에도 "보라 형제가 연합하여 동거함이 어찌 그리 선하고 아름다운고"라고 하였다. 우리가 하나님의 일을 할 때에는 한 마음과 한 뜻으로 뭉쳐야 한다.

대제사장 예수아와 총독 스룹바벨이 앞장을 서서 제단을 만들고 모세의 율법대로 번제를 드렸다. '여호와는 구원이시다'는 이름을 가진 '예수아'(יֵשׁוּעַ)는 아론의 자손인 대제사장이었고 1차 포로 귀환자들의 영적인 지도자였다. '바벨론의 씨'라는 이름의 '스룹바벨'(זְרֻבָּבֶל)은 유다 왕 여호야긴(왕하24:15)의 손자로서(대상3:17-19) 1차 포로 귀환자들의 정치적 지도자였으며 페르시아 왕으로부터 임명을 받은 유다 총독이다. 그는 다윗의 혈통을 이은 유다의 지도자로 성전을 건축한 영적인 일을 완수하였기 때문에 선지자들은 장차 오실 그리스도의 그림자로 보았다(슥3:1, 4:6,7).

"요사닥의 아들 예수아와 그의 형제 제사장들과 스알디엘의 아들 스룹바벨과 그의 형제들이 다 일어나 이스라엘 하나님의 제단을 만들고 하나님의 사람 모세의 율법에 기록한 대로 번제를 그 위에서 드리려 할새" (2절).

영적인 지도자와 정치적인 총독이 그 형제들과 함께 다 일어나서 하나님의 성전 재건을 시작하려고 했다. 그 때에 온 유다인들이 다 협력하였다. 올바른 지도자들의 지도가 있어야 나라의 일이 바로 되어진다. 믿음의 지도자의 영향력은 지대하다. 지도자가 하나님의 율법을 떠나 범죄하면 백성들도 따라서 범죄하고, 지도자가 하나님의 뜻대로 살면 백성들도 그 영적인 분위기를 따르게 된다.

"나의 하나님이여 주께서 마음을 감찰하시고 정직을 기뻐하시는 줄을 내가 아나이다 내가 정직한 마음으로 이 모든 것을 즐거이 드렸사오며 이제 내가 또 여기 있는 주의 백성이 주께 자원하여 드리는 것을 보오니 심히 기쁘도소이다" (대상29:17).

"르호보암의 나라가 견고하고 세력이 강해지매 그가 여호와의 율법을 버리니 온 이스라엘이 본받은지라" (대하12:1).

다윗 왕이 성전건축을 위하여 예물을 많이 준비하여 드릴 때 백성들도 기쁜 마음으로 자원하여 예물을 바쳤다. 왕이 신앙 중심으로 살려고 최선을 다할 때, 백성들도 다 동조하고 협력하였다. 다윗과 솔로몬 초기만큼 이스라엘 나라가 하나님의 뜻대로 살려고 최선을 다한 적은 없었다. 신앙인 다윗이라는 지도자의 영향력이 그만큼 컸다는 것이다. 그러나 솔로몬 후기와 르호보암 시대로 넘어오면서 그들이 여호와의 율법을 등 뒤로 버릴 때에 백성들도 다 함께 그들의 본을 받아 범죄하였다. 고대 이스라엘은 왕의 신앙에 따라 국운이 좌우되었다.

성전건축을 위한 준비

유다인들이 포로에서 돌아왔을 때는 유다 땅, 특히 북쪽의 사마리아 지역을 비롯하여 주위에 이방인들이 많이 살고 있었다. 그들은 먼저 거주했기 때문에 텃세를 부릴 수도 있었다. 사실 사마리아 지역 사람들이 성전건축에 대하여 방해와 위협을 하였다. 귀환자들의 수는 적고 주위의 대적들은 많았다. 실제적인 위협으로부터 그들은 하나님의 은혜와 도움을 요청하지 않을 수 없었다.

비록 바사 왕 고레스는 자유와 해방의 길을 열어주었지만 세상은 여전히 그들의 편이 아니었다. 대적들의 따가운 눈총을 의식하지 않을 수 없었다. 그래서 그들은 원래 터 위에 여호와의 제단을 세우고 매일 아침 저녁으로 하나님께 번제를 드리면서 도움을 요청하는 기도를 드렸다.

> "무리가 모든 나라 백성을 두려워하여 제단을 그 터에 세우고 그 위에서 아침 저녁으로 여호와께 번제를 드리며, 기록된 규례대로 초막절을 지켜 번제를 매일 정수대로 날마다 드리고"(3,4절).

그리스도인들이 세상에서 하나님의 뜻대로 살려고 할 때에 불신자들은 괜히 의심스러운 눈으로 살펴본다. 혹시라도 실수를 하고 잘못을 저지르면 곧바로 꼬투리를 잡고 비난과 공격을 한다. 그러한 상황에서 우리는 더욱 긴장하여 하나님께 예배드리고 열심히 기도해야 한다. 유다인들이 조석으로 번제를 드렸듯이 교회와 이웃을 위하여 날마다 기도하고 헌신하는 모습으로 살아야 한다.

유다인들은 7월 15일부터 한 주간 동안 지키도록 되어 있는 초막절을 지켰다. 이스라엘이 출애굽 후에 광야에서 겪은 고난을 기념하는 절기이다. 포로 기간 동안 시행하지 못했던 초막절을 율법의 말씀대로 지켰다. 그들에게는 큰 감동의 절기였을 것이다.

> "너희가 토지 소산 거두기를 마치거든 일곱째 달 열닷샛날부터 이레 동안 여호와의 절기를 지키되 첫 날에도 안식하고 여덟째 날에도 안식할 것이요. 첫 날에는 너희가 아름다운 나무 실과와 종려나무 가지와 무성한 나무 가지와 시내 버들을 취하여 너희의 하나님 여호와 앞에서 이레 동안 즐거워할 것이라. 너희는 매년 이레 동안 여호와께 이 절기를 지킬지니 너희 대대의 영원한 규례라 너희는 일곱째 달에 이를 지킬지니라" (레23:39-41).

> "이는 내가 이스라엘 자손을 애굽 땅에서 인도하여 내던 때에 초막에 거주하게 한 줄을 너희 대대로 알게 함이니라 나는 너희의 하나님 여호와이니라. 모세는 이와 같이 여호와의 절기를 이스라엘 자손에게 공포하였더라" (레23:43,44).

초막절을 지킨 후에 항상 드리는 번제를 드렸는데, 매일 조석으로 드리는 상번제를 의미한다(5절). 그리고 매월 초하루에 드리는 월삭의 번제를 드렸다.

"네가 제단 위에 드릴 것은 이러하니라 매일 일 년 된 어린 양 두 마리니 한 어린 양은 아침에 드리고 한 어린 양은 저녁 때에 드릴지며" (출29:38,39).

"초하루에는 수송아지 두 마리와 숫양 한 마리와 일 년 되고 흠 없는 숫양 일곱 마리로 여호와께 번제를 드리되" (민28:11).

그리고 거룩한 절기인 유월절(레23:5-8)과 오순절(레23:15-21)과 나팔절(레23:23-25)과 속죄일(레23:27-32)과 초막절에 번제(레23:33-36)를 올려드렸다. 의무적인 제사도 있었지만 유다인들은 여호와 하나님께 기쁨으로 예물을 드리는 제사를 지냈다. 그들은 아직 성전의 기초는 놓지 못했지만 먼저 하나님께 정성으로 제사를 드림으로 마음의 준비를 하였다(6절).

현장 일꾼들의 생활 대책

성전 건축의 일꾼들을 선정했다. 석수와 목수와 레바논의 백향목을 운반하여 나를 현장 일꾼들이 필요했다. 또 그들을 고용하기 위하여 그들에게 돈과 먹을 것을 주었다. 생활 대책을 먼저 세워주고 일을 시켰다.

"이에 석수와 목수에게 돈을 주고 또 시돈 사람과 두로 사람에게 먹을 것과 마실 것과 기름을 주고 바사 왕 고레스의 명령대로 백향목을 레바논에서 욥바 해변까지 운송하게 하였더라"(7절).

마10:10에는 "하나님의 일을 하는 자가 자기 먹을 것을 받는 것은 마땅하다"고 하셨다. 약5:4은 "추수한 품꾼에게 마땅히 품삯을 지불하고, 그들이 품삯을 지불받지 못해 그 가족이 울지 않도록 하라"고 경고의 말씀을 하고 있다.

고레스 왕은 시돈과 두로 사람들에게 유다인의 성전 건축을 도우라고 명령하였다. 베니게 지역의 이방인들까지 성전 건축에 동참한 것은 장차 그리스도의 나라가 유다인만의 것이 아니라 온 세상 사람들이 동역한다는 것을 예표한 것이다. 성전의 재목으로 사용할 백향목을 레바논에서 욥바 해변까지 운송하였다. 욥바는 예루살렘에서 서북쪽으로 35마일 정도 떨어진 지중해변 항구이다. 레바논 지역에서 욥바까지 바다로 백향목을 운송하였다.

하나님의 성전 건축에 대하여 쌍심지를 켜고 바라본 자들도 있었지만 함께 협력한 자들도 있었다. 우리가 하나님의 일을 하기 위하여 기도하고 최선을 다하면 돕는 자들도 많이 나타난다.

Ezra Explanation

5
성전 건축의 큰 감동

스 3:8-13

8예루살렘에 있는 하나님의 성전에 이른지 이년 둘째 달에 스알디엘의 아들 스
룹바벨과 요사닥의 아들 예수아와 다른 형제 제사장들과 레위 사람들과 무릇 사
로잡혔다가 예루살렘에 돌아온 자들이 공사를 시작하고 이십 세 이상의 레위 사
람들을 세워 여호와의 성전 공사를 감독하게 하매 9이에 예수아와 그의 아들들
과 그의 형제들과 갓미엘과 그의 아들들과 유다 자손과 헤나닷 자손과 그의 형
제 레위 사람들이 일제히 일어나 하나님의 성전 일꾼들을 감독하니라 10건축자
가 여호와의 성전의 기초를 놓을 때에 제사장들은 예복을 입고 나팔을 들고 아
삽 자손 레위 사람들은 제금을 들고 서서 이스라엘 왕 다윗의 규례대로 여호와
를 찬송하되 11찬양으로 화답하며 여호와께 감사하여 이르되 주는 지극히 선하
시므로 그의 인자하심이 이스라엘에게 영원하시도다 하니 모든 백성들이 여호와
의 성전 기초가 놓임을 보고 여호와를 찬송하며 큰 소리로 즐거이 부르며 12제
사장들과 레위 사람들과 나이 많은 족장들은 첫 성전을 보았으므로 이제 이 성
전의 기초가 놓임을 보고 대성통곡하였으나 여러 사람은 기쁨으로 크게 함성을
지르니 13백성의 크게 외치는 소리가 멀리 들리므로 즐거이 부르는 소리와 통곡
하는 소리를 백성들이 분간하지 못하였더라

성전 건축의 기초를 놓다

예루살렘에 돌아온 유다 사람들은 마침내 성전의 기초 공사를 시작하게 되었다. 그 사실만으로도 그들의 마음에는 큰 감동의 물결이 일어났다. 약 1년 동안 초막절을 지키고 번제단을 세워 조석으로 제사를 드리면서 기도하고 마음의 준비를 하였다. 웅대한 성전 재건 사업이 준비 없이

이루어질 수는 없었다. 일할 사람들과 재원과 설계와 건축 자재를 비롯한 준비의 시간이 상당히 필요했을 것이다. 마침내 총독 '스룹바벨'과 대제사장 '예수아'와 그의 형제 제사장들과 레위인들이 앞장을 서고 함께 바벨론에서 귀환한 유다인들이 공사를 시작하였다. 얼마나 역사적인 사건인가? 얼마나 그들이 간절히 기다려 오던 순간인가? 그들은 감격적인 마음으로 성전 공사를 착수하였다.

> "예루살렘에 있는 하나님의 성전에 이른 지 이 년 둘째 달에 스알디엘의 아들 스룹바벨과 요사닥의 아들 예수아와 다른 형제 제사장들과 레위 사람들과 무릇 사로잡혔다가 예루살렘에 돌아온 자들이 공사를 시작하고 이십 세 이상의 레위 사람들을 세워 여호와의 성전 공사를 감독하게 하매, 이에 예수아와 그의 아들들과 그의 형제들과 갓미엘과 그의 아들들과 유다 자손과 헤나닷 자손과 그의 형제 레위 사람들이 일제히 일어나 하나님의 성전 일꾼들을 감독하니라"(8,9절).

보통 건축 현장의 감독은 건축의 실무 경험이 많은 자들이 한다. 그런데 성전 건축에 있어서는 20세 이상의 레위인들이 현장 일꾼들을 감독하였다. 여기서도 "레위인들이 일제히 일어나 감독했다"고 기록되어 있다. 그들이 하나님께 기도하고 마음과 뜻이 하나가 되어 함께 최선을 다했다는 뜻이다.

일반인을 위한 건축이 아니라 하나님께 제사드리기 위한 성전이었기 때문에, 성전의 구조나 모형에 대하여 전문성이 있는 레위인들이 감독을 한 것으로 짐작이 된다. 그리고 경건한 지도자가 기도하고 지시하는 것과 단지 공사 현장만 이해하고 있는 자가 감독하는 것과는 차이가 분명 있을 것이다.

만약 미술관을 건축한다면 감독은 건축과 미술에 함께 조예가 있는 자가 해야 할 것이다. 체육관을 건축한다면 감독은 건축 전문가와 체육 전문가가 함께 해야 할 것이다. 교회당을 건축한다면 당연히 담임목사가 감독을 하고 설계자와 건축 시공자에게 건축의 전반적인 아이디어와 인테리어를 지시해야 할 것이다.

우리가 어떤 중대한 사업을 시작하려고 할 때에 그 분야 전문가의 지도를 받아야 하고, 하나님께 기도하면서 해야 선한 목적을 달성할 수 있다. 사실 건축에 관하여는 석수나 목수들이 더 탁월한 기술과 능력을 가지고 있었겠지만, 그들은 감독자였던 레위인들의 지시에 순종하였다. 그 중에는 20세밖에 안 된 젊은 감독자들도 있었다.

교회에서는 목회자가 비록 젊을지라도 나이 든 성도들이 순종하고 따라야 한다. 회사에서도 상관이 비록 자기보다 더 젊을지라도 그의 지시에 순종하지 않는가? 자신이 비록 그 분야에 기술과 재능이 뛰어날지라도 감독자의 말에 따라야 전체의 일이 규모 있고 순조롭게 이루어질 수 있다. 하나님의 거룩한 일은 서로 섬기며 겸손해야 은혜롭게 이루어진다.

특별히 성전 건축의 지도자 스룹바벨과 예수아에 대해서는 하나님께서 스가랴 선지자를 통하여 그들을 세웠다고 말씀하심으로 거룩한 과업의 권위를 부여하셨다.

> "여호와께서 자기 앞에 선 자들에게 명령하사 그 더러운 옷을 벗기라 하시고 또 여호수아에게 이르시되 내가 네 죄악을 제거하여 버렸으니 네게 아름다운 옷을 입히리라 하시기로 내가 말하되 정결한 관을 그의 머리에 씌우소서 하매 곧 정결한 관을 그 머리에 씌우며 옷을 입히고 여호와의 천사는 곁에 섰더라"(슥3:4,5).

"스룹바벨의 손이 이 성전의 기초를 놓았은즉 그의 손이 또한 그 일을 마치리라 하셨나니 만군의 여호와께서 나를 너희에게 보내신 줄을 네가 알리라 하셨느니라"(슥4:9).

큰 찬송과 감격의 대성통곡

유다인들은 성전의 기초를 놓으면서 다윗의 규례대로 여호와 하나님을 찬송하였다. 제사장들과 악사들이 악기를 사용하여 하나님께 영광을 돌렸다.

하나님께 예배를 드릴 때에 온 정성과 마음을 다해야 하고 기쁨과 즐거움으로 해야 한다. 악기를 동원하여 찬송하면 더 기쁘고 은혜롭다. 기쁨이 넘치는 예배를 하나님은 원하신다. 구약에 다윗과 솔로몬 시대를 비롯하여 국가적인 행사에 악기를 동원한 찬양대가 강조되어 있고, 신약에도 바울 사도께서 "찬송과 신령한 노래를 불러라"고 말씀하셨다.

"건축자가 여호와의 성전의 기초를 놓을 때에 제사장들은 예복을 입고 나팔을 들고 아삽 자손 레위 사람들은 제금을 들고 서서 이스라엘 왕 다윗의 규례대로 여호와를 찬송하되 찬양으로 화답하며 여호와께 감사하여 이르되 주는 지극히 선하시므로 그의 인자하심이 이스라엘에게 영원하시도다 하니 모든 백성이 여호와의 성전 기초가 놓임을 보고 여호와를 찬송하며 큰 소리로 즐거이 부르며"(10,11절).

"시와 찬송과 신령한 노래들로 서로 화답하며 너희의 마음으로 주께 노래하며 찬송하며"(엡5:19).

그들이 큰 소리로 불렀던 찬송의 가사는 "주는 지극히 선하시므로 그의 인자하심이 이스라엘에게 영원하시다"는 것이었다. 우리는 하나님께서 의인들의 선행을 속히 갚아주시지 않는다고 하나님의 영원하신 인자하심을 의심할 필요가 없다. 의인이 선을 행하는 그 자체가 하나님의 은혜와 사랑이다. 유다 백성들은 하나님이 그들의 의로움을 잊으시고 기도를 듣지 않는 줄 알았지만, 마침내 그들에게 은혜를 베푸시고 포로에서 귀환하게 하셨다. 꿈에 그리던 예루살렘의 성전을 건축하게 된 것이다. 지극히 선하시고 인자하심이 영원하여 다시 이스라엘을 회복시키시는 하나님을 찬송하였다.

그리고 찬송을 부르면서 대성통곡하는 분들이 있었는데, 그들은 솔로몬의 첫 성전을 보았던 자들이다. 나이가 많은 제사장들과 레위인들과 족장들은 영광스럽던 과거의 첫 성전에 대한 기억이 있었기 때문에 더욱 성전 재건의 일에 큰 감동을 받았다. 그 당시의 화려하고 웅장한 성전에는 비교할 수 없지만, 그래도 그 성전을 자기들의 손으로 다시 세울 수 있다는 것을 생각할 때 하나님의 은혜와 사랑에 감동하지 않을 수 없었다. 큰 소리의 찬송과 감격의 큰 울음이 예루살렘을 진동시켰다.

예레미야 선지자는 유다인들이 포로로 바벨론에 끌려갈 당시에 장차 하나님의 은혜로 그 백성이 귀환할 것을 예언하였다. 그들이 돌아올 때에 큰 감동을 받아 울고 기뻐할 것을 예언하였다.

> "보라 나는 그들을 북쪽 땅에서 인도하여 땅 끝에서부터 모으리라.... 그들이 울며 돌아오리니 나의 인도함을 받고 간구할 때에 내가 그들을 넘어지지 아니하고 물 있는 계곡의 곧은 길로 가게 하리라 나는 이스라엘의 아버지요 에브라임은 나의 장자니라"(렘31:8,9).

> "그들이 와서 시온의 높은 곳에서 찬송하며 여호와의 복 곧 곡식과

새 포도주와 기름과 어린 양의 떼와 소의 떼를 얻고 크게 기뻐하리라 그 심령은 물댄 동산 같겠고 다시는 근심이 없으리로다 할지어다. 그 때에 처녀는 춤추며 즐거워하겠고 청년과 노인은 함께 즐거워하리니 내가 그들의 슬픔을 돌려서 즐겁게 하며 그들을 위로하여 그들의 근심으로부터 기쁨을 얻게 할 것임이라" (렘31:12,13).

성전 기초를 놓는 날에 유다인들의 감격과 기쁨은 이루 말로 다 표현할 수 없었다. 감격의 큰 울음 소리와 찬송의 소리가 어우러져서 즐거운 찬송과 울음은 분간할 수 없을 정도였다. 우리는 이 장면을 보면서 장차 천국에 들어갈 성도들의 감격과 찬송의 소리를 듣는 듯하다. 바벨론 지역을 떠나 꿈에도 그리던 예루살렘으로 떠나면서 얼굴에는 미소가 번지고 너무 좋아서 감격의 눈물을 흘리던 그들의 모습은 곧 우리의 미래의 모습이 아닌가?

5만여 명이나 되는 거룩한 대열이 스룹바벨의 인도를 받으며 강을 따라 내려왔던 그 모습은 곧 천성을 향하여 가는 성도들의 거룩한 대열이다. 고생과 수고가 많았던 세상을 떠나 우리는 영원한 예루살렘으로 돌아가게 될 것이다. 우리를 인도하시는 목자는 예수 그리스도시다. 그 주님을 믿고 순종하므로 죄사함을 받고 은혜와 사랑을 입으므로 천국의 백성이 된 것이다. 새 예루살렘인 천국에 들어갈 때에 우리는 너무 감사하고 감격하여 소리내어 울면서 찬송할 것이다.

"제사장들과 레위 사람들과 나이 많은 족장들은 첫 성전을 보았으므로 이제 이 성전의 기초가 놓임을 보고 대성통곡하였으나 여러 사람은 기쁨으로 크게 함성을 지르니 백성이 크게 외치는 소리가 멀리 들리므로 즐거이 부르는 소리와 통곡하는 소리를 백성들이 분간하지 못하였더라" (12,13절).

Ezra Explanation

6
성전 건축의 방해꾼들

스 4:1-10

1사로잡혔던 자들의 자손이 이스라엘의 하나님 여호와의 성전을 건축한다 함을
유다와 베냐민의 대적이 듣고 2스룹바벨과 족장들에게 나아와 이르되 우리도 너
희와 함께 건축하게 하라 우리도 너희와 같이 너희 하나님을 찾노라 앗수르 왕
에살핫돈이 우리를 이리로 오게 한 날부터 우리가 하나님께 제사를 드리노라 하
니 3스룹바벨과 예수아와 기타 이스라엘 족장들이 이르되 우리 하나님의 성전을
건축하는 데 너희는 우리와 상관이 없느니라 바사 왕 고레스가 우리에게 명령하
신 대로 우리가 이스라엘 하나님 여호와를 위하여 홀로 건축하리라 하였더니 4
이로부터 그 땅 백성이 유다 백성의 손을 약하게 하여 그 건축을 방해하되 5바
사 왕 고레스의 시대부터 바사 왕 다리오가 즉위할 때까지 관리들에게 뇌물을
주어 그 계획을 막았으며 6또 아하수에로가 즉위할 때에 그들이 글을 올려 유다
와 예루살렘 주민을 고발하니라 7아닥사스다 때에 비슬람과 미드르닷과 다브엘
과 그의 동료들이 바사 왕 아닥사스다에게 글을 올렸으니 그 글은 아람 문자와
아람 방언으로 써서 진술하였더라 8방백 르훔과 서기관 심새가 아닥사스다 왕에
게 올려 예루살렘 백성을 고발한 그 글에 9방백 르훔과 서기관 심새와 그의 동
료 디나 사람과 아바삿 사람과 다블래 사람과 아바새 사람과 아렉 사람과 바벨
론 사람과 수산 사람과 데해 사람과 엘람 사람과 10그 밖에 백성 곧 존귀한 오
스납발이 사마리아 성과 유브라데 강 건너편 다른 땅에 옮겨둔 자들과 함께 고
발한다 하였더라

성전 건축의 기초를 놓다

예루살렘에 돌아온 유다와 베냐민 사람들은 성전의 기초를 놓았다(스 3:12). 숙원 사업이 시작된 것이다. 그런데 이들의 거룩한 사업이 북쪽 사

마리아인들에게 알려졌다. 귀환한 유다인들의 행동에 대하여 예의주시하면서 지켜본 사람들이 자기들도 성전 건축에 동참하려고 했다.

> "사로잡혔던 자들의 자손이 이스라엘의 하나님 여호와의 성전을 건축한다 함을 유다와 베냐민의 대적이 듣고, 스룹바벨과 족장들에게 나아와 이르되 우리도 너희와 함께 건축하게 하라. 우리도 너희 같이 너희 하나님을 찾노라. 앗수르 왕 에살핫돈이 우리를 이리로 오게 한 날부터 우리가 하나님께 제사를 드리노라 하니" (1,2절).

이런 제안을 받은 지도자들은 순간 긴장이 되었을 것이다. 순조롭게 건축하기 위하여 팔레스틴 지역의 기득권을 가진 그들의 요구를 쉽게 거절하기 어려웠을 것이다. 그러나 스룹바벨과 예수아는 그들의 제의를 일언지하(一言之下)에 거절했다. 우선 스3:3에 돌아온 무리들이 "모든 나라 백성을 두려워하여 제단을 그 터에 세우고 조석으로 여호와께 번제를 드렸다" 고 하였고, 본문 1절에도 그들을 '대적' 이라고 표현하고 있는 것을 보면 주변의 이방인들과 특히 사마리아인들은 유다인들의 경계의 대상이었던 것을 알 수 있다.

사마리아인들은 바벨론 지역에서 이주해온 유다인들이 불편한 견제 세력이었다. 이미 자신들이 장악하고 있는 지역에 들어와서 정착하려는 그들의 움직임에 대하여 곱지 않은 시선으로 지켜보았다. 특별히 예루살렘에 성전을 건축하게 되면 종교적으로나 정치, 경제적으로 그 쪽이 관심의 대상이 될 것은 뻔한 일이었다. 그리고 바사 왕 '고레스' 의 명령으로 이주한 자들이기 때문에 강압적으로 추방할 수도 없었다. 여러 방면으로 고심하던 사마리아인들은 그러면 차라리 성전 건축에 동참하여 협력하는 것이 정치적으로 유익하겠다고 결론을 내렸다. 그래서 성전 건축에 동참하겠다고 제의한 것이었다.

사마리아 사람들은 과거에 북 이스라엘이 앗수르에게 멸망한 후에 앗수르 왕 '에살핫돈'이 사마리아 지역으로 이주시킨 자들이다. 이민자들은 유다에 남았던 자들과 혼혈을 이루어 살고 있었다. 이들은 신앙적으로도 바벨론 지역의 신들과 여호와 신앙을 혼합적으로 수용하고 있었다.

> "앗수르 왕이 바벨론과 구다와 아와와 하맛과 스발와임에서 사람을 옮겨다가 이스라엘 자손을 대신하여 사마리아 여러 성읍에 두매 그들이 사마리아를 차지하고 그 여러 성읍에 거주하니라 ..... 이와 같이 그들이 여호와도 경외하고 또한 어디서부터 옮겨왔든지 그 민족의 풍속대로 자기의 신들도 섬겼더라" (왕하17:24-33).

그 당시의 사마리아인들은 진정한 의미에서 여호와를 바로 섬긴 것이 아니었다. 그러므로 스룹바벨을 위시한 지도자들은 그들을 성전 건축에 동참시킬 이유가 전혀 없었다. 그래서 그들은 단호하게 그들의 요구를 거절했던 것이다.

> "스룹바벨과 예수아와 기타 이스라엘 족장들이 이르되 우리 하나님의 성전을 건축하는데 너희는 우리와 상관이 없느니라. 바사 왕 고레스가 우리에게 명령하신 대로 우리가 이스라엘의 하나님 여호와를 위하여 홀로 건축하리라 하였더니" (3절).

사실 그 요구를 거절하므로 상당한 시달림과 역경을 겪게 되었지만 거룩한 일은 우상주의자들이나 혼합신앙을 가진 자들과 협력할 수는 없는 것이다. 신앙은 순수해야 한다. 하나님의 뜻을 온전히 따라야지 사상과 정신을 섞어놓으면 타락하기 마련이다. 만약에 그들의 세력에 눌려 성전 건축에 동참을 시켰더라면, 일시적인 충돌은 면했을지 모르지만 유다의 여호와 중심 신앙은 금방 세속화되었을 것이다.

> "너희는 믿지 않는 자와 멍에를 함께 메지 말라. 의와 불법이 어찌 함께 하며 빛과 어둠이 어찌 사귀며" (고후6:14).

> "하나님의 성전과 우상이 어찌 일치가 되리요 우리는 살아 계신 하나님의 성전이라. 이와 같이 하나님께서 이르시되 내가 그들 가운데 거하며 두루 행하여 나는 그들의 하나님이 되고 그들은 나의 백성이 되리라" (고후6:16).

우리는 혼합적인 신앙을 가진 자들이나 불신앙의 사람들과 함께 사역하는 것은 피해야 한다. 서로 신앙이 다른 자와 결혼을 하거나 동업을 하는 것은 나중에 후유증이 크다. 신앙이 다르면 온전한 일치와 협력을 이룰 수 없다.

성전 건축이 지연됨

사마리아인들이 성전 건축에 동참하겠다는 제의를 거절당한 후에 그들은 건축을 방해하기 시작했다. 나름대로 우정으로 내밀었던 손이 이제는 공격하는 주먹이 된 것이었다. 그 때부터 바사 왕 '다리오' (주전522-486)가 성전 건축을 허락할 때까지 바사의 관리들에게 뇌물을 주어 유다인들의 계획을 무산시키고, 왕에게 고발장을 띄워 건축이 시행되지 못하게 하였다. 무려 16년 동안이나 괴롭혔다.

> "이로부터 그 땅 백성이 유다 백성의 손을 약하게 하여 그 건축을 방해하되, 바사 왕 고레스의 시대부터 바사 왕 다리오가 즉위할 때까지 관리들에게 뇌물을 주어 그 계획을 막았으며" (4,5절).

성전을 완공한 후에도 아하수에로 왕이 즉위하자 또 고발장을 올려 유다와 예루살렘 주민들을 곤경에 처하게 하였다(6절). 사마리아인들은 동족의 피가 섞인 사람들이었지만 철천지 원수와 같았다. 신앙의 차이가 이처럼 큰 갈등을 초래할 수 있다는 것을 역사적으로 보여준 사건들이다.

본문 7-23은 '아닥사스다' 왕에게 방백 '르훔'과 서기관 '심새'가 올린 고발장의 내용이다. 유다인들이 예루살렘에서 성읍을 건축하는 것은 반역 행위라는 것이다. 그 글을 읽은 바사 왕은 공사를 중단시켰다.

이 내용을 연결된 역사적 사건으로 해석하지 않는 다른 학자들이 있다. 즉 유다인들이 막 시작한 성전 건축을 방해하기 위하여 바사 왕에게 올린 글이 아니라, 약 70-80년 후에 제 2차 귀환 때에 에스라가 가기 전에 일어났던 사건으로 예루살렘 성벽 재건에 대한 방해로 본다. 대표적인 학자는 프린스턴 신학교의 명예교수인 버나드 앤더슨(Bernhard W. Anderson)이다.[7] 그렇게 해석하는 학자들은 스4:7-23에 나타난 '아닥사스다'를 에스라와 느헤미야의 시대에 있었던 바사 왕 '롱기마누스'(Longimanus)라는 이름을 가진 자로 이해한다. 그러나 박윤선과 조병호 박사는 스4:7-23의 '아닥사스다'를 고레스 왕의 후계자인 캄비세스(Cambyses)로 보고 있다.

에스라서의 기자가 아닥사스다 왕에게 올린 조서에 대하여 '르훔'과 '심새'라는 관리를 통하여 이루어진 것으로 통일성 있게 기록하였다(9,23절). 그리고 왕의 조서가 그들에게 낭독될 때에 급히 유다 사람들에게로

---

7) Bernhard W. Anderson, 구약성서이해, 강성열, 노항규 역, 경기: 크리스챤 다이제스트, 2003, 617.

가서 공사를 그치게 하였는데 성벽 공사가 아니라 '성전 공사' 라고 되어 있다(23,24절). 다리오 2년까지 중단되었다가 재개된 것은 성전 건축이다.

학개와 스가랴 선지자의 독촉으로 스룹바벨을 위시한 유다인들이 건축을 시작하였다(스5:2). 그 때에 강 건너편 총독 '닷드내'가 다시 다리오 왕에게 조서를 띄워 성전 건축 문제에 대하여 물었고, 다리오 왕은 성전 건축을 허락하였다. 왕은 적극적으로 세금 중 일부를 건축의 경비로 주고 명령을 거역하는 자들은 사형에 처하도록 명령했다(6:1-12). 전체 문맥의 내용으로 볼 때에 4장의 아닥사스다를 캄비세스로 보는 것이 가장 자연스럽다. 특히 캄비세스 왕은 관용의 정치를 펼친 고레스와 달리 폭군이었다. 이집트 원정을 떠나면서 친동생 '스메르디스'가 반역을 꾀할까 두려워 미리 죽였던 자였다.

지역 사령관인 르훔의 고발장에는 송신자측이 다수인 것을 표시했다. 악한 자들이 의를 대적할 때에 다수의 사람들의 힘을 규합한다. 악한 자들의 방법은 인본주의이다. 하나님의 선하신 뜻이 무엇인가를 생각하지 않고, 인간의 힘과 수단으로 해결하려고 한다.

> "방백 르훔과 서기관 심새와 그의 동료 디나 사람과 아바삿 사람과 다블래 사람과 아바새 사람과 아렉 사람과 바벨론 사람과 수산 사람과 데해 사람과 엘람 사람과 그 밖에 백성 곧 존귀한 오스납발이 사마리아 성과 유브라데 강 건너편 다른 땅에 옮겨 둔 자들과 함께 고발한다 하였더라" (9,10절).

적개심을 품은 사마리아인들이 그 지역의 바벨론 사람들과 기타 잡족들의 이름으로 아닥사스다 왕에게 고발장을 올렸다. 악한 자들이 힘을 뭉

쳤을 때에 유다인들은 정말 대항하기가 어려웠다. 그들의 세력에 꺾여 유다인들은 성전 건축을 시작만 해놓고 진행하지 못했다.

우리가 하나님의 선한 일을 하려고 할 때에 악한 사탄과 악한 자들이 방해할 수 있다. 우리의 힘으로는 역부족이다. 기도하고 하나님의 도우심을 입어야 한다.

> "너희 염려를 다 주께 맡기라. 이는 그가 너희를 돌보심이라. 근신하라 깨어라 너희 대적 마귀가 우는 사자 같이 두루 다니며 삼킬 자를 찾나니 너희는 믿음을 굳건하게 하여 그를 대적하라. 이는 세상에 있는 너희 형제들도 동일한 고난을 당하는 줄을 앎이라" (벧전5:7-9).

Ezra Explanation

7
성전 건축의 시련

스 4:11-24

11아닥사스다 왕에게 올린 그 글의 초본은 이러하니 강 건너편에 있는 신하들은
12왕에게 아뢰나이다 당신에게서 우리에게로 올라온 유다 사람들이 예루살렘에
이르러 이 패역하고 악한 성읍을 건축하는데 이미 그 기초를 수축하고 성곽을
건축하오니 13이제 왕은 아시옵소서 만일 이 성읍을 건축하고 그 성곽을 완공하
면 저 무리가 다시는 조공과 관세와 통행세를 바치지 아니하리니 결국 왕들에게
손해가 되리이다 14우리가 이제 왕궁의 소금을 먹으므로 왕이 수치 당함을 차마
보지 못하여 보내어 왕에게 아뢰오니 15왕은 조상들의 사기를 살펴보시면 그 사
기에서 이 성읍은 패역한 성읍이라 예로부터 그 중에서 항상 반역하는 일을 행
하여 왕들과 각도에 손해가 된 것을 보시고 아실지라 이 성읍이 무너짐도 이 때
문이니이다 16이제 감히 왕에게 아뢰오니 이 성읍이 중건되어 성곽이 준공되면
이로 말미암아 왕의 강 건너편 영지가 없어지리이다 하였더라 17왕이 방백 르훔
과 서기관 심새와 사마리아에 거주하는 그들 동관들과 강 건너편 다른 땅 백성
에게 조서를 내리니 일렀으되 너희는 평안할지어다 18너희가 올린 글을 내 앞에
서 낭독시키고 19명령하여 살펴보니 과연 이 성읍이 예로부터 왕들을 거역하며
그 중에서 항상 패역하고 반역하는 일을 행하였으며 20옛적에는 예루살렘을 다
스리는 큰 군왕들이 있어서 강 건너편 모든 땅이 그들에게 조공과 관세와 통행
세를 다 바쳤도다 21이제 너희는 명령을 전하여 그 사람들에게 공사를 그치게
하여 그 성을 건축하지 못하게 하고 내가 다시 조서 내리기를 기다리라 22너희
는 삼가서 이 일에 게으르지 말라 어찌하여 화를 더하여 왕들에게 손해가 되게
하랴 하였더라 23아닥사스다 왕의 조서 초본이 르훔과 서기관 심새와 그의 동료
앞에서 낭독되매 그들이 예루살렘으로 급히 가서 유다 사람들을 보고 권력으로
억제하여 그 공사를 그치게 하니 24이에 예루살렘에서 하나님의 성전 공사가 바
사 왕 다리오 제 이년까지 중단 되니라

아닥사스다 왕에게 올린 고발장

하나님의 거룩한 사역에 사탄의 시험이 있을 수 있다. 우리는 어떤 시련과 역경 가운데서도 굴복하거나 좌절하지 않고 하나님의 뜻을 이루어 나가야 한다.

사마리아 사람들은 악 감정을 가지고 바사 왕에게 고발장을 올렸다. 유다인들의 성전 건축을 정치적으로 중단시킬 목적이었다. 그들은 왕에게 자기들을 소개하기를 '강 건너편에 있는 신하들'이라 하였다.

> "아닥사스다 왕에게 올린 그 글의 초본은 이러하니 강 건너편에 있는 신하들은 왕에게 아뢰나이다. 당신에게서 우리에게로 올라온 유다 사람들이 예루살렘에 이르러 이 패역하고 악한 성읍을 건축하는데 이미 그 기초를 수축하고 성곽을 건축하오니"(11,12절).

바사 제국의 제 5관할 구역이 유브라데 강 서편이었다. 그 영역의 하나의 도가 '예훗'(Yehud) 곧 유다였다. 바사 제국의 역사는 통상 고레스가 바벨론을 정복한 주전 538년부터 헬라에 멸망당한 주전 332년까지 약 200여년의 기간을 가리킨다. 고레스 왕은 고대 동방의 최대 제국을 창건하였다. 그의 아들 캄비세스(Cambyses)는 애굽을 정복하였고, 그의 후계자 다리오(Darius) 1세는 인도까지 지배하였다. 거대한 제국은 인도에서부터 아프리카 구스까지 127도(에8:9)를 다스렸다.[8] 그 한 구역이 유브라데스 강 서편의 팔레스틴 지역이었다. 그래서 사마리아인들은 자기들의 소속인 강 건너편 신하들이라고 밝히고 있는 것이다.

고발장에는 사마리아인들의 적개심이 잘 나타나 있다. 귀환한 유다인

8) 김호관, op. cit., 13.

들이 성전 건축을 시도하려는 예루살렘을 마치 사마리아인들의 땅인 것처럼 표현하고 있다. "우리에게로 올라온 유다 사람들이 예루살렘에 이르렀다"고 조서에 기록하였다. 예루살렘은 다윗 왕 시대부터 본래 유다인들의 수도였다. 포로 기간 동안 그 지역의 기득권을 행사했던 사마리아인들은 마치 이민자들이 자기들의 땅을 침범한 것처럼 표현하고 있다. 그리고 그들은 거룩한 도성 예루살렘을 '패역하고 악한 성읍'이라고 말한 것은 왕의 마음을 충동하여 유다 민족을 미워하게 하려는 악선전이다.

그리고 유다인들은 성전 건축의 기초를 놓았는데 조서에는 성곽을 건축하고 있다고 말하면서 군사적 목적으로 건축하고 있는 것을 강조하였다. 성곽은 적들을 방어하기 위한 목적으로 쌓는 것이므로 바사 왕의 의심을 불러일으킬 수 있었다. 물론 이 본문을 약 70-80년 후에 등장하는 에스라나 느헤미야 시대의 성곽 건축으로 이해하려는 학자들이 있지만, 전체 내용의 편집상 그렇게 이해하기는 곤란한 점이 있다. 비록 그렇게 이해한다고 해도 사마리아인들이 하나님의 일을 방해하려는 악한 목적은 유사하게 적용될 것이다.

사마리아인들은 상당히 왕에게 충성하는 것처럼 유다인들을 고발하고 있다. 유다인들이 성곽을 완공하면 바사에 세금을 바치지 않고 반역할 것이라고 미리 알려주는 듯하다.

> "이제 왕은 아시옵소서 만일 이 성읍을 건축하고 그 성곽을 완공하면 저 무리가 다시는 조공과 관세와 통행세를 바치지 아니하리니 결국 왕들에게 손해가 되리이다. 우리가 이제 왕궁의 소금을 먹으므로 왕이 수치 당함을 차마 보지 못하여 사람을 보내어 왕에게 아뢰오니"(13,14절).

그들은 마치 왕을 염려해 주는 것처럼 아부를 하고 있다. 하나님의 백성을 대적하고 세상의 권력을 의지하는 자들은 그 권력에 아부하게 마련이다. 속국이 된 유다는 페르시아에 '조공과 관세와 통행세'를 바쳤다. 조공은 나라에 부과된 일반 세금이고, 관세는 주민세(인두세)이고, 통행세는 토지세이다. '왕궁의 소금을 먹는다'는 말은 바사 왕국의 도움을 입고 있다는 아첨하는 말이다.

바사 왕의 건축 중단 명령

사마리아인들은 왕이 사기(史記)를 살펴보면 유다인들이 건설하려고 하는 예루살렘이 패역한 성읍인 줄 알게 될 것이라고 했다. 유다인들은 항상 반역하는 일을 행하였다고 모함을 했다(15절). 왕이 만약 건축을 허용한다면 강 건너편 영지가 없어질 것이라고 경고까지 하였다. 이런 글을 읽으면 어떤 왕이 순순히 예루살렘 성의 건축을 허용하겠는가? 왕은 예루살렘에 대하여 역사적인 기록들을 조사하도록 명령하였다.

> "명령하여 살펴보니 과연 이 성읍이 예로부터 왕들을 거역하며 그 중에서 항상 패역하고 반역하는 일을 행하였으며, 옛적에는 예루살렘을 다스리는 큰 군왕들이 있어서 강 건너편 모든 땅이 그들에게 조공과 관세와 통행세를 다 바쳤도다"(19,20절).

바벨론의 문서 창고에서 과거 유다의 역사 기록들을 찾았을 것이다. '예루살렘을 다스린 큰 군왕들'은 다윗과 솔로몬을 일컫는 것 같다. 그 시대는 영토가 크게 확장되어 북쪽 아람의 다메섹과 유프라데스 강 근처인 하맛 지역까지 점령하였다. 그리고 속국으로부터 조공을 받았다. 유다 말기에는 여호야김과 시드기야 왕이 바벨론을 배반하였다. 예레미야 선지자는 바벨론의 느부갓네살에게 항복하기를 권고했으나 유다의 왕들은 듣지 않았다. 아마 사기에서 그런 기록들을 찾아서 읽은 것 같다.

> "여호야김 시대에 바벨론의 왕 느부갓네살이 올라오매 여호야김이 삼 년간 섬기다가 돌아서 그를 배반하였더니"(왕하24:1).

> "여호와께서 예루살렘과 유다를 진노하심이 그들을 그 앞에서 쫓아 내실 때까지 이르렀더라. 시드기야가 바벨론 왕을 배반하니라"(왕하 24:20).

아닥사스다 왕은 성전 건축을 하지 못하게 금지시켰다. 바사의 왕들에게 손해가 되지 않도록 공사를 중단시키도록 명령하였다(21,22절). 왕의 조서 초본이 사마리아 지역 사령관인 르훔과 서기관 심새에게 당도하였고 그들은 급히 예루살렘으로 가서 강압적인 권력의 힘으로 성전 건축을 중단시켰다. 바사 왕 다리오 2년까지 건축이 중단되었다.

박윤선 박사는 본문에 등장하는 '아닥사스다'를 고레스의 후계자인 캄비세스 말기(B.C.522)에 반역자로 등장한 '스메르디스'(Pseudo Smerdis)로 추측한다.[9] 그렇게 계산하면 완전 중단된 것은 2년 동안이다. 그러나 정황상 캄비세스로 보는 것이 좀 더 이해하기 수월하다. 캄비세스는 그의 부친 고레스와 달리 자신의 지배하에 있는 원주민들을 압제하였고 그들의 신들을 모독했다. 그러므로 그가 유다인들의 성전 건축을 중단시켰을 가능성이 크다. 시작부터 사마리아인들의 방해 공작이 계속되어 성전 건축이 지연된 것은 약 16년간이다.

강압적으로 건축을 금지시켰기 때문에 유다인들은 크게 좌절하고 낙

---

9) 박윤선, 사기서 8, op. cit., 54.

심하였을 것이다. 그러나 시련과 역경 가운데서도 하나님께 기도하며 더욱 힘써야 함에도 유다인들은 스스로 포기하고 아직 때가 아니라고만 생각했다. 그 당시 귀환자들은 사실 가족들의 생계를 유지하기도 어려운 실정이었다. 성전 건축이 난관에 부딪치고 공사가 중단이 되자 새로운 환경에서 생존하기 위하여 생업이 뛰어들었고 자기들의 집을 짓고 밭과 포도원을 가꾸는데 최선을 다하였다. 그리고는 성전 건축에 대한 관심은 점차 사라졌다. 학개 선지자는 유다인들의 세속적인 삶을 질타하면서 다시 성전 건축을 독려하였다.

> "이 성전이 황폐하였거늘 너희가 이 때에 판벽한 집에 거주하는 것이 옳으냐 ...... 너희는 산에 올라가서 나무를 가져다가 성전을 건축하라. 그리하면 내가 그것으로 말미암아 기뻐하고 또 영광을 얻으리라 여호와가 말하였느니라"(학1:4-8).

바사는 그 동안 속국의 원주민들을 압제하던 폭군 캄비세스가 3년 동안 이집트에 원정을 가 있는 동안 '스메르디스'의 반란이 일어났고, 분노한 캄비세스는 급히 바사로 귀환하는 도중에 말에서 떨어져 죽었다. 바사의 총독이었던 다리오는 일곱 명의 군사령관의 도움으로 스메르디스의 반란을 진압하였다. 그리고 제국 전체에 소요가 많아서 한 해에 열아홉 차례나 전투를 치르기도 했다.[10] '다리오'가 바사의 새로운 왕으로 등극을 하고 그 이듬 해 유다인들은 성전 건축을 다시 재개하였다.

우리가 하나님의 거룩한 일을 위하여 기도하고 애쓰면 반드시 좋은 기회가 다시 온다. 하나님의 일은 결코 좌절하거나 포기하지 말고 계속 믿고 추진해야 한다.

---

10) 김호관, op. cit., 49.

Ezra Explanation

8
성전 건축의 재개

스 5:1-17

1선지자들 곧 선지자 학개와 잇도의 손자 스가랴가 이스라엘 하나님의 이름으로 유다
와 예루살렘에 거주하는 유다 사람들에게 예언하였더니 2이에 스알디엘의 아들 스룹
바벨과 요사닥의 아들 예수아가 일어나 예루살렘에 있던 하나님의 성전을 다시 건축
하기를 시작하매 하나님의 선지자들이 함께 있어 그들을 돕더니 3그 때에 유브라데
강 건너편 총독 닷드내와 스달보스내와 그들의 동료들이 다 나아와 그들에게 이르되
누가 너희에게 명령하여 이 성전을 건축하고 이 성곽을 마치게 하였느냐 하기로 4우
리가 이 건축하는 자의 이름을 아뢰었으나 5하나님이 유다 장로들을 돌아보셨으므로
그들이 능히 공사를 막지 못하고 이 일을 다리오에게 아뢰고 그 답장이 오기를 기다
렸더라 6유브라데 강 건너편 총독 닷드내와 스달보스내와 그들의 동관인 유브라데 강
건너편 아바삭 사람이 다리오 왕에게 올린 글의 초본은 이러하니라 7그 글에 일렀으
되 다리오 왕은 평안하옵소서 8왕께 아뢰옵나이다 우리가 유다 도에 가서 지극히 크
신 하나님의 성전에 나아가 본즉 성전을 큰 돌로 세우며 벽에 나무를 얹고 부지런히
일하므로 공사가 그 손에서 형통하옵기에 9우리가 그 장로들에게 물어 보기를 누가
너희에게 명령하여 이 성전을 건축하고 이 성곽을 마치라고 하였느냐 하고 10우리가
또 그 우두머리들의 이름을 적어 왕에게 아뢰고자 하여 그들의 이름을 물은즉 11그들
이 우리에게 대답하여 이르기를 우리는 천지의 하나님의 종이라 예전에 건축되었던
성전을 우리가 다시 건축하노라 이는 본래 이스라엘의 큰 왕이 건축하여 완공한 것이
었으나 12우리 조상들이 하늘에 계신 하나님을 노엽게 하였으므로 하나님이 그들을
갈대아 사람 바벨론 왕 느부갓네살의 손에 넘기시매 그가 이 성전을 헐며 이 백성을
사로잡아 바벨론으로 옮겼더니 13바벨론 왕 고레스 원년에 고레스 왕이 조서를 내려
하나님의 이 성전을 다시 건축하게 하고 14또 느부갓네살이 예루살렘 하나님의 성전
안에서 금, 은 그릇을 옮겨다가 바벨론 신당에 두었던 것을 고레스 왕이 그 신당에서
꺼내어 그가 세운 총독 세스바살이라고 부르는 자에게 내주고 15일러 말하되 너는 이
그릇들을 가지고 가서 예루살렘 성전에 두고 하나님의 전을 제자리에 건축하라 하매
16이에 이 세스바살이 이르러 예루살렘 하나님의 성전 지대를 놓았고 그 때로부터 지
금까지 건축하여 오나 아직도 마치지 못하였다 하였사오니 17이제 왕께서 좋게 여기
시거든 바벨론에서 왕의 보물전각에서 조사하사 과연 고레스 왕이 조서를 내려 하나
님의 이 성전을 예루살렘에 다시 건축하라 하셨는지 보시고 왕은 이 일에 대하여 왕
의 기쁘신 뜻을 우리에게 보이소서 하였더라

학개와 스가랴 선지자의 건축 촉구

하나님의 일을 성취하는데 있어 선지자들의 역할은 대단히 중요하다. 그래서 선지자들을 하나님의 종이라고 말하지 않는가? 하나님의 방법은 직접 정치 지도자들에게 계시하기보다는 평소에 하나님만 바라보고 기도하는 선지자들을 통하여 하나님의 뜻을 전달하셨다.

거룩하신 하나님은 더 깊은 영성의 자리에 있는 경건한 자를 가까이 하신다. 성전 건축에 있어 일반 백성들과 지도자들은 "아직 때가 되지 않았다" 고 생각하고 시도하지 않았을 때, 하나님은 선지자 학개와 스가랴를 통하여 성전 건축을 명령하셨다.

유다인들이 성전 건축을 재개하는 일에 학개와 스가랴 선지자의 역할이 강하게 영향을 미쳤다. 그들은 하나님께서 성전 건축을 명령하셨다고 유다와 예루살렘 주민들에게 예언하였다(학1:1-8).

> "그러므로 여호와가 이처럼 말하노라 내가 불쌍히 여기므로 예루살렘에 돌아왔은즉 내 집이 그 가운데에 건축되리니 예루살렘 위에 먹줄이 쳐지리라 만군의 여호와의 말이니라. 그가 다시 외쳐 이르기를 만군의 여호와의 말씀에 나의 성읍들이 넘치도록 다시 풍부할 것이라. 여호와가 다시 시온을 위로하며 다시 예루살렘을 택하리라 하라 하니라" (슥1:16,17).

하나님의 계시를 받은 지도자 스룹바벨과 대제사장 예수아는 다리오 왕 제 2년 6월 24일에 성전 건축을 재개하였다. 하나님의 선지자인 학개와 스가랴도 함께 도왔다. 하나님의 일을 하려면 정치적인 지도자와 영적인 지도자들이 다 함께 힘을 모아야 한다. 온 백성이 하나님의 감동을 받고 건축을 기쁜 마음으로 시작하였다.

교회의 일도 기도하고 성령의 충만한 은혜를 입어야 시험 없이 시작할 수 있다. 목회자와 성도들이 일심단결하여 하나님의 일을 해야 한다. 목회자는 더 깊은 영성의 자리에서 기도를 하고 하나님의 음성을 들어야 할 책임이 있고, 성도들은 목회자가 선포하는 말씀에 순종하여 협력해야 할 의무가 있다. 하나님의 일은 하나님의 뜻에 따라서 온 교회와 가족들이 협력하고 단결하므로 성취된다. 성령의 감동과 도우심으로 가능해진다.

> "여호와께서 스알디엘의 아들 유다 총독 스룹바벨의 마음과 여호사닥의 아들 대제사장 여호수아의 마음과 남은 모든 백성의 마음을 감동시키시매 그들이 와서 만군의 여호와 그들의 하나님의 전 공사를 하였으니 그 때는 다리오 왕 제이년 여섯째 달 이십사일이었더라" (학1:14,15).

왕에게 올린 닷드내의 조서

유다 백성들은 성전 건축이 재개되면서 또 하나의 난관에 부딪쳤다. 강 건너편 총독 '닷드내'를 비롯한 바사의 관리들이 성전 건축에 대하여 이의를 제기하였다. 첫 번 경우처럼 강압적으로 금지시키지 않고 다리오 왕에게 그 상황을 소상히 적어 올렸다.

> "그 때에 유브라데 강 건너편 총독 닷드내와 스달보스내와 그들의 동관들이 다 나아와 그들에게 이르되 누가 너희에게 명령하여 이 성전을 건축하고 이 성곽을 마치게 하였느냐 하기로 우리가 이 건축하는 자의 이름을 아뢰었으나" (3,4절).

성전 건축과 함께 성곽 공사도 진행되었던 것 같다. 바사의 총독과 관리들이 "이 성곽을 마치다"고 표현한 것으로 보아 성곽이 먼저 지어진 것으로 짐작된다. 건축 책임자에 대한 이름들을 보고하였다. 유다의 책임자들은 "우리는 천지의 하나님의 종" 이라고 당당하게 자기들을 소개하였다(11절). 건축 책임자들의 이름을 감추거나 관리들에게 뇌물을 주거나 편법을 쓰지 않았다. 법적인 근거가 분명하다고 주장하면서 그들의 간섭에도 공사를 중단하지 않았다. 하나님의 명령으로 시작된 일이기 때문에 그들은 믿음으로 밀고 나갔다. 첫 번째 실패가 있었기 때문에 이번에는 기어코 해내리라는 마음으로 단단히 결심하였다. 하나님께서 지혜와 은혜를 주셔서 관리들이 건축을 능히 막지 못하도록 도와주셨다.

> "하나님이 유다 장로들을 돌보셨으므로 그들이 능히 공사를 막지 못하고 이 일을 다리오에게 아뢰고 그 답장이 오기를 기다렸더라" (5절).

성전 건축의 조사단은 조사한 결과를 바사 왕에게 공정하게 보고하였다. 나라의 관리들이 공정하게만 처리한다면 거룩하신 하나님의 일은 지장받지 않을 것이다. 하나님의 일은 나라를 위해서도 선하고 의로운 일이기 때문이다. 사실 유다 지도자들은 바사 왕이 건축을 반대한 전례가 있기 때문에 상당히 긴장했을 것이다. "또 한 번 건축이 중단되면 어떻게 하나" 하고 걱정이 되었을 것이다. 그러나 공정한 관리들의 보고가 오히려 성전 건축에 큰 유익이 되었다. 전화위복이 된 것이다.

보고자들은 지난 역사의 사건들을 이해하기 쉽게 설명하였다. 원래 유다의 솔로몬 왕이 건축했던 성전을 바벨론 왕 느부갓네살이 그 성전을 헐었고, 유다 백성들은 바벨론에 포로로 끌려갔다. 바사 왕 고레스 원년에 예루살렘 성을 다시 건축하도록 윤허하였고, 심지어 느부갓네살이 전리

품으로 가져왔던 성전의 금과 은의 그릇들까지 왕이 세운 총독 '세스바살'에게 내어주었다고 적었다. 그 동안 건축하지 못하고 중단된 것을 다시 건축하고 있는 중이라고 보고하였다. 과연 그러한지 역사가 기록된 문서를 살펴보시라는 말까지 덧붙였다.

> "이제 왕께서 좋게 여기시거든 바벨론에서 왕의 보물전각에서 조사하사 과연 고레스 왕이 조서를 내려 하나님의 이 성전을 예루살렘에 다시 건축하라 하셨는지 보시고 왕은 이 일에 대하여 왕의 기쁘신 뜻을 우리에게 보이소서 하였더라" (17절).

일을 성취하시는 하나님

교회나 신자들이 하나님께 많이 기도하고 떳떳하게 선교나 선한 사업을 하려 할 때에 행정적인 어려움이 있을 수 있지만, 하나님이 도우시면 오히려 더 큰 유익이 될 수도 있다.

총독 닷드내와 스달보스내는 자신들의 의견을 첨부하지 않고 다만 바사 왕의 결재만을 요청하였다. 첫 번째 건축 반대에 부딪친 가장 큰 이유는 사마리아인들이 유다인들의 성전 건축을 악평하고 왕에게 반역하는 행위라고 모함을 하였기 때문에 건축이 중단이 되었다(스4:8-10).

그 당시의 관리였던 르훔과 심새는 일을 중단시키기 위하여 고발장을 올렸지만, 이번 경우는 총독과 관리들이 사적인 의견이나 악의적인 비난을 하지 않고 공정하게 보고했다. 유다인들은 다리오 왕의 답신이 오기까지 성전 건축을 중단하지 않았고, 바사의 관리들도 강압적으로 건축을 중단시키지도 않았다.

처음 성전 건축이 중단된 사건에도 바사 왕이 조서를 받고 역사적 기록 문서를 찾았고, 5장의 성전 건축 재개에서도 비슷하게 왕이 사기의 문서를 찾아보았다. 그런데 아닥사스다(캄비세스)는 건축을 금지시켰고, 다리오는 적극적으로 허락하였다. 물론 처음 경우처럼 총독이 악의적으로 쓴 고발장이 아니었기 때문에 긍정적인 반응이 나올 수 있었다.

하나님께서 역사하시면 같은 상황이라고 하더라도 은혜를 받게 하신다. 선한 사업에 대하여 호의적인 사람들이 분명히 있다. 그러므로 한 번 성사되지 않았던 일이라도 계속 기도하고 재도전하여야 한다. 하나님께서 기회를 주시려고 권력자를 교체하실 수도 있다. 하나님의 거룩한 일을 위하여 이방 왕들의 마음까지 움직이시고, 정권까지 교체하실 수도 있는 전능하신 하나님이시다.

> "일을 행하시는 여호와, 그것을 만들며 성취하시는 여호와, 그의 이름을 여호와라 하는 이가 이와 같이 이르시도다. 너는 내게 부르짖으라 내가 네게 응답하겠고 네가 알지 못하는 크고 은밀한 일을 네게 보이리라" (렘33:2,3).

> "바람의 길이 어떠함과 아이 밴 자의 태에서 뼈가 어떻게 자라는지를 네가 알지 못함 같이 만사를 성취하시는 하나님의 일을 네가 알지 못하느니라" (전11:5).

Ezra Explanation

9
다리오 왕의 명령

스 6:1-12

1이에 다리오 왕이 조서를 내려 문서 창고 곧 바벨론의 보물을 쌓아둔 보물전
각에서 조사하게 하여 2메대도 악메다 궁성에서 한 두루마리를 찾았으니 거기에
기록하였으되 3고레스 왕 원년에 조서를 내려 이르기를 예루살렘에 있는 하나님
의 성전에 대하여 이르노니 이 성전 곧 제사 드리는 처소를 건축하되 지대를 견
고히 쌓고 그 성전의 높이는 육십 규빗으로, 너비도 육십 규빗으로 하고 4큰 돌
세 켜에 새 나무 한 켜를 놓으라 그 경비는 다 왕실에서 내리라 5또 느부갓네살
이 예루살렘 성전에서 탈취하여 바벨론으로 옮겼던 하나님의 성전 금, 은그릇들
을 돌려보내어 예루살렘 성전에 가져다가 하나님의 성전 안 각기 제자리에 둘지
니라 하였더라 6이제 유브라데 강 건너편 총독 닷드내와 스달보스내와 너희 동
관 유브라데 강 건너편 아바삭 사람들은 그 곳을 멀리하여 7하나님의 성전 공사
를 막지 말고 유다 총독과 장로들이 하나님의 이 성전을 제자리에 건축하게 하
라 8내가 또 조서를 내려서 하나님의 이 성전을 건축함에 대하여 너희가 유다
사람의 장로들에게 행할 것을 알리노니 왕의 재산 곧 유브라데 강 건너편에서
거둔 세금 중에서 그 경비를 이 사람들에게 끊임없이 주어 그들로 멈추지 않게
하라 9또 그들이 필요로 하는 것 곧 하늘의 하나님께 드릴 번제의 수송아지와
숫양과 어린 양과 또 밀과 소금과 포도주와 기름을 예루살렘 제사장의 요구대로
어김없이 날마다 주어 10그들이 하늘의 하나님께 향기로운 제물을 드려 왕과 왕
자들의 생명을 위하여 기도하게 하라 11내가 또 명령을 내리노니 누구를 막론하
고 이 명령을 변조하면 그의 집에서 들보를 빼내고 그를 그 위에 매어 달게 하
고 그의 집은 이로 말미암아 거름더미가 되게 하라 12만일 왕들이나 백성이 이
명령을 변조하고 손을 들어 예루살렘 하나님의 성전을 헐진대 그 곳에 이름을
두신 하나님이 그들을 멸하시기를 원하노라 나 다리오가 조서를 내렸노니 신속
히 행할지어다 하였더라

고레스 왕의 조서를 찾아내다

하나님은 즉흥적으로 일을 하시는 분이 아니다. 역사 속에서 일하시고 지도자들을 감동시켜서 일하신다. 그리고 그의 종들을 움직여서 일하게 하신다. 학개와 스가랴 선지자가 성전 건축을 유다인들에게 독려하였고, 스룹바벨과 예수아를 비롯한 지도자들이 성전 건축을 시작하였다.

그리고 바사의 왕 고레스의 마음을 감동시켜서 성전 건축을 명령하게 하셨고 그 역사적인 조서가 잘 보관되도록 도우셨다가 마침내 다리오 왕이 필요할 때에 다시 찾게 해 주셨다. 오늘날처럼 컴퓨터로 자료와 정보가 잘 보관된 시대가 아니다. 약18년 전의 기록 문서이기 때문에 바사 제국의 그 여러 왕궁 어느 곳에 있는지 잘 찾기도 어려웠을 것이다.

왕은 바벨론의 보물전각인 문서창고에서 그런 기록 문서가 있는지 살펴보라고 명령하였다. 바벨론과 바사는 전쟁이 많았던 고대 왕국이었기 때문에 오래된 문서들이 불에 타 없어질 수도 있었다. 그래서 고레스 왕의 칙령이 담긴 문서를 찾는 것이 쉽지 않았을 것이다. 다행히 바사 제국의 한 도(道)에 속하는 '메대도' 악메다 궁성에서 한 두루마리를 발견했는데, 거기에 고레스의 칙령이 적혀있었다.

다리오 왕이 거주한 궁성이 어디였는지는 모르지만 그 후계 왕 '아하수에로'나 '아닥사스다' 왕은 '수산' 궁에 있었다(에1:2, 느1:1). '메대'는 과거 도시국가 '메디아'이다. 바사가 제국을 이루고 난 후에는 하나의 '도'가 되었다. 그 찾던 중요 문서가 발견된 것이다. 유다인들로서는 얼마나 소중한 문서인가? 그 문서에 따라서 성전 건축을 허락받기도 하고 중단될 수도 있었다.

하나님의 은혜로 18년 전의 고레스 왕의 칙령 조서를 찾게 되고 다리오 왕은 그 근거에 의해서 성전 건축을 허락하게 되었다. 오히려 지난 번처럼 건축을 방해하는 무리들이 없도록 엄격하게 명령을 내렸다.

> "내가 또 명령을 내리노니 누구를 막론하고 이 명령을 변조하면 그의 집에서 들보를 빼내고 그를 그 위에 매어달게 하고 그의 집은 이로 말미암아 거름더미가 되게 하라. 만일 왕들이나 백성이 이 명령을 변조하고 손을 들어 예루살렘 하나님의 성전을 헐진대 그 곳에 이름을 두신 하나님이 그들을 멸하시기를 원하노라 나 다리오가 조서를 내렸노니 신속히 행할지어다 하였더라"(11,12절).

호의를 베푼 다리오

고레스의 칙령은 성전 건축을 구체적으로 명령하였다. 성전의 높이와 넓이와 건축 방법에 이르기까지 상세하게 명령하였고, 과거에 느부갓네살이 탈취하였던 성전 기명들도 제 자리에 갖다두라고 당부하고 있다. 고레스는 하나님의 성전 건축에 대하여 대단히 관심이 많았다. 건축 경비까지 왕실에서 담당하겠다고 호의를 베푼 것은 그가 하나님의 감동을 받았기 때문이다.

이사야 선지자는 고레스에 대하여 예언하면서 "그는 나의 목자라 나의 모든 기쁨을 성취하리라"(사44:28)고 하나님의 말씀을 전하고 있다.

> "고레스 왕 원년에 조서를 내려 이르기를 예루살렘에 있는 하나님의 성전에 대하여 이르노니 이 성전 곧 제사 드리는 처소를 건축하되 지대를 견고히 쌓고 그 성전의 높이는 육십 규빗으로, 너비도 육십 규빗으로 하고 큰 돌 세 켜에 새 나무 한 켜를 놓으라 그 경비는 다 왕실에서 내리라. 또 느부갓네살이 예루살렘에서 탈취하여 바벨론으로 옮겼

던 하나님의 성전 금, 은 그릇들을 돌려보내어 예루살렘 성전에 가져다가 하나님의 성전 안 각기 제자리에 둘지니라 하였더라" (3-5절).

고레스의 조서를 확인한 다리오 왕은 사마리아 지역의 총독 닷드내와 스달보스내에게 예루살렘 성전 공사를 적극 돕도록 명령을 내렸다. "유브라데 강 건너편 아바삭 사람들은 그 곳을 멀리하라" (6절)란 말은 유다인들의 여호와 신앙에 대한 자유를 보장하라는 뜻이다.

'아바삭 사람들' 은 사마리아로 이주해온 바사인으로 예루살렘 성전 재건에 반대하여 아닥사스다 왕에게 고발장을 올렸던 사람들이다. 왕은 16년 전에 사마리아인들이 성전 건축을 반대하고 방해하였던 사실을 알았다. 그래서 바사의 관리들과 아바삭 사람들이 유다인들의 건축에 간여하지 못하게 금지시켰다.

사마리아인들이 유다인들의 성전 건축을 방해하고 그들이 예루살렘에서 신앙적으로 활성화되지 못하도록 법적인 조치를 취하려고 하다가 오히려 역전이 되었다. 아마 그들은 이미 아닥사스다 왕이 중단시킨 일이기 때문에 다시 건축이 재개되기는 어려울 것이라고 생각했을지 모른다. 그러나 그들이 방심할 때에 하나님께서는 합법적으로 건축을 할 수 있도록 보장해 주셨다.

"하나님의 성전 공사를 막지 말고 유다 총독과 장로들이 하나님의 이 성전을 제자리에 건축하게 하라. 내가 또 조서를 내려서 하나님의 이 성전을 건축함에 대하여 너희가 유다 사람의 장로들에게 행할 것을 알리노니 왕의 재산 곧 유브라데 강 건너편에서 거둔 세금 중에서 그 경비를 이 사람들에게 끊임없이 주어 그들로 멈추지 않게 하라" (7,8절).

다리오 왕은 성전 건축을 방해하지 못하도록 조치를 취해주었고, 건축 경비까지 주어서 건축이 마칠 때까지 돌보라고 명령하였다. 바사 왕은 엄청난 호의를 베풀었다. 경비뿐만 아니라 성전에서 사용될 제물까지 공급해 주라고 했다.

"또 그들이 필요로 하는 것 곧 하늘의 하나님께 드릴 번제의 수송아지와 숫양과 어린 양과 또 밀과 소금과 포도주와 기름을 예루살렘 제사장의 요구대로 어김없이 날마다 주어"(9절).

전화위복

다리오는 하나님을 '하늘의 하나님'이라고 호칭하고 있다. 그리고 필요한 제물에 대해서는 예루살렘 제사장이 요구하는 대로 어김없이 주라고 지시하고 있다. 그는 하나님의 전지전능하심을 이미 알고 있는 듯하다. 그리고 자신과 왕자들의 안위를 위하여 기도하도록 지시를 내렸다. 바사 왕실을 위하여 예루살렘 성전의 제사와 유다인들의 기도와 협조가 필요하다고 믿었다. 왕들이나 백성들이 성전 건축의 명령을 변조하고 하나님의 성전을 헌다면 용서하지 않고 엄벌하겠다고 말했다. 어느 누구도 바사의 위대한 왕의 명령을 거역할 수 없었다.

"그들이 하늘의 하나님께 향기로운 제물을 드려 왕과 왕자들의 생명을 위하여 기도하게 하라. 내가 또 명령을 내리노니 누구를 막론하고 이 명령을 변조하면 그의 집에서 들보를 빼내고 그를 그 위에 매어 달

---

11) 조병호, op. cit., 209.

게 하고 그의 집은 이로 말미암아 거름더미가 되게 하라" (10-11절).

다리오 왕의 엄중한 명령이 떨어지자 그토록 성전 건축을 방해하던 자들까지 협력했다고 전해진다.[11] 바벨론 느부갓네살 왕에 의하여 불타 없어졌던 예루살렘 성전이 다시 재건되었다. 솔로몬의 화려한 성전과는 비교할 수 없었지만 그 당시 유다인들은 최선을 다하여 성전을 5년 동안 건축하였다.

> "만일 왕들이나 백성이 이 명령을 변조하고 손을 들어 예루살렘 하나님의 성전을 헐진대 그 곳에 이름을 두신 하나님이 그들을 멸하시기를 원하노라 나 다리오가 조서를 내렸노니 신속히 행할지어다 하였더라" (12절).

다리오 왕의 조서에서 우리는 그의 신앙을 잠깐 엿볼 수 있다. 그가 바사 왕으로서 하나님을 믿었는지는 모르지만 "하나님의 성전을 헐면 하나님이 그들을 멸하시기를 원한다"는 맹세의 말로 미루어 볼 때, 그는 전능하신 하나님의 과거 역사를 잘 알고 있는 것 같다. 그리고 왕과 왕자들을 위하여 기도를 부탁한 것으로 보아서도(10절), 유다의 여호와 신앙에 대하여 대단히 긍정적인 생각을 가지고 있었던 것으로 여겨진다.

유다 백성들이 16년 동안 건축이 중단 되어 정신적으로 힘들었지만, 다리오 왕이 전폭적으로 지지해 주고 물질적인 원조까지 약속해 줌으로 상황은 전화위복이 되었다. 거룩한 사역을 위하여 꾸준히 기도하고 시행하는 자에게는 하나님의 은총이 임하는 법이다. 선한 목적의 기도는 언제나 헛되지 않는다.

하나님이 기꺼이 도와주시면 어떤 악한 자들이 방해하더라도 전화위

복이 되게 하시고 더욱 형통하게 하실 것이다. 예레미야 선지자가 유다인들이 바벨론에 포로로 잡혀가기 전에 희망을 잃지 말고 예루살렘의 평화를 위하여 기도하라고 예언하였다. 하나님께서 70년이 차면 예루살렘에 평화를 주고 새로운 미래와 희망을 가지게 될 것이라고 말씀하셨다(렘 29:10-13).

백성들은 선지자가 전한 예언의 말씀을 믿고 고달프고 슬픈 포로의 기간 동안에 예루살렘의 회복을 위하여 꾸준히 기도하였고, 마침내 포로귀환한 후에도 예루살렘 성전 건축을 위하여 꾸준히 기도하였다. 기도하고 말씀대로 살면 반드시 하나님의 뜻이 성취 되고 새로운 미래가 열린다.

> "너희는 내가 사로잡혀 가게 한 그 성읍의 평안을 구하고 그를 위하여 여호와께 기도하라 이는 그 성읍이 평안함으로 너희도 평안할 것임이라" (렘29:7).

Ezra Explanation

10
성전 봉헌

스 6:13-18

13다리오 왕의 조서가 내리매 유브라데 강 건너편 총독 닷드내와 스달보스내와
그들의 동관들이 신속히 준행하니라 14유다 사람의 장로들이 선지자 학개와 잇
도의 손자 스가랴의 권면을 따랐으므로 성전 건축하는 일이 형통한지라 이스라
엘 하나님의 명령과 바사 왕 고레스와 다리오와 아닥사스다의 조서를 따라 성전
을 건축하며 일을 끝내되 15다리오 왕 제 육년 아달 월 삼일에 성전 일을 끝내
니라 16이스라엘 자손과 제사장들과 레위 사람들과 기타 사로잡혔던 자의 자손
이 즐거이 하나님의 성전 봉헌식을 행하니 17하나님의 성전 봉헌식을 행할 때에
수소 백 마리와 숫양 이백 마리와 어린 양 사백 마리를 드리고 또 이스라엘 지
파의 수를 따라 숫염소 열두 마리로 이스라엘 전체를 위하여 속죄제를 드리고
18제사장을 그 분반대로, 레위 사람을 그 순차대로 세워 예루살렘에서 하나님을
섬기게 하되 모세의 책에 기록된 대로 하게 하니라

신속한 준행과 형통함

성전 건축을 도우라는 다리오 왕의 명령이 떨어지자 조서를 올렸던 총독과 책임자들이 신속하게 시행하였다. 유다인들이 성전 건축을 위하여 애쓰지 않아도 오히려 바사인들이 더 적극적으로 건축을 도왔다. 바사인 책임자들이 신속하게 일을 진행하고, 건축에 필요한 모든 것을 공급해 주었으니 일은 일사천리로 진행될 수 있었다. 그 해가 B.C. 520년이다. 성전 건축은 은혜롭게 진행이 되어 5년 후인 515년에 완공이 되었다. 그 성전을 우리는 스룹바벨 성전이라고 부른다.

> "다리오 왕의 조서가 내리매 유브라데 강 건너편 총독 닷드내와 스달보스내와 그들의 동관들이 신속히 준행하니라"(13절).

하나님이 하시면 막혀 있던 길도 형통하게 뚫린다. 지연되던 일도 신속하게 진행된다. 기도하고 하나님의 말씀대로 순종하면, 반대하던 자도 돕는 기적의 역사가 일어난다.

에스라는 성전 건축의 일이 형통하게 진행된 것은 유다의 장로들이 선지자 학개와 스가랴의 권면을 따랐기 때문이라고 말하고 있다(14절). 하나님은 말씀하시고 그 종들인 선지자들은 백성들에게 말씀을 전달하였다. 하나님 종들의 말씀을 잘 순종한 것이 건축 사역을 형통하게 하였다. 성도들은 세우신 하나님의 사역자들의 설교와 권면을 잘 듣고 순종해야 한다. 말씀 순종으로 형통한 복을 받는다.

> "오직 강하고 극히 담대하여 나의 종 모세가 네게 명령한 그 율법을 다 지켜 행하고 우로나 좌로나 치우치지 말라. 그리하면 어디로 가든지 형통하리니"(수1:7).

성전 건축은 하나님의 명령과 마음에 감동을 받은 고레스 왕과 다리오 왕의 도움으로 이루어졌다. 성전 건축의 중단을 지시한 '아닥사스다'의 조서를 따랐다고 할 때, 그 왕의 조서가 참고가 되었다는 뜻이다. 건축이 완공된 것은 다리오 왕 제육년 아달월 삼일이었다. 아달월은 유대력으로 12월에 해당되고 양력으로는 2-3월에 해당된다. 팔레스틴 지역의 우기철로 풀이 자라고 꽃이 피는 봄이다. 기후가 따뜻하고 좋은 계절에 성전 건축이 완공되었다. 스룹바벨을 비롯한 유다인들의 기쁨이 충만했을 것이다.

성전 봉헌식

꿈에서 그리던 예루살렘에 돌아와 하나님의 거룩한 성전을 건축하고 완공하였다. 스룹바벨과 유다인들의 기쁨이 오죽 했겠는가? 특히 하나님 앞에 제사를 드리는 직분을 가진 제사장들과 레위인들이 더욱 기뻐했을 것이다.

> "이스라엘 자손과 제사장들과 레위 사람들과 기타 사로잡혔던 자의 자손이 즐거이 하나님의 성전 봉헌식을 행하니, 하나님의 성전 봉헌식을 행할 때에 수소 백 마리와 숫양 이백 마리와 어린 양 사백 마리를 드리고 또 이스라엘 지파의 수를 따라 숫염소 열두 마리로 이스라엘 전체를 위하여 속죄제를 드리고"(16,17절).

'봉헌식'은 히브리어 '하누카'(חֲנֻכָּה)란 단어로 그 의미는 헌납하는 예식을 말한다. 그들은 봉헌식을 즐거운 마음으로 하였다. 구약의 제사나 오늘날의 예배는 감사와 기쁨으로 드리는 것이 생명이다. 하나님은 억지로 예배를 드리거나 정성이 담겨있지 않는 형식적인 예배는 기뻐 받으시지 않는다.

성전 봉헌식에 바쳐진 제물은 수소가 100, 수양이 200, 어린 양이 400이었다. 물론 그들로서는 최선을 다하였겠지만 제 1성전이었던 솔로몬 성전 봉헌식에 드린 제물의 수에 비하면 매우 빈약한 것이었다(왕상 8:5,63). 그러나 그 당시의 유다인들은 바사의 포로에서 돌아온 자들이었으므로 경제적으로 풍족하지 못했을 것이다. 어려운 중에도 최선을 다하여 하나님께 감사의 제사를 드렸다. 그들은 그 동안의 죄를 사해달라는 뜻으로 속죄제를 드렸다. 죄 용서 없이는 하나님의 은총과 복을 누릴 수 없기 때문이다.

제사장과 레위인들의 직무

> "제사장을 그 분반대로, 레위 사람을 그 순차대로 세워 예루살렘에서 하나님을 섬기게 하되 모세의 책에 기록된 대로 하게 하니라" (18절).

제사장과 레위인들이 그 맡은 직분대로 차례대로 봉사하도록 했다. 성전을 관리하고 매일 제사를 드리는 일에 제사장과 레위인들의 분반이 필요했을 것이다. 제사장들이 제사 드리기 전에 자신들의 죄를 씻기 위하여 수송아지를 제물로 바쳤다(출29:10-14). 그리고 숫양으로 번제를 드렸다(출29:18). 일 년 된 어린 양은 매일 아침과 저녁에 상번제로 드리고 소제와 전제도 함께 드렸다(출29:38-42). 성전을 완공한 후에는 율법에 기록된 대로 수송아지와 숫양과 어린 양으로 하나님께 규칙적인 제사를 올리게 되었다.

> "레위 지파는 나아가 제사장 아론 앞에 서서 그에게 시종하게 하라. 그들이 회막 앞에서 아론의 직무와 온 회중의 직무를 위하여 회막에서 시무하되 곧 회막의 모든 기구를 맡아 지키며 이스라엘 자손의 직무를 위하여 성막에서 시무할지니" (민3:6-8).

레위인들은 아론 자손들에게 맡겨져 성막의 제사를 돕는 일에 수종들었다. 제사장의 직무를 아무나 행할 수 없었다. 외인이 가까이 하면 죽임을 당한다고 말씀하셨다. 지금의 예배 역시 하나님이 세우신 목회자들이 신학과 영적 훈련을 받은 다음에 올바르게 교회를 섬겨야 한다. 목회는 아무나 영적 훈련이 없이 감당할 수 없다.

"너는 아론과 그의 아들들을 세워 제사장 직무를 행하게 하라. 외인이 가까이 하면 죽임을 당할 것이니라"(민3:10).

모세시대에 성막을 건축한 후에 이러한 제사를 통하여 유다 백성들은 하나님을 만났다. 이제 세월이 천여년 흘렀지만 유다인들이 하나님을 만나기 위한 방법은 역시 제물을 통한 피의 제사였다.

"이는 너희가 대대로 여호와 앞 회막 문에서 늘 드릴 번제라 내가 거기서 너희와 만나고 네게 말하리라. 내가 거기서 이스라엘 자손을 만나리니 내 영광으로 말미암아 회막이 거룩하게 될지라"(출29:42,43).

우리가 죄 사함을 받고 하나님을 만날 수 있는 유일한 길은 피의 제사이다. 제물이 죽어야만 우리가 대신 구원을 받는다. 우리를 위하여 피를 흘려주신 예수 그리스도를 믿는 것만이 거룩하신 하나님을 만날 수 있는 유일한 길이다.

소나 양과 같은 제물이 죽어야만 하나님이 흡족히 받으시는 제사가 되는 것처럼, 예수님이 제물이 되어 죽어주심으로 대속주가 되셨고, 또 우리 자신이 겸손하게 낮아지고 깨어져야 하나님의 용서와 은총을 입을 수 있다. 살아있는 채로 제물이 될 수는 없다. 자신의 교만과 죄를 철저히 죽이지 않고서는 하나님 앞에 설 수 없는 것이다.

Ezra Explanation

11
축복의 유월절

스 6:19-22

19사로잡혔던 자의 자손이 첫째 달 십사 일에 유월절을 지키되 20제사장들과 레
위 사람들이 일제히 몸을 정결하게 하여 다 정결하매 사로잡혔던 자들의 모든
자손과 자기 형제 제사장들과 자기를 위하여 유월절 양을 잡으니 21사로잡혔다
가 돌아온 이스라엘 자손과 자기 땅에 사는 이방 사람의 더러운 것으로부터 스
스로 구별한 모든 이스라엘 사람들에게 속하여 이스라엘의 하나님 여호와를 찾
는 자들이 다 먹고 22즐거움으로 이레 동안 무교절을 지켰으니 이는 여호와께서
그들을 즐겁게 하시고 또 앗수르 왕의 마음을 그들에게로 돌려 이스라엘의 하나
님이신 하나님의 성전 건축하는 손을 힘 있게 하도록 하셨음이었더라

유월절을 지킴

포로에서 돌아온 유다인들은(B.C.537) 그 해 칠월부터 여호와께 번제를 드리고 초막절도 지켰다(스3:4,6). 그 이듬 해 그들은 성전 착공을 시작했으나 사마리아인들의 방해로 16년 동안 성전 건축이 중단되었다. 하나님께서는 성전 건축이 중단된 것을 기뻐하지 않으시고 학개와 스가랴 선지자를 통하여 백성들에게 건축을 독려하도록 하셨다. 바사의 '다리오' 왕이 적극적으로 협조하여 성전 건축은 일사천리로 진행이 되었고 마침내 B.C.515년에 완공이 되었다.

스룹바벨 성전을 완공한 유다인들의 기쁨과 감격은 이루 말할 수 없었다. 그들은 즐거운 마음으로 성전 봉헌식을 마치고 첫째 달 십사일에 유월절을 지켰다. 정말 감격적인 명절이 아닐 수 없었다. 유다인들의 최고의 명절인 유월절은 이스라엘 민족이 애굽을 탈출하면서 구원의 감격으로 지낸 절기이다. 그 날이 곧 이스라엘이 새롭게 태어난 날이며 애굽의 노예에서 벗어나 하나님의 자유민이 된, 뜻 깊은 날이었다. 바로 그 감격적인 역사의 날에 성전을 건축하고 유월절을 지키게 된 것이다.

그 동안 바벨론의 70여년의 고달프고 서러웠던 세월들이 꿈결처럼 지나갔을 것이다. 신앙의 자유와 나라의 주권을 상실하고 눈물로 보냈던 세월이 아니었던가? 이제 그 수치와 어둠의 시간들을 벗어버리고 예루살렘에서 하나님을 만날 수 있는 영광의 순간을 맞이한 것이었다.

> "사로잡혔던 자의 자손이 첫째 달 십사일에 유월절을 지키되 제사장들과 레위 사람들이 일제히 몸을 정결하게 하여 다 정결하매 사로잡혔던 자들의 모든 자손과 자기 형제 제사장들과 자기를 위하여 유월절 양을 잡으니" (19,20절).

애굽을 탈출할 때의 첫 유월절은 식구가 먹을 수 있는 어린 양을 유월절 나흘 전에 잡았다. 일 년 된 흠이 없는 양이나 염소 중 수컷을 잡았다. 그리고 그 피를 자기 집의 문설주와 인방에 발랐다. 그 밤에 고기를 불에 구워서 먹었는데, 무교병과 쓴나물을 아울러 먹었다(출12:7-11). 허리에 띠를 띠고 발에 신을 신고 손에 지팡이를 잡고 급히 먹었다.

일반 식사와는 성격이 다르다. 대속의 피를 흘려서 문 앞에 바르고 그 피 흘린 양의 고기를 먹고 속히 탈출하기 위하여 띠를 띠고 신을 신고 지팡이를 들고 유월절을 지켰다.

유월절의 영적인 의미는 속죄 양이 되신 예수 그리스도의 대속의 죽음을 통하여 모든 사람들이 죄 사함을 받고 죄악의 성으로부터 탈출한다는 것이다. 오직 그리스도만이 우리에게 참 자유와 해방을 주신다는 의미가 함축되어 있다.

유월절을 지킨 이스라엘 백성들은 열나흗날 저녁부터 이레 동안 누룩을 제하고 무교병만 먹었다(출12:18-20). 무교절로 지키는 이레 동안 누룩이나 조미료가 들어간 유교병은 먹을 수 없었다. 유교병을 먹으면 이스라엘 백성이든지 외국인이든지 이스라엘 회중에서 끊어진다고 하셨다(출12:19).

무교병은 하나님 신앙의 순수성을 의미한다. 세속적이고 쾌락적인 사람이 아니고 하나님만 바라보는 순수한 신앙의 자세를 의미한 것이다. 하나님은 이중적이고 혼합적인 신앙은 기뻐하지 아니하시고 진노하셨다.

몸을 정결하게 함

유월절을 지키기 위하여 제사장들과 레위인들이 온 이스라엘 자손들의 몸을 정결하게 하라고 지시하였다. 아마 몸을 정결하게 하기 위하여 목욕을 하거나 손과 발을 씻었을 것이다. 그리고 의복을 깨끗하게 하였을 것이다. 유월절 양을 잡은 후에는 그 피를 뿌려 깨끗하게 하였을 것이다. 먹는 것 역시 무교병을 먹으면서 몸과 마음을 정결하게 준비하였을 것으로 짐작이 된다. 그리고 21절의 "이방인의 더러운 것으로부터 구별한 사람들" 이란 내용에서 아마 이방인들의 우상이나 물건이나 풍습까지 제거시킨 것이 아닌가 생각된다.

우리가 하나님의 구원의 은혜를 받으려면 먼저 죄 사함을 받아야 한다.

마음과 몸이 정결해지도록 회개하고 하나님의 은혜를 받아야 한다. 온 유다 사람들이 먼저 몸을 정결하게 한 후에 유월절을 지켰다.

특히 이 유월절의 주인공들은 '사로잡혔던 자들'이다. 에스라는 본문에서 세 번씩이나 그 용어를 사용하고 있다. 이 유월절 지킴을 간절히 소원하던 바로 그 포로에서 돌아온 자들이 마침내 원하던 유월절을 지키게 되었다는 의미를 강조하기 위해서 일 것이다.

> "사로잡혔다가 돌아온 이스라엘 자손과 자기 땅에 사는 이방 사람의 더러운 것으로부터 스스로를 구별한 모든 이스라엘 사람들에게 속하여 이스라엘의 하나님 여호와를 찾는 자들이 다 먹고 즐거움으로 이레 동안 무교절을 지켰으니 이는 여호와께서 그들을 즐겁게 하시고 또 앗수르 왕의 마음을 그들에게로 돌려 이스라엘의 하나님이신 하나님의 성전 건축하는 손을 힘 있게 하도록 하셨음이었더라" (21,22절).

유다인들의 기쁨과 즐거움

이스라엘 자손과 그들과 함께 여호와 하나님을 찾고 신앙하는 모든 자들은 이레 동안 무교병을 먹으면서 무교절을 지켰다. 그들의 즐거움은 여호와께서 주신 즐거움이었다. 세속적이고 쾌락적인 즐거움이 아닌 성결한 즐거움이었다. 세상이 주는 기쁨과 즐거움도 있지만, 하나님이 주시는 영적인 즐거움도 있다. 이 기쁨은 체험해 보지 않은 자는 알 수 없는 신령한 즐거움이다.

불신자들은 예수님을 믿는 자들이 성경을 읽고 기도하면서 기뻐하는 것을 이해하지 못할 것이다. 술도 고기도 여자도 춤도 없으면서 신자들이 즐거워하는 것을 그들은 쉽게 이해하지 못한다. 성경책 하나만으로도 재미있고 즐겁게 놀 수 있다면 그는 신령한 즐거움이 무엇인지 아는 사람이다.

> "지금은 너희가 근심하나 내가 다시 너희를 보리니 너희 마음이 기쁠 것이요 너희 기쁨을 빼앗을 자가 없으리라" (요16:22).

> "지금까지는 너희가 내 이름으로 아무 것도 구하지 아니하였으나 구하라 그리하면 받으리니 너희 기쁨이 충만하리라" (요16:24).

이스라엘 백성들이 성전을 건축하고 무척 기쁘고 즐거웠다. 그 기쁨은 세상이 주는 기쁨이 아니라 하나님이 주신 것이었다. 하나님의 영적인 은혜와 복을 받으면 세상이 줄 수 없는 기쁨을 맛보게 된다. 그 기쁨은 어떤 역경이나 환난이나 핍박도 빼앗지 못한다.

초대교회 성도들은 그 영적 기쁨으로 말미암아 환난과 시련을 참고 견디었다. 하나님의 은혜를 입은 자들은 세상이 이해하지 못하는 신령한 기쁨과 즐거움이 있다.

> "그의 영광의 힘을 따라 모든 능력으로 능하게 하시며 기쁨으로 모든 견딤과 오래 참음에 이르게 하시고" (골1:11)

유다인들이 특히 기쁘고 즐거웠던 것은 사마리아인들의 방해와 심한 반대에 부딪쳐 건축이 중단되었던 것을 하나님께서 역전시켰기 때문이다. 오히려 이방인 바사인들마저 건축에 협조하는 상황으로 돌변한 것이다. 하나님께서 바사 왕 다리오의 마음을 유다인에게로 돌려주셨다. 예상하지 못했던 상황 때문에 그들이 더욱 기뻐했다.

바사 왕 '다리오'를 22절에 '앗수르 왕'으로 표현한 것은 그가 실상 앗수르의 영토를 그대로 인수한 왕이었기 때문이다. 유다인들이 성전 건축에 성공하게 된 것은 그들의 노력이라기보다 전적인 하나님의 은혜였다. 그 놀라우신 은혜를 체험한 그들은 정말 뛸듯이 기뻤다. 포로 기간 내내 소원하던 간절한 문제가 해결된 것이다. 그들이 예루살렘 성에 돌아와 성전에서 제사드릴 수 있다는 것은 꿈에서나 가능했던 일이었기 때문이다.

우리도 하나님이 기뻐하시는 영적인 소원을 가지고 기도하면 이러한 기쁨과 즐거운 일이 생길 것이다.

Ezra Explanation

12
뜻을 정한 에스라

스 7:1-10

1이 일 후 바사 왕 아닥사스다가 위에 있을 때에 에스라라 하는 자가 있으니라
그는 스라야의 아들이요 아사랴의 손자요 힐기야의 증손이요 2살룸의 현손이요
사독의 오대손이요 아히둡의 육대손이요 3아마랴의 칠대손이요 아사랴의 팔대손
이요 므라욧의 구대손이요 4스라히야의 십대손이요 웃시엘의 십일대손이요 북기
의 십이대손이요 5아비수아의 십삼대손이요 비느하스의 십사대손이요 엘르아살
의 십 오대손이요 대제사장 아론의 십육대손이라 6이 에스라가 바벨론에서 올라
왔으니 그는 이스라엘의 하나님 여호와께서 주신 바 모세의 율법에 익숙한 학사
로서 그의 하나님 여호와의 도우심을 입으므로 왕에게 구하는 것은 다 받는 자
이더니 7아닥사스다 왕 칠 년에 이스라엘 자손과 제사장들과 레위 사람들과 노
래하는 자들과 문지기들과 느디님 사람들 중에 몇 사람이 예루살렘으로 올라올
때에 8이 에스라가 올라왔으니 왕의 제 칠 년 다섯째 달이라 9첫째달 초하루에
바벨론에서 길을 떠났고 하나님의 선한 손의 도우심을 입어 다섯째 달 초하루에
예루살렘에 이르니라 10에스라가 여호와의 율법을 연구하여 준행하며 율례와 규
례를 이스라엘에게 가르치기로 결심하였었더라

하나님의 도움을 입은 에스라

우리가 뜻을 세우면 하나님의 도우심을 입는다. 다니엘과 세 친구가 뜻을 세워 우상의 제물을 먹지 않고 경건을 유지하려고 했을 때, 하나님께서는 바사의 환관장의 도움을 받게 하시고 그들이 바사에서 유명한 인물이 되도록 도우셨다(단1:9-16). 청년 요셉이 뜻을 세워 비록 타국에서라도 하나님의 말씀에서 벗어나지 않으려고 최선을 다했을 때, 하나님께서 그

에게 용기와 지혜를 주시고 시험을 이기게 하셨으며, 애굽의 총리가 되는 영광을 얻게 하셨다.

누구든지 하나님의 영광을 위하여 살기로 마음에 작정하고 기도하면 하나님께서 그 사람을 귀하게 쓰실 것이다. 율법 학자 에스라도 자기 백성에게 하나님의 말씀을 가르치기 위하여 뜻을 세웠을 때, 하나님께서 귀하게 사용하셨다. 그는 율법을 연구하여 자기 백성들에게 가르치기로 결심하였을 때, 바사 왕 아닥사스다의 부름을 받고 예루살렘으로 귀환하게 되었다.

> "에스라가 여호와의 율법을 연구하여 준행하며 율례와 규례를 이스라엘에게 가르치기로 결심하였었더라"(10절).

그의 이름의 뜻은 '하나님의 도움'이다. 그는 그 이름대로 하나님의 도우심을 입고 모든 일이 형통하게 풀렸던 인물이다. 준비된 자를 하나님께서 사용하셨다. 우리가 뜻을 세우고 기도하고 말씀으로 잘 준비하였을 때 하나님의 도움과 사람들의 도움을 입게 된다.

유다 백성들은 바벨론 나라에 B.C.605년에 1차 포로에 잡혀갔고, 70년이 지난 후 537년에 스룹바벨 총독을 주축으로 약 오만 명의 인원이 1차 포로에서 귀환하였다(스2:1-70). 돌아온 그들은 B.C.515년에 스룹바벨 성전을 완공하였다.

그리고 바사 제국에서 에스더가 왕후가 되어 총독 하만이 유다인들을 몰살시키려는 간계를 모면하였다. 그리고 유다 민족 구원의 날을 기념하여 부림절을 제정하게 되었다(B.C.473년). 장차 이스라엘의 유다 자손을 통하여 온 세상을 구원하시려던 하나님의 계획 때문에 유다인들을 살리신 것이다.

2차 포로귀환은 첫 부림절이 제정된 후 15년 뒤인 B.C.458년에 바사 왕 아닥사스다가 율법 학자인 에스라에게 조서를 내려 예루살렘으로 돌아가게 하였다. 그는 아하와 강 가에 귀향할 유다인 1500명을 모았다(스8:1-15). 모인 무리 중에 레위 자손이 한 사람도 없자 성전의 일을 맡아 할 레위인과 느디님 사람들을 더 불러모았다.

> "이 에스라가 바벨론에서 올라왔으니 그는 이스라엘의 하나님 여호와께서 주신 모세의 율법에 익숙한 학자로서 그의 하나님 여호와의 도우심을 입음으로 왕에게 구하는 것은 다 받는 자이더니"(6절).

에스라는 왕의 고위 관리였다. 왕은 애굽 정복을 위하여 유다인들의 호의적인 도움이 필요하다고 생각했다. 그래서 에스라에게 유다와 예루살렘의 형편을 잘 살펴 왕과 왕실에 도움이 되도록 했다. 왕은 이스라엘의 하나님께 제사를 드리기 위하여 금과 은을 마음대로 가져가도록 허락했다(7:15,16). 그 돈은 제물로 바칠 수송아지와 수양과 어린 양과 고운 가루와 포도주를 사는데 사용되었다. 왕은 유브라데 서편의 모든 국고 관리자들에게 에스라의 요구대로 신속하게 공급해 주도록 했으며, 성전에서 일하는 제사장과 레위인과 찬양대원과 문지기와 느디님 사람들에게 모든 세금을 면제해 주도록 허락하였다(7:21-24).

뜻을 세우고 준비한 에스라

그는 모세의 율법에 익숙한 학자였다. 그래서 장차 오실 메시야에 대하여 누구보다 잘 알고 있었다. 하나님께서 아브라함에게 축복을 약속하시고 그 후손이 하늘의 별처럼 많아질 것이라는 말씀하셨다. 그리고 야곱이 유언하면서 열두 아들 중 유다의 후손 가운데서 메시야가 오실 것이라고 예언하였다(창49:10).

하나님은 에스라를 통하여 유다 민족이 오실 그리스도를 대망하며 살도록 그들을 교육하게 하셨다. 2차 포로를 예루살렘으로 올려보내면서 하나님은 학자 에스라를 도우셨다. 에스라가 특별히 아닥사스다 왕에게 은총을 입었고 왕에게 구하는 것들을 다 받게 하셨다. 지도자는 하나님이 선택하신다. 하나님의 사랑을 받는 자가 구원사역에 쓰임을 받는다.

에스라는 '스라야'의 아들이었는데, 대제사장 아론의 16대 손이었다. 조상 가운데 다윗 통치 기간 동안에 유력한 대제사장이었던 '사독'도 있다. 저자는 에스라가 대제사장의 후손이라는 것을 증명하기 위하여 그의 족보를 장황하게 나열하고 있다.

아닥사스다 왕 제 칠년 오월에 "이스라엘 자손과 제사장들과 레위 사람들과 노래하는 자들과 문지기들과 느디님 사람들 중에 몇 사람이" 예루살렘으로 올라왔다. 하나님의 성전에 수종들 레위인 38명과 성전의 일꾼 느디님 사람 220명이 추가되었다(8:16-20). 1월 초하루에 출발하였는데 5월 초하루에 예루살렘에 도착했다. 꼬박 4개월이 걸렸다.

> "첫째 달 초하루에 바벨론에서 길을 떠났고 하나님의 선한 손의 도우심을 입어 다섯째 달 초하루에 예루살렘에 이르니라"(9절).

바벨론에서 예루살렘까지의 거리는 520마일인데 832Km쯤 된다. 그 여행은 두 배 이상 많은 시일이 소요되었다. 험한 곳을 피하려고 직행하지 않고 우회해서 왔기 때문이다. 유브라데 강에서 사막을 횡단하는 고된 여정이었다. 그 당시 사막 지방에는 강도들이 매복하였다가 통과하는 대상들을 약탈하기도 했다고 한다. 에스라는 바사 군대의 호송을 거절하고 동행자들과 함께 하나님께 기도하면서 길을 떠났다(8:31). 하나님의 자상한 손길이 그들을 도와서 대적과 강도를 만나지 않았다.

에스라가 하나님의 성 예루살렘에 온 까닭은 자기 개인의 유익을 위한 것이 아니라 백성들에게 율법을 가르칠 목적이었다. 그는 그 일을 위하여 자신이 먼저 율법을 연구하였다. 그리고 고국에 들어가 율법을 가르치기로 결심하였다. 하나님은 뜻을 세운 자에게 길을 열어주셨다.

우리도 하나님의 교회 섬김과 복음 전파에 대하여 뜻을 세워 기도하고 성경을 연구해야 한다. 때가 되면 하나님의 선하신 손길이 우리를 도와 결심한 대로 일할 수 있도록 하실 것이다.

Ezra Explanation

13
아닥사스다 왕의 칙령

스 7:11-28

11여호와의 계명의 말씀과 이스라엘에게 주신 율례 학자요 학자 겸 제사장 에스
라에게 아닥사스다 왕이 내린 조서의 초본은 아래와 같으니라 12모든 왕의 왕
아닥사스다는 하늘의 하나님의 율법에 완전한 학자 겸 제사장 에스라에게 13조
서를 내리노니 우리나라에 있는 이스라엘 백성과 그들 제사장들과 레위 사람들
중에 예루살렘으로 올라갈 뜻이 있는 자는 누구든지 너와 함께 갈지어다 14너는
네 손에 있는 네 하나님의 율법을 따라 유다와 예루살렘의 형편을 살피기 위하
여 왕과 일곱 자문관의 보냄을 받았으니 15왕과 자문관들이 예루살렘에 거하시
는 이스라엘 하나님께 성심으로 드리는 은금을 가져가고 16또 네가 바벨론 온
도에서 차지할 모든 은금과 및 백성과 제사장들이 예루살렘에 있는 그들의 하나
님의 성전을 위하여 기쁘게 드릴 예물을 가져다가 17그들의 돈으로 수송아지와
숫양과 어린 양과 그 소제와 그 전제의 물품을 신속히 사서 예루살렘 네 하나님
의 성전 제단 위에 드리고 18그 나머지 은금은 너와 너의 형제가 좋게 여기는
일에 너희 하나님의 뜻을 따라 쓸지며 19네 하나님의 성전에서 섬기는 일을 위
하여 네게 준 그릇은 예루살렘 하나님 앞에 드리고 20그 외에도 네 하나님의 성
전에 쓰일 것이 있어서 네가 드리고자 하거든 무엇이든지 궁중 창고에서 내다가
드릴지니라 21나 곧 아닥사스다 왕이 유브라데 강 건너편 모든 창고지기에게 조
서를 내려 이르기를 하늘의 하나님의 율법의 학자 겸 제사장 에스라가 무릇 너
희에게 구하는 것은 신속히 시행하되 22은은 백 달란트까지, 밀은 백 고르까지,
포도주는 백 밧까지, 기름도 백 밧까지 하고 소금은 정량 없이 하라 23무릇 하늘
의 하나님의 전을 위하여 하늘의 하나님이 명령하신 것은 삼가 행하라 어찌하여
진노가 왕과 왕자의 나라에 임하게 하랴 24내가 너희에게 이르노니 제사장들이
나 레위 사람들이나 노래하는 자들이나 문지기들이나 느디님 사람들이나 혹 하
나님의 성전에서 일하는 자들에게 조공과 관세와 통행세를 받는 것이 옳지 않으
니라 하였노라 25에스라여 너는 네 손에 있는 네 하나님의 지혜를 따라 네 하나
님의 율법을 아는 자를 법관과 재판관을 삼아 강 건너편 모든 백성을 재판하게
하고 그중 알지 못하는 자는 너희가 가르치라 26무릇 네 하나님의 명령과 왕의
명령을 준행하지 아니하는 자는 속히 그 죄를 정하여 혹 죽이거나 귀양 보내거
나 가산을 몰수하거나 옥에 가둘지니라 하였더라 27우리 조상들의 하나님 여호

와를 송축할지로다 그가 왕의 마음에 예루살렘 여호와의 성전을 아름답게 할 뜻을 두시고 28또 나로 왕과 그의 보좌관들 앞과 왕의 권세 있는 모든 방백의 앞에서 은혜를 얻게 하셨도다 내 하나님 여호와의 손이 내 위에 있으므로 내가 힘을 얻어 이스라엘 중에 우두머리들을 모아 나와 함께 올라오게 하였노라

왕이 에스라에게 내린 조서

바사 왕 '아닥사스다'는 율법 학자이며 제사장인 '에스라'에게 조서를 내렸다. 바사의 왕은 하나님을 '하늘의 하나님'이라고 그 이름을 극진히 높이고 있다. 비록 이방 신을 숭배하고 있는 왕이었지만, 유다인의 하나님이 참 신인 것을 인정할 때에 '하늘의 하나님'이란 호칭을 사용하였다.

"모든 왕의 왕 아닥사스다는 하늘의 하나님의 율법에 완전한 학자 겸 제사장 에스라에게 조서를 내리노니 우리 나라에 있는 이스라엘 백성과 그들 제사장들과 레위 사람들 중에 예루살렘으로 올라갈 뜻이 있는 자는 누구든지 너와 함께 갈지어다"(12,13절).

다니엘의 세 친구인 사드락과 메삭과 아벳느고가 맹렬히 타는 풀무불에서 구원을 받은 후에 '느부갓네살'은 "지극히 높으신 하나님이 내게 행하신 이적과 놀라운 일을 내가 알게 하기를 즐겨 하노라"라고 하나님을 높였다(단4:2). 그는 또 왕이 들짐승처럼 쫓겨나서 일곱 때를 고통받고 난 후에는 '하늘의 왕'이신 하나님을 찬양하고 경배하였다(단4:25).

"그러므로 지금 나 느부갓네살은 하늘의 왕을 찬양하며 칭송하며 경배하노니 그의 일이 다 진실하고 그의 행하심이 의로우시므로 교만하게 행하는 자를 그가 능히 낮추심이라"(단4:37).

아닥사스다는 그의 조상인 느부갓네살 왕의 역사를 알고 있었을 것이다. 그리고 하나님이 명령하신 성전 제사를 드리지 않으면 자기와 왕자들에게 화가 미칠 것이라고 고백한 것으로 보아 왕은 하나님의 능력과 이적을 듣고 알고 있는 것으로 짐작이 된다.

> "무릇 하늘의 하나님의 전을 위하여 하늘의 하나님이 명령하신 것은 삼가 행하라. 어찌하여 진노가 왕과 왕자의 나라에 임하게하랴" (23절).

왕은 에스라를 '하늘의 하나님의 율법에 완전한 학자 겸 제사장'이라고 호칭하고 있다(12절). 그는 에스라의 경건과 신앙을 인정하고 있었고 그의 학문도 칭찬하였다. 우리는 불신자들도 칭찬할만한 신자가 되어야 한다. 하나님께 인정을 받으면 세상 모든 사람들에게 칭찬을 받게 된다.

> "누구든지 사람 앞에서 나를 시인하면 나도 하늘에 계신 내 아버지 앞에서 그를 시인할 것이요 누구든지 사람 앞에서 나를 부인하면 나도 하늘에 계신 내 아버지 앞에서 그를 부인하리라" (마10:32,33).

왕은 유다인들의 모세 율법과 제사장직을 중요하게 생각하고 있었다. 그래서 왕은 유대 민족의 각성과 교육을 위하여 에스라를 유대 지도자로 파송한 것이다. 이스라엘 백성들은 타국 생활로 인하여 율법과 경건생활이 해이해졌고, 다시금 율법 교육을 받아할 상황이었다. 하나님은 그 일에 꼭 맞는 일꾼으로 에스라를 선택하신 것이다. 왕이 하나님의 감동을 입어 유다 백성들이 예루살렘으로 귀향하도록 에스라에게 조서를 내린 것이다.

왕은 유다인들을 강제로 이주시키지 않고 그들의 자유에 맡겼다. "예루살렘으로 올라갈 뜻이 있는 자"는 떠나도록 하였다. 항상 기도하면서 고향 유다 땅을 그리워하던 자들은 에스라와 함께 귀향했을 것이다.

> "또 나로 왕과 그의 보좌관들 앞과 왕의 권세 있는 모든 방백의 앞에서 은혜를 얻게 하셨도다. 내 하나님 여호와의 손이 내 위에 있으므로 내가 힘을 얻어 이스라엘 중에 우두머리들을 모아 나와 함께 올라오게 하였노라"(28절).

이미 성전은 지도자 스룹바벨이 지었지만 약 57년쯤 세월이 흘러 성전을 재정비할 필요가 있었다. 하나님은 왕의 마음을 감동시켜 "여호와의 성전을 아름답게 할 뜻을 두셨다"고 기록하고 있다(27절).

에스라는 하나님의 은혜를 입어 왕의 도움을 받게 되었고, 바벨론에 남아 있었던 이스라엘의 우두머리들은 이 큰 사역에 동참하였다. 예루살렘으로 돌아갈 뜻을 세운 자들은 에스라와 함께 행동하였다. 우리가 하나님께 예배를 드리고 기도하는 것도 강제로 되지 않는다. 자원하는 마음으로 해야 한다.

전권을 위임받은 에스라

에스라가 예루살렘으로 파송된 것은 정치적인 목적이 있었다. 왕은 그 지역을 시찰하고 백성들이 왕의 지시에 순종해 주기를 바랐을 것이다. "유다와 예루살렘의 형편을 살피기 위하여 왕과 일곱 자문관의 보냄을 받았다"라고 말하고 있기 때문이다(14절).

그러나 그 방법은 바사의 신을 숭배하게 하거나 바사의 법을 가르치게 한 것이 아니고, 에스라의 전공인 모세의 율법을 가르치도록 한 것이다. "너는 네 손에 있는 네 하나님의 율법을 따라" 교육하라고 명령하였다. 통치자로서의 관용을 엿볼 수 있다. 그리고 에스라를 그만큼 신임하기 때문에 모세의 율법을 통하여 백성들이 하나로 규합하고 나라의 질서를 유지하기를 원했던 것이다. 만약 유다인들에게 바사의 신을 숭배하게 하였거나 그들의 법이나 사상이나 윤리를 따르도록 했더라면 유다인들은 바사에 반항하였을 것이다.

왕은 제사의 비용에 충당할 충분한 금과 은을 제공하였다. 이방의 왕이 유다인의 해방과 더불어 물질까지 공급해 준 것은 대단한 사건으로 평가된다. 에스라의 신앙과 덕이 왕과 바사인들을 감화시켰기 때문일 것이다. 이사야 선지자는 이러한 일이 일어날 것이라고 예언하였다.

> "네 눈을 들어 사방을 보라. 무리가 다 모여 네게로 오느니라. 네 아들들은 먼 곳에서 오겠고 네 딸들은 안기어 올 것이라. 그 때에 네가 보고 기쁜 빛을 내며 네 마음이 놀라고 또 화창하리니 이는 바다의 부가 네게로 돌아오며 이방 나라들의 재물이 네게로 옴이라"(사 60:4,5).

아닥사스다 왕은 에스라의 신앙개혁에 적극적으로 협조하였다. 유다인들이 여호와의 신앙으로 결집되는 것이 나라를 다스리는데도 유리하다고 생각한 것으로 짐작이 된다. 물론 전적으로 하나님의 감동으로 인한 결과이지만, 에스라의 신실성 인정과 유다인들의 삶이 바사인들에게도 긍정적인 영향을 미친 것 같다.

왕은 에스라와 유다인에게 엄청 후하게 배려했다. 제사의 비용 뿐만 아니라 나머지 은금에 대해서도 에스라가 소신껏 사용하도록 하였다. "너와 너희 형제들이 좋게 여기는 일에 하나님의 뜻대로 사용하라" 고 했다(18절). 그리고 성전의 제사용 그릇도 주었고, 더 필요한 것이 있으면 궁중 창고에서 받아 쓰라고 했다(19,20절).

"은은 백 달란트까지, 밀은 백 고르까지, 포도주는 백 밧까지, 기름도 백 밧까지 하고 소금은 정량없이 하라" 고 명령한 것을 책임 관리들이 신속히 행할 것을 주문하였다(21,22절). 거기다가 성전에서 일하는 자들에게 조공과 관세와 통행세도 면제시켜 주었다(24절). 아닥사스다는 참으로 후한 왕이다. 그가 그렇게 하는 것이 자신과 왕자들에게 유익이 된다고 생각하였다(23절). 그는 하나님의 진노가 내릴까봐 두려워하였다. 하나님을 경외한 왕이었기 때문에 그렇게 큰 권좌와 부를 얻었을 것이다.

우리가 하나님의 뜻을 이행할 때에 하나님은 후하고 넘치도록 주신다. 물질 때문에 염려가 되어 하나님의 일을 하지 못하는 경우도 있다. 그러나 우리가 영혼을 구원하고 교회를 섬길 때에 풍족한 물질을 더하여 주시기도 한다.

> "너희 중에 누구든지 지혜가 부족하거든 모든 사람에게 후히 주시고 꾸짖지 아니하시는 하나님께 구하라 그리하면 주시리라" (약1:5).

왕은 에스라에게 관직을 세우거나 폐하는 권한까지 부여하였다. 하나님과 왕의 명령을 준행하지 않는 자에게는 사형까지 시킬 수 있는 전권을 부여하였다(25,26절). 왕이 이처럼 에스라에게 큰 권한을 준 것은 바사에서의 에스라의 경건생활에 왕이 감동되었기 때문일 것이다. 우리는 세상의 빛과 소금이다. 불신자들도 인정할만한 인물이 되어야 한다. 요셉의 경우도 바로 왕이 신임하여 그에게 전권을 맡겼다.

"요셉에게 이르되 하나님이 이 모든 것을 네게 보이셨으니 너와 같이 명철하고 지혜 있는 자가 없도다. 너는 네 집을 다스리라 내 백성이 다 네 명령에 복종하리니 내가 너보다 높은 것은 내 왕좌뿐이니라"(창41:39,40).

에스라와 같이 불신자들도 믿어주는 사람이 되어야 한다. 우리가 뜻을 세우고 하나님이 기뻐하시는 일을 하게 되면, 하나님께서는 감동받을 사람을 붙여주시고 풍성한 물질도 더하여 주신다. 하나님의 일을 두려워하지 말고 믿음으로 감당하는 자가 되어야 한다.

Ezra Explanation

14
귀향한 사람들

스 8:1-23

1아닥사스다 왕이 왕위에 있을 때에 나와 함께 바벨론에서 올라온 족장들과 그
들의 계보는 이러하니라 2비느하스 자손 중에서는 게르솜이요 이다말 자손 중에
서는 다니엘이요 다윗 자손 중에서는 핫두스요 3스가냐 자손 곧 바로스 자손 중
에서는 스가랴니 그와 함께 족보에 기록된 남자가 백오십 명이요 4바핫모압 자
손 중에서는 스라히야의 아들 엘여호에내니 그와 함께 있는 남자가 이백 명이요
5스가냐 자손 중에서는 야하시엘의 아들이니 그와 함께 있는 남자가 삼백 명이
요 6아딘 자손 중에서는 요나단의 아들 에벳이니 그와 함께 있는 남자가 오십
명이요 7엘람 자손 중에서는 아달리야의 아들 여사야니 그와 함께 있는 남자가
칠십 명이요 8스바댜 자손 중에서는 미가엘의 아들 스바댜니 그와 함께 있는 남
자가 팔십 명이요 9요압 자손 중에서는 여히엘의 아들 오바댜니 그와 함께 있는
남자가 이백십팔 명이요 10슬로밋 자손 중에서는 요시뱌의 아들이니 그와 함께
있는 남자가 백육십 명이요 11베배 자손 중에서는 베배의 아들 스가랴니 그와 함
께 있는 남자가 이십팔 명이요 12아스갓 자손 중에서는 학가단의 아들 요하난이
니 그와 함께 있는 남자가 백십 명이요 13아도니감 자손 중에 나중 된 자의 이름
은 엘리벨렛과 여우엘과 스마야니 그와 함께 있는 남자가 육십 명이요 14비그왜
자손 중에서는 우대와 사붓이니 그와 함께 있는 남자가 칠십 명이었느니라 15내
가 무리를 아하와로 흐르는 강가에 모으고 거기서 삼 일 동안 장막에 머물며 백
성과 제사장들을 살핀즉 그 중에 레위 자손이 한 사람도 없는지라 16이에 모든
족장 곧 엘리에셀과 아리엘과 스마야와 엘라단과 야립과 엘라단과 나단과 스가
랴와 므슬람을 부르고 또 명철한 사람 요야립과 엘라단을 불러 17가시뱌 지방으
로 보내어 그 곳 족장 잇도에게 나아가게 하고 잇도와 그의 형제 곧 가시뱌 지
방에 거한 느디님 사람들에게 할 말을 일러 주고 우리 하나님의 성전을 위하여
섬길 자를 데리고 오라 하였더니 18우리 하나님의 선한 손의 도우심을 입고 그
들이 이스라엘의 손자 레위의 아들 말리의 자손 중에서 한 명철한 사람을 데려
오고 또 세레뱌와 그의 아들들과 형제 십팔 명과 19하사뱌와 므라리 자손 중 여
사야와 그의 형제와 그의 아들들 이십 명을 데려오고 20다윗과 방백들이 레위
사람들을 섬기라고 준 느디님 사람 중 성전 일꾼은 이백이십 명이었는데 그들은
모두 지명 받은 이들이었더라 21그 때에 내가 아하와 강가에서 금식을 선포하고

우리 하나님 앞에서 스스로 겸비하여 우리와 우리 어린 아이와 모든 소유를 위하여 평탄한 길을 그에게 간구하였으니 22이는 우리가 전에 왕에게 아뢰기를 우리 하나님의 손은 자기를 찾는 모든 자에게 선을 베푸시고 자기를 배반하는 모든 자에게는 권능과 진노를 내리신다 하였으므로 길에서 적군을 막고 우리를 도울 보병과 마병을 왕에게 구하기를 부끄러워하였음이라 23그러므로 우리가 이를 위하여 금식하며 우리 하나님께 간구하였더니 그의 응낙하심을 입었느니라

자랑스러운 귀향자들의 명단

돌아갈 곳이 있는 사람들은 행복한 자들이다. 직장에서 종일 일하고 퇴근 후에 가족이 기다리는 집으로 돌아가는 사람에게는 기쁨과 보람이 있다. 세상에 살다가 하나님 아버지가 계신 천국에 돌아갈 성도들은 복 있는 사람들이다. 이스라엘 백성들의 일부는 한 많은 바벨론 땅을 떠나 꿈에도 그리던 예루살렘으로 귀향하게 되었다.

8장은 학사 에스라와 함께 예루살렘으로 올라온 백성들의 명단이다. 그들은 신앙으로 여호와를 순종한 자들이다. 그러므로 그들의 이름은 후손들에게 자랑스러운 이름들이었다. 시편 기자는 그들이 바벨론에서 돌아올 때에 큰 감격과 기쁨이 있었다고 기록하고 있다.

> "여호와께서 시온의 포로를 돌려 보내실 때에 우리는 꿈꾸는 것 같았도다. 그 때에 우리 입에는 웃음이 가득하고 우리 혀에는 찬양이 찼었도다. 그 때에 뭇 나라 가운데에서 말하기를 여호와께서 그들을 위하여 큰 일을 행하셨다 하였도다"(시126:1,2).

바벨론에서 예루살렘까지의 거리는 정확하지 않으나 약 900마일 정도라고 한다. '야곱 마이어'(Jacob M. Myers)는 많은 군중이 함께 이동했기

때문에 하루에 9마일 이상 갈 수 없었을 것이라고 했다. 이들의 여행은 4개월이나 걸렸다(7:9). 그 길은 강도가 많은 험한 길이었지만(8:31) 하나님의 은혜로 무사히 예루살렘에 도착하였다.

제사장인 에스라는 명단의 초두에 율법을 가르치고 제사를 인도하는 제사장 자손들을 먼저 기록하였다. '비느하스'는 아론의 셋째 아들 엘르아살의 아들이고, '이다말'은 아론의 넷째 아들이다.

'다니엘'은 사자굴에 들어갔던 유다 지파의 다니엘이 아니고, 레위 지파 사람이다. '다윗' 자손 중에서는 '핫두스'가 대표자였고, '바로스' 자손 중에서는 그 대표가 스가랴였다.

지도층에 속하는 남자들의 수가 150명이었다. 물론 그들의 가족 중에 여자들도 포함되어 있었다. 명단에 나타난 남자들의 숫자가 1496명이고, 에스라가 추가로 불러 모은 자들이 259명이다.

레위인들 추가 모집

에스라와 함께 귀향할 1496명 중에 제사장은 있었으나 함께 일할 레위인들이 없었다. 에스라는 예루살렘에 가서 성전의 제사 제도를 완비하려는 것이었으므로 반드시 레위인들이 필요하였다. '잇도'는 가시뱌 지방의 레위인 족장이었다. 에스라는 명철한 족장 요아립과 엘라단을 비롯한 11명의 족장들을 잇도에게 보내어 그 지방의 레위인들을 모집해 오도록 하였다(16절).

성전에서 수종들었던 '느디님' 사람들이 그 지방에 살고 있었다. 수종자들이 파견하여 모집한 레위인들은 259명이었다. 이들 모두는 하나님의 거룩한 일에 적합한 일꾼들이었을 것이다. 요아립과 엘라단을 명철한 사람이라고 한 말이 이 사실을 짐작하게 한다.

> "우리 하나님의 선한 손의 도우심을 입고 그들이 이스라엘의 손자 레위의 아들 말리의 자손 중에서 한 명철한 사람을 데려오고 또 세레뱌와 그의 아들들과 형제 십팔 명과 하사뱌와 므라리 자손 중 여사야와 그의 형제와 그의 아들들 이십 명을 데려오고, 다윗과 방백들이 레위 사람들을 섬기라고 준 느디님 사람 중 성전 일꾼은 이백이십 명이었는데 그들은 모두 지명 받은 이들이었더라"(18-20절).

바벨론에 남느냐, 예루살렘으로 귀향하느냐는 문제는 각자가 결정할 문제였다. 이미 바벨론에서 경제적으로 상당한 기반을 잡은 자들도 있었다. 바벨론의 니풀(Nippur) 지방에서 발견된 문서에 유다인 중 '무라수'(Murashu)족은 포로 기간 동안에 광범위한 상업활동으로 번창하여 생활의 기반을 잡았다고 기록하고 있다.

경제적인 기반을 잡은 유다인들이 바벨론을 떠난다는 것은 결코 쉬운 일이 아니었을 것이다. 그럼에도 불구하고 지도자 에스라가 레위인들을 추가 모집하였을 때, 처음에는 응하지 않았던 자들이 마음이 변하여 에스라의 지시에 따랐던 것이다. 그래서 에스라는 "하나님의 선한 손이 나를 도우셨다"고 표현하고 있다.

7:6,28에도 "그의 하나님 여호와의 도우심을 입었다" 혹은 "내 하나님 여호와의 손이 내 위에 있으므로 내가 힘을 얻었다"고 표현하였다. 하나님의 일을 하려고 할 때에 하나님의 도우심이 나타난다. 에스라는 사람을 불러 모으는 힘든 사역을 하면서 하나님의 손길을 느꼈다.

금식 기도를 드리다

에스라는 동행할 사람들을 불러 모은 다음에 금식을 선포하였다. 고국 이스라엘 땅까지 안전하게 도착하기 위해서였다. 그는 아닥사스다 왕에게 혹시 있을 대적자들을 위하여 호송할 군대를 요청할 수도 있었다. 아마 청하였더라면 왕이 보병과 마병을 내 주었을 것이다. 그러나 에스라는 왕에게 하나님이 그들을 안전하게 지켜주실 것이라고 말씀드렸기 때문에, 군대의 요청을 부끄럽게 생각하였다.

> "이는 우리가 전에 왕에게 아뢰기를 우리 하나님의 손은 자기를 찾는 모든 자에게 선을 베푸시고 자기를 배반하는 모든 자에게는 권능과 진노를 내리신다 하였으므로 길에서 적군을 막고 우리를 도울 보병과 마병을 왕에게 구하기를 부끄러워 하였음이라"(22절).

에스라는 자기가 왕에게 말한 대로 신앙의 용단을 내리고 귀향하는 문제를 하나님께 간절히 기도하기로 작정했다. 동행자들은 함께 금식기도를 하였다. 모든 동행자들과 소유물이 안전하게 예루살렘까지 갈 수 있도록 기도드렸다(21절).

에스라의 신앙은 하나님 앞에서 겸손하였다(21절). 영웅적인 심리로 교만하게 앞장 서서 '나를 따르라' 하고 출발하지 않았다. 그리고 그는 왕에게 말한 대로 실천하였으니 언행이 일치하는 정직하고 순수한 사람이다. 왕 앞에서 담대히 하나님을 증거하고 도와주실 것을 굳게 믿었다. 우리는 성경대로 말하고, 또 우리가 말한 것을 거짓 없이 실천해야 한다.

> "그러므로 우리가 이를 위하여 금식하며 우리 하나님께 간구하였더

니 그의 응낙하심을 입었느니라" (23절).

에스라와 귀향자들의 전심전력의 금식 기도는 하나님의 응답으로 나타났고 하나님의 특별한 도우심으로 4개월 동안의 여행에서 아무 탈 없이 안전하게 귀국하였다. 우리는 위기와 어려운 때에 자신의 경험과 지식에만 의지하지 말고 하나님께 금식하면서 하나님의 도우심을 바라야 한다. 우리가 신앙적으로 행하고 열심히 기도하면 하나님께서 세밀히 도와주시고 원하는 바를 들어주실 것이다.

Ezra Explanation

15
성전에 바친 예물

스 8:24-30

24그 때에 내가 제사장의 우두머리 중 십이 인 곧 세레뱌와 하사뱌와 그의 형제
열 명을 따로 세우고 25그들에게 왕과 모사들과 방백들과 또 그 곳에 있는 이스
라엘 무리가 우리 하나님의 성전을 위하여 드린 은과 금과 그릇들을 달아서 주
었으니 26내가 달아서 그들 손에 준 것은 은이 육백오십 달란트요 은그릇이 백
달란트요 금이 백 달란트며 27또 금잔이 스무 개라 그 무게는 천 다릭이요 또
아름답고 빛나 금같이 보배로운 놋그릇이 두 개라 28내가 그들에게 이르되 너희
는 여호와께 거룩한 자요 이 그릇들도 거룩하고 그 은과 금은 너희 조상들의 하
나님 여호와께 즐거이 드린 예물이니 29너희는 예루살렘 여호와의 성전 골방에
이르러 제사장들과 레위 사람의 우두머리들과 이스라엘 족장들 앞에서 이 그릇
을 달기까지 삼가 지키라 30이에 제사장들과 레위 사람들이 은과 금과 그릇을
예루살렘 우리 하나님의 성전으로 가져가려 하여 그 무게대로 받으니라

드림의 원리

하나님을 믿는 자들은 자신과 자기의 시간과 물질과 정성을 하나님께 바쳐야 한다. 바치지 않고 헌신하지 않고 사랑하는 것은 없다. 가족을 사랑한다면 가장은 열심히 일하고 돈을 벌어 그들을 부양해야 한다. 사랑하는 사람이 생기면 그를 위하여 어떤 수고와 선물도 마다하지 않고 바치게 된다. 가난한 외국 여자들과 결혼한 한국 남성들이 처갓집에 가서 집도 지어주고 냉장고도 사주고 밭도 매고 하지 않던가. 사람을 사랑하면서도

헌신과 희생을 감당하는데, 하나님을 사랑한다고 하면서 자기의 것을 바치지 않을 수 있겠는가?

바사의 왕과 모사와 방백들과 바벨론에 남아 있는 유다인들이 하나님께 예물을 바쳤다. 지도자 '에스라'는 성전 예물을 제사장 우두머리들에게 주어 잘 관리하게 하였다. 오늘날은 주로 우리가 하나님께 십일조와 헌금을 드린다. 하나님께 구별하여 드린 것은 정직하게 잘 관리해야 하고, 하나님의 뜻대로 바로 사용되어야 한다. 헌금을 하나님의 뜻대로 드리지 못하거나 관리하는 자가 부정직하게 관리하면 죄를 범하게 된다.

우선 성전의 예물을 사람들이 기쁜 마음으로 드렸다. 헌금과 예물은 자원하는 마음으로 즐겁게 드려야 우리에게 복이 된다. 사도 바울은 고린도 교회 성도들에게 인색한 마음이나 억지로 드리지 말고 즐거운 마음으로 드리라고 권면했다.

> "…. 그 은과 금은 너희 조상들의 하나님 여호와께 즐거이 드린 예물이니"(28절).

"각각 그 마음에 정한 대로 할 것이요 인색함으로나 억지로 하지 말지니 하나님은 즐겨 내는 자를 사랑하시느니라"(고후9:7).

하나님께 헌금을 드리든지 성미를 드리든지 어떤 물건을 드리든지 드림의 원리는 자원하는 마음과 즐겁게 드리는 것이다. 그리고 헌금을 드리는 자도 그 헌금을 받는 자도 하나님께 감사하게 된다. 고린도 교회의 성도들은 넉넉하고 너그럽게 연보를 하였고 드리는 자도 받는 자도 많은 감사가 넘쳐났다고 했다.

> "너희가 모든 일에 넉넉하여 너그럽게 연보를 함은 그들이 우리로

말미암아 하나님께 감사하는 것이라. 이 봉사의 직무가 성도들의 부족한 것을 보충할 뿐 아니라 사람들이 하나님께 드리는 많은 감사로 말미암아 넘쳤느니라"(고후9:11,12).

성전 예물의 관리자들

에스라는 성전의 예물을 십이 명의 제사장의 우두머리들에게 맡겨 신중하게 관리하도록 했다. 예루살렘까지 가져가는 동안에 혹 실수라도 생기면 안 된다. 에스라는 예물을 자신이 관리하지 않았다. 어떤 특정한 한 사람에게 맡기지도 않았다. 공금이기 때문에 모두가 믿을만한 제사장들에게 맡긴 것이다. 실수가 없도록 하기 위하여 여러 사람들이 함께 관리하고 보관하도록 하였다.

오늘날도 교회에서 헌금을 맡길 때는 믿음이 신실하고 정직한 자에게 맡겨야 한다. 실수하거나 시험에 들지 않을 자를 선택하여 맡기는 것이 중요하다. 그리고 목회자나 어떤 한 사람에게 맡기기보다는 재정을 두세 사람에게 공동 관리하게 하거나 분담시키는 것이 필요하다.

사도 바울도 연보를 취급할 때 실수함이 없도록 주의를 시켰다. 거액의 헌금을 취급하면서 개인적으로 유용하거나 계산이 틀려서 성도들에게 비방을 들을 수 있고, 혹시 도둑을 당하거나 잃어버릴 수도 있었다. 그래서 사도 바울은 하나님 앞에서도 조심해야 하지만, 사람들 앞에서도 비방을 듣는 일이 없도록 하라고 당부하였다.

에스라는 12인의 우두머리들에게 여러 사람들이 드린 예물을 정확히 저울에 달아서 그들의 손에 맡겼다. 그리고 하나님께 드린 것이니 예루살렘에 돌아가 다시 그 예물을 달아서 확인할 때까지 조심하라고 부탁하였다.

"이것을 조심함은 우리가 맡은 이 거액의 연보에 대하여 아무도 우리를 비방하지 못하게 하려 함이니, 이는 우리가 주 앞에서 뿐 아니라 사람 앞에서도 선한 일에 조심하려 함이니라"(고후8:20,21).

"너희는 예루살렘 여호와의 성전 골방에 이르러 제사장들과 레위 사람의 우두머리들과 이스라엘의 족장들 앞에서 이 그릇을 달기까지 삼가 지키라"(29절).

바쳐진 것의 의미

세레뱌와 하사뱌가 에스라에게 넘겨받은 예물은 하나님의 성전을 위하여 바쳐진 것이다. 여리고 성을 탈환할 때에 첫 번째 성의 전리품은 하나님께 바쳐졌다(수6:17,18). 바쳐진 금과 은, 모든 물품들은 개인이 가질 수 없었다. '바쳐진 물건'이란 히브리어로 '헤렘(חֵרֶם)'인데, 그 말은 "하나님의 영광을 위하여 완전히 제거하고 깨뜨려 바친다"는 의미이다. 그래서 제물을 바칠 때는 반드시 죽여서 피를 흘리고 불에 태워서 드렸던 것이다.

하나님께 바쳐진 것은 그래서 무섭다. 바쳐진 것을 훔쳐가거나, 작정한 헌금을 드리지 않거나 서원하고 약속한 것을 지키지 않을 때는 그 사람이 대신 바쳐져야 한다.

하나님의 말씀을 어기고 유다 지파 갈미의 아들인 '아간'이 금과 은과 외제 외투를 자기가 취하였다(수7:1). 은 이백 세겔과 금 오십 세겔과 시날 산 외투 한 벌이었다. 그 일로 하나님께서는 진노하시고 다음 전투인 '아이'(הָעַי)성에서 패전하게 하셨다. 하나님께 바쳐진 것을 사람이 개인적으로 취하면 그 사람도 망하지만 신앙공동체에도 큰 손해와 타격이 온다. 아간은 하나님께 바쳐진 것을 도둑질했기 때문에, 그 대신에 자기와 자기의 식구들과 모든 소유물들이 하나님께 바쳐졌다. 그들은 아골 골짜기에서 공개처형을 당하였고 그들의 무덤은 돌무더기가 되었다(수7:24-26). '아골'은 '괴로움'을 뜻한다. 하나님께 바쳐진 것을 도둑질하게 되면 괴로움을 당하게 된다.

풍성하게 드려진 예물

에스라가 제사장 12인에게 달아서 준 금과 은은 대단히 많았다. "은이 육백오십 달란트요, 은 그릇이 백 달란트요, 금이 백 달란트"였다. 한 '달란트'의 무게는 34.27Kg이었으니, 금의 무게만 하여도 3427Kg이나 되었다. 그리고 금잔 스무 개의 무게가 천 다릭인데, 그 무게는 8.4Kg이다. 매우 풍성한 예물이었다. 하나님의 성전 건축을 위하여 풍족하게 쓰고도 남을만한 물질을 하나님께서 왕을 비롯한 여러 유다인들을 감동시켜서 넘치도록 주셨다.

> "내가 달아서 그들 손에 준 것은 은이 육백오십 달란트요 은 그릇이 백 달란트요 금이 백 달란트며 또 금잔이 스무 개라 그 무게는 천 다릭이요 또 아름답고 빛나 금 같이 보배로운 놋 그릇이 두 개라" (26,27절).

하나님께 드리는 예물과 헌금은 풍성하게 드릴수록 좋다. 사실 믿음이 뒷받침 되지 않고는 풍성한 헌금을 드릴 수 없기 때문에 자기의 수준에 넘치도록 헌금을 드린다는 그 자체가 믿음이 큰 사람이다.

바울은 "적게 심는 자는 적게 거두고 많이 심는 자는 많이 거둔다"고 하셨다(고후9:6). 이것은 모든 추수의 원리이다. 헌금도 씨를 심는 원리와 다르지 않다. 값비싸고 품질 좋은 씨를 심어야 하고, 땅을 크게 잡아 많이 심어야 많은 수확을 기대할 수 있다.

헌금하는 것을 보면 그 사람이 얼마나 하나님의 일을 크게 할 사람인지 짐작할 수 있다. 그러나 헌금은 경쟁 심리로 많이 작정하는 것은 금물이다. 하나님 앞에서 자기가 원하는만큼 작정을 하고, 작정한 것은 하나님께 바쳐진 것이므로 반드시 약속대로 이행해야 한다.

예물을 드린 자들도 하나님의 거룩한 자들이고, 그 돈과 그릇들도 거룩한 예물이다. 하나님께 드리고 싶은 마음의 증표이다. 드려진 것은 다 거룩한 것이고, 하나님의 영광을 위하여 쓰여질 것이다.

> "내가 그들에게 이르되 너희는 여호와께 거룩한 자요 이 그릇들도 거룩하고 그 은과 금은 너희 조상들의 하나님 여호와께 즐거이 드린 예물이니"(28절).

사람들은 지나친 물질의 욕심 때문에 거룩한 사람으로 구별되어 거룩한 일을 못하는 경우가 많다. 나 자신이 하나님께 바쳐진 거룩한 사람이기 때문에, 나의 물질과 시간과 재능까지 하나님을 위하여 쓰여져야 한다. 교회와 가난한 이웃을 위하여 쓰임받는 사람이 되어야 한다.

Ezra Explanation

16
예루살렘에 당도함

스 8:31-36

31첫째 달 십이 일에 우리가 아하와 강을 떠나 예루살렘으로 갈새 우리 하나님
의 손이 우리를 도우사 대적과 길에 매복한 자의 손에서 건지신지라 32이에 예
루살렘에 이르러 거기서 삼 일간 머물고 33제 사일에 우리 하나님의 성전에서
은과 금과 그릇을 달아서 제사장 우리아의 아들 므레못의 손에 넘기니 비느하스
의 아들 엘르아살과 레위 사람 예수아의 아들 요사밧과 빈누이의 아들 노아댜가
함께 있어 34모든 것을 다 세고 달아 보고 그 무게의 총량을 그 때에 기록하였
느니라 35사로잡혔던 자의 자손 곧 이방에서 돌아온 자들이 이스라엘의 하나님
께 번제를 드렸는데 이스라엘 전체를 위한 수송아지가 열두 마리요 또 숫양이
아흔여섯 마리요 어린 양이 일흔일곱 마리요 또 속죄제의 숫염소가 열두 마리니
모두 여호와께 드린 번제물이라 36무리가 또 왕의 조서를 왕의 총독들과 유브라
데 강 건너편 총독들에게 넘겨주매 그들이 백성과 하나님의 성전을 도왔느니라

하나님의 보호와 돌보심

이스라엘의 귀환자들은 일 월 십이 일에 '아하와' 강을 떠나 예루살렘으로 갔다. 스7:9에는 1월 1일에 바벨론에서 떠나 5월 1일에 예루살렘에 도착했다고 기록하고 있다. '아하와' 강을 지난 날이 1월 12일이었고 약 4개월 동안 먼 광야를 지나왔다.

얼마나 그들이 그리워하고 기다렸던 고국인가? 그들의 소원이 거룩한 성 예루살렘에서 하나님께 예배드리는 것이 아니었던가? 지금 그들은 바로 그 하나님의 성 예루살렘을 향하여 긴 여행 길에 올랐던 것이다. 정말 가슴 벅찬 여행이었지만 육신은 심히 고달팠다. 오늘날과 같은 교통수단도 없었고, 주로 걷고 약한 사람들은 나귀나 다른 짐승을 탔을 것이다. 짐과 가축과 노인과 어린이들을 데리고 간다는 것은 결코 쉬운 일이 아니었다. 계속 무리하게 여행할 수 없었기 때문에 오는 중에 휴식하는 시간들도 꽤 되었을 것이다. 식사도 해야 하고 잠도 자야 하고 다 함께 움직여야 하니까 4개월이라는 긴 시간이 걸린 것 같다.

2차 포로귀환의 인원은 약 오천 명이 되는데 그들 모두가 무사히 예루살렘에 당도했다는 것이 하나님의 은혜였다. 그 광야 길에는 이방 대적들과 매복한 자들이 있었지만 하나님께서 눈동자와 같이 그들을 보호해 주셨다.

> "첫째 달 십이 일에 우리가 아하와 강을 떠나 예루살렘으로 갈새 우리 하나님의 손이 우리를 도우사 대적과 길에 매복한 자의 손에서 건지신지라"(31절).

> "여호와께서 그를 황무지에서, 짐승이 부르짖는 광야에서 만나시고 호위하시며 보호하시며 자기의 눈동자 같이 지키셨도다. 마치 독수리가 자기의 보금자리를 어지럽게 하며 자기의 새끼 위에 너풀거리며 그의 날개를 펴서 새끼를 받으며 그의 날개 위에 그것을 업는 것 같이 여호와께서 홀로 그를 인도하셨고 그와 함께 한 다른 신이 없었도다"(신32:10-12).

하나님의 보호와 구원의 은혜에 감사하는 모세의 노래에 보면, "자기의 눈동자 같이" 보호하셨다는 말씀이 있다. 이스라엘 백성들이 애굽에서 탈출하여 광야 40년 동안 방황하는 동안에도 하나님은 대적들로부터 안전하게 지켜주시고 눈동자처럼 보호해 주셨다. 하나님은 이스라엘 백성들을 믿음으로 훈련시키면서 그 40년 광야의 길이 독수리 훈련처럼 강하게 하셨다. 독수리가 새끼를 날게 할 때에 보금자리를 어지럽게 하고 더 이상 둥지에서 안주하지 못하게 한다. 가시를 물어다가 찔리게 하고 보금자리를 어지럽게 하여 더 이상 어미가 주는 먹이를 받아먹지 못하게 괴롭힌다. 그리고는 새끼를 높은 곳에서 떨어뜨린다. 그러면 새끼는 죽지 않으려고 발버둥을 친다. 새끼가 날지 못해 땅에 곤두박질하려고 하면 어미 독수리가 잽싸게 날아 날개로 업어 올린다. 그렇게 반복하다가 새끼가 날개에 힘을 얻으면 높은 창공을 날게 되는 것이다.

이스라엘 백성들이 출애굽하여 가나안에 들어가기까지 하나님은 그들에게 그런 맹 훈련을 시키셨다. 그러나 언제나 하나님께서 매일 만나로 먹여주시고 바위에서 생수가 나오게 하시고, 옷과 신발이 닳지 않게 하시면서 그들을 안전하게 지켜주셨다. 광야의 대적들과 목마름 속에서도 독수리의 날개로 업어 올린 것처럼, 그렇게 보호해 주셨다.

그와 같이 바벨론의 포로에서 귀환하는 이스라엘 백성들도 4개월 동안 안전하게 지켜주셨다. 정말 길고 고된 여행이었지만 하나님의 은혜의 손길로 보호해 주시고 보살펴 주셨다. 바벨론에서 예루살렘으로 오는 길목에는 매복한 강도들이 가끔 출몰했다. 그러나 이번 여행에는 한 사람도 강도나 이방인에게 피해를 본 자가 없었다. 그 많은 인원들이 건강하게 긴 광야를 건너 예루살렘에 당도한 것은 하나님의 기적과 은총이었다. 하나님의 은총이 함께 하면 위험과 위기 상황에서도 우리를 보호하신다. 다윗은 전쟁을 많이 경험하였지만 언제나 하나님의 보호와 도우심을 받았다.

> "나를 눈동자 같이 지키시고 주의 날개 그늘 아래에 감추사 내 앞에서 나를 압제하는 악인들과 나의 목숨을 노리는 원수들에게서 벗어

나게 하소서" (시17:8,9).

우리의 광야 인생 역시 힘들고 피곤하다. 때로는 하나님이 왜 이렇게 힘들게 하시는지 답답하여 부르짖고 하소연하기도 한다. 죽을 것 같은 고통 속에서도 지나놓고 보면 하나님의 도움의 손길이 있었다. 지치고 힘든 인생 길이라도 끝까지 인내하고 감사하면서 가야 한다. 하나님은 언제나 나와 함께 하시고 보살펴 주실 것이기 때문이다.

이스라엘 백성들이 먼저 한 일

에스라 일행이 예루살렘에 당도하여 삼 일 간 쉬었다. 여독이 가라앉기까지는 그만한 시간이 필요했을 것이다. 긴 여행이었기 때문에 그들은 몹시 지쳤을 것이다. 중요한 일일수록 정신이 맑고 기분이 좋을 때 해야 한다. 우리가 하나님의 일을 하거나 중요한 일을 하기 전에 잘 쉬고 정신을 가다듬어야 한다. 하나님은 우리가 맑은 정신으로, 기분이 상쾌한 상태에서 일하기를 원하신다.

그들은 예루살렘에 돌아와서 무엇보다도 먼저 처리한 것이 있었다. 우두머리들과 바벨론 현지의 유다인들이 즐거이 드린 예물을 먼저 전달하였다. 그리고 번제를 드렸고, 왕의 조서를 관원들에게 전달하였다(32-34절). 그들은 맡은 책임을 성실히 실행하였고, 가지고 왔던 금과 은을 세고 달아보았다. 그 모든 것들은 하나님의 것이었으므로 정확히 무게를 달아 확인시키고 제사장 '므레못'의 손에 넘겼다(33절). 엘르아살과 요사밧과 노아댜가 함께 확인하게 하였다. 완전히 잘 전달한 자들은 마음이 훨씬 가벼워졌을 것이다.

하나님께 드리는 헌금은 내는 자도 관리하는 자들도 정확하고 정직하게 시행해야 한다. 신앙의 사람들은 물질 때문에 시험을 받아서는 안 된다. 책임을 맡은 자가 자기의 사명을 잘 완수할 수 있도록 기도해야 한다. 책임을 잘 완수했을 때에 그 가벼운 마음과 보람은 대단할 것이다.

우리의 인생에서 짊어진 짐들을 잘 완수할 수 있도록 최선을 다해야 한다. 마지막 순간까지 하나님이 주신 사명들을 잘 감당했을 때에 그 은혜와 기쁨은 이루 말로 표현할 수 없을 것이다. 하나님께 "착하고 충성된 종이었다" 고 칭찬을 받는 주님의 일꾼이 되어야 한다.

두 번째, 그들은 꿈에도 그리던 예루살렘 성전 제사를 드렸다. 이스라엘 전체의 죄를 속함 받는 번제로 수송아지 12 마리와 숫양 96 마리와 어린 양 77 마리를 드렸으며, 속죄제의 숫염소 12 마리를 하나님께 드렸다. 솔로몬 시대의 성전 제사와 비교해 보면 정말 빈약한 제물이었다. 그러나 포로에서 돌아온 그들은 정성을 다한 제물이었다. 그 소와 양을 제물로 드리기 위하여 그들은 수 개월 동안 준비하고 끌고 왔을 것이 아닌가?

그들은 가난하고 궁핍하였지만 하나님 앞에 정성껏 번제와 속죄제를 드렸다. 이스라엘 백성들은 거룩한 예루살렘 성전에서 번제와 속죄제를 통하여 하나님 앞에서 성결하게 거듭나서 새로운 삶을 살기 원하였다.

세 번째는 행정적으로 확실하게 일을 처리하였다. 왕의 조서를 총독들과 유브라데 강 건너편 총독들에게 접수시켰다. 왕의 편지 내용은 유다인들이 예루살렘에 당도하면 마음껏 제사를 드리도록 도와주라는 것이며, 그들이 왕과 왕자들을 위하여 기도할 것이니 적극적으로 지원해 주라는 것이었다. 왕의 조서를 받은 행정 책임자들은 이스라엘 백성들과 하나님의 성전을 도왔다(36절).

우리가 하나님의 일을 하여도 먼저 할 것과 나중 할 것이 있다. 미국으로 온 청교도들은 먼저 교회당을 건축하고 그 다음 학교를 짓고, 맨 나중에 자기들의 집을 지었다고 한다. 하나님의 종들은 먼저 하나님의 나라와 그의 의를 먼저 행하는 자가 되어야 한다.

> "그런즉 너희는 먼저 그의 나라와 그의 의를 구하라. 그리하면 이 모든 것을 너희에게 더하시리라"(마6:33).

Ezra Explanation

17
에스라의 회개 기도

스 9:1-9

1이 일 후에 방백들이 내게 나아와 이르되 이스라엘 백성과 제사장들과 레위
사람들이 이 땅 백성들에게서 떠나지 아니하고 가나안 사람들과 헷 사람들과
브리스 사람들과 여부스 사람들과 암몬 사람들과 모압 사람들과 애굽 사람들과
아모리 사람들의 가증한 일을 행하여 2그들의 딸을 맞이하여 아내와 며느리를
삼아 거룩한 자손이 그 지방 사람들과 서로 섞이게 하는데 방백들과 고관들이
이 죄에 더욱 으뜸이 되었다 하는지라 3내가 이 일을 듣고 속옷과 겉옷을 찢고
머리털과 수염을 뜯으며 기가 막혀 앉으니 4이에 이스라엘의 하나님의 말씀으
로 말미암아 떠는 자가 이 사로잡혔던 자의 죄 때문에 다 내게로 모여 오더라
내가 저녁 제사드릴 때까지 기가 막혀 앉았더니 5저녁 제사를 드릴 때에 내가
근심 중에 일어나서 속옷과 겉옷을 찢은 채 무릎을 꿇고 나의 하나님 여호와를
향하여 손을 들고 6말하기를 나의 하나님이여 내가 부끄럽고 낯이 뜨거워서 감
히 나의 하나님을 향하여 얼굴을 들지 못하오니 이는 우리 죄악이 많아 정수리
에 넘치고 우리 허물이 커서 하늘에 미침이니이다 7우리 조상들 때로부터 오늘
까지 우리의 죄가 심하매 우리의 죄악으로 말미암아 우리와 우리 왕들과 우리
제사장들을 여러 나라 왕들의 손에 넘기사 칼에 죽으며 사로잡히며 노략을 당
하며 얼굴을 부끄럽게 하심이 오늘날과 같으니이다 8이제 우리 하나님 여호와
께서 우리에게 잠시 동안 은혜를 베푸사 얼마를 남겨두어 피하게 하신 우리를
그 거룩한 처소에 박힌 못과 같게 하시고 우리 하나님이 우리 눈을 밝히사 우
리가 종노릇 하는 중에서 조금 소생하게 하셨나이다 9우리가 비록 노예가 되었
사오나 우리 하나님이 우리를 그 종살이하는 중에 버려두지 아니하시고 바사
왕들 앞에서 우리로 불쌍히 여김을 입고 소생하여 우리 하나님의 성전을 세우
게 하시며 그 무너진 것을 수리하게 하시며 유다와 예루살렘에서 우리에게 울
타리를 주셨나이다

되풀이 된 죄

하나님의 백성들은 언제나 하나님의 뜻대로 성결하게 살아야 한다. 바벨론에서 돌아온 이스라엘 사람들은 성전 예배를 드리며 생활의 안정을 찾았다. 그런데 그들에게 심각한 영적인 문제가 발생했다. 방백들과 고관들이 가나안 원주민들처럼 우상을 숭배하고 이방의 여자들과 통혼하는 것이었다. 이스라엘이 멸망하기 전의 죄를 또 다시 되풀이 하였다.

인간은 정말 별 수 없는 존재인가? 긴장을 풀고 세상을 좋아하게 되면 그만 영적으로 타락하기 시작한다. 하나님을 경외하고 그 말씀에서 떠나지 않으려고 떨면서 살아야 범죄의 유혹에 빠지지 않고 타락한 세상에 동화되지 않는다.

> "이 일 후에 방백들이 내게 나아와 이르되 이스라엘 백성과 제사장들과 레위 사람들이 이 땅 백성들에게서 떠나지 아니하고 가나안 사람들과 헷 사람들과 브리스 사람들과 여부스 사람들과 암몬 사람들과 모압 사람들과 애굽 사람들과 아모리 사람들의 가증한 일을 행하고 그들의 딸을 맞이하여 아내와 며느리로 삼아 거룩한 자손이 그 지방 사람들과 서로 섞이게 하는데 방백들과 고관들이 이 죄에 더욱 으뜸이 되었다 하는지라" (1,2절).

'가증한 일' 은 가나안에 있는 이방인들의 우상숭배와 그들의 도덕적인 타락을 뜻한다. 하나님의 백성은 성별되게 살아야 한다. 이방인들처럼 세속화되어서는 안 된다. 그러나 믿음으로 바로 살겠다고 바벨론에서 돌아온 백성들이 시간이 지나면서 가나안의 원주민들과 동화되어 우상숭배와 악한 행동들을 따라하게 되었다.

모세의 율법에 의하면 이스라엘인은 가나안 원주민들과 통혼하지 못하도록 하였는데, 그런 혼인으로 말미암아 이방의 우상을 숭배할 우려가 있었기 때문이다. 그런 우려가 없는 경우에는 이방인과의 혼인이 무조건 금지되지는 않았다. 요셉이나 모세, 그리고 보아스나 다윗의 경우에 외국인과 결혼한 사실이 있다(창41:45, 민12:1, 룻4:9-10, 삼상25:40-42).

바벨론에서 돌아온 자들은 여호와의 거룩한 신앙을 이어가기 위하여 귀환한 것이었다. 영적 정화 운동을 부르짖고 돌아온 자들이었기 때문에 이방 여인과 혼인하고 우상을 숭배하는 것은 당연히 있을 수 없는 일이었다.

> "또 그들과 혼인하지도 말지니 네 딸을 그들의 아들에게 주지 말 것이요 그들의 딸도 네 며느리로 삼지 말 것은 그가 네 아들을 유혹하여 그가 여호와를 떠나고 다른 신들을 섬기게 하므로 여호와께서 너희에게 진노하사 갑자기 너희를 멸하실 것임이니라"(신7:3,4).

> "너희는 떠날지어다 떠날지어다 거기서 나오고 부정한 것을 만지지 말지어다. 그 가운데에서 나올지어다 여호와의 기구를 메는 자들이여 스스로 정결하게 할지어다"(사52:11).

이사야 선지자는 이스라엘 백성들이 바벨론 포로에서 편안히 돌아올 것을 예언하였다. 이스라엘 백성들은 성전의 기구를 메며 제사를 드리는 자들이기 때문에 정결한 삶을 살아야 한다고 말씀하셨다. 그럼에도 불구하고 그들은 예루살렘으로 귀국한 후에 가나안 원주민들과 동화되어 세속적인 생활과 우상숭배를 하므로 하나님의 영광을 가리고 성민의 도리를 다하지 못했다.

그리스도인 역시 성민이다. 신자가 불신자들처럼 세속화되면 안 된다. 우상을 숭배하고 타락한 생활을 하면 하나님의 거룩한 자녀로 살아갈 수 없다.

> "너희는 믿지 않는 자와 멍에를 함께 메지 말라 의와 불법이 어찌 함께 하며 빛과 어둠이 어찌 사귀며 그리스도와 벨리알이 어찌 조화 되며 믿는 자와 믿지 않는 자가 어찌 상관하며 ...그러므로 너희는 그들 중에서 나와서 따로 있고 부정한 것을 만지지 말라. 내가 너희를 영접하여 너희에게 아버지가 되고 너희는 내게 자녀가 되리라. 전능하신 주의 말씀이니라" (고후6:14-18).

에스라의 중보적 회개 기도

이방인들과 혼혈이 되면서 여호와 신앙도 희석되고 거룩한 자손들도 유지하기 어려워졌다. 그 문제를 심각하게 생각한 의식 있는 방백들이 지도자 에스라에게 그 사실을 알렸다. 특히 "방백들과 고관들이 이 죄에 더욱 으뜸이 되었다" 고 하였다(2절). 지도자는 온 백성들에게 영향을 끼치는 사람들이다. 백성들이 무지하여 그런 죄를 지어도 고위 관직자들이 책망하고 금하여야 하는데, 오히려 그들이 우상을 숭배하고 이방인과 혼인하는 일에 으뜸이 되었으니 영적인 정화 운동은커녕 타락과 세속화의 속도는 걷잡을 수 없이 빨라졌다. 그 소식을 들은 에스라는 기가 막혀 옷을 찢고 머리털을 뜯었다.

> "내가 이 일을 듣고 속옷과 겉옷을 찢고 머리털과 수염을 뜯으며 기

가 막혀 앉으니 이에 이스라엘의 하나님의 말씀으로 말미암아 떠는 자가 사로잡혔던 이 사람들의 죄 때문에 다 내게로 모여오더라. 내가 저녁 제사 드릴 때까지 기가 막혀 앉았더니" (3,4절).

방백들과 고관들의 범죄 사실을 전해들은 에스라는 너무 슬프고 기가 막혀 말도 못하고 앉아 있었다. 하나님의 말씀을 두려워하는 자들이 지도자에게로 모여들었다. 에스라가 옷을 찢은 것은 하나님 앞에서 너무 슬프고 괴롭다는 상징적 행동이며, 머리털과 수염을 뜯은 것은 정의감으로 인한 원통함의 표시이다.

백성들의 죄에 대하여 지도자는 도의적인 책임이 있다. 자신은 그런 죄를 짓지 않았다하더라도 하나님 앞에서 회개해야 한다. 에스라 이후에 따라오는 느헤미야 시대에도 백성들이 범죄할 때에 총독 느헤미야가 괴로워하였다. 그는 원통함을 더욱 적나라하게 보여주었다. 범죄한 자들을 저주하고 때리고 그들의 머리털을 뽑기까지 했다.

"내가 그들을 책망하고 저주하며 그들 중 몇 사람을 때리고 그들의 머리털을 뽑고 이르되 너희는 너희 딸들을 그들의 아들들에게 주지 말고 너희 아들들이나 너희를 위하여 그들의 딸을 데려오지 아니하겠다고 하나님을 가리켜 맹세하라 하고" (느13:25).

에스라의 개혁 운동에 동조하는 자들이 모였을 때, 그는 근심 중에 저녁 제사를 드리면서 무릎을 꿇고 손을 들고 회개 기도를 드렸다(5절). 백성들의 죄에 대하여 참으로 하나님 앞에서 얼굴을 들지 못하고 부끄러워하였다. 하나님의 말씀에 떠는 하나님을 경외하는 자들도 에스라와 같은 마음을 가졌을 것이다. 아무 생각 없이 세상에 동화 되어 타락하는 자가 있는가 하면, 하나님 말씀에서 벗어나지 않으려고 애를 쓰는 거룩한 자들이 있다. 하나님은 이런 자들을 돌아보시고 복을 주신다.

> "무릇 마음이 가난하고 심령에 통회하며 내 말을 듣고 떠는 자 그 사람은 내가 돌보려니와" (사66:2).

에스라는 하나님 앞에서 깊은 겸손과 애걸하는 모습으로 손을 들고 회개하였다. 손을 드는 것은 자신의 모든 것을 하나님께 바친다는 간절한 표현이다. 에스라는 자기 민족의 죄 때문에 부끄러움과 마음의 고통을 느꼈다. 지도자와 중보자의 자세는 언제나 그러하다. 예수님은 죄가 없으신 분이었지만 우리의 모든 죄를 담당하시고 십자가를 지셨다. 인간의 죄에 대한 대가를 홀로 지불하셨다.

끝까지 신앙을 지키라

에스라가 말씀대로 정결하게 살았기 때문에 민족의 죄를 대속하기 위하여 중보의 기도를 드릴 수 있었다. 만약 에스라마저 그와 비슷한 죄를 지었다면 그는 민족의 중보자 역할을 할 수 없었을 것이다. 말씀 앞에서 떨며 경건하게 사는 자들이 있어야 그렇지 못한 자들을 위하여 기도해 주며 권면하며 바른 길로 인도할 수 있을 것이다.

불신자들이 타락하여도 타협하거나 동조하지 말아야 하고, 교회 안의 사람들마저 세속화 된 생활을 하여도 그들을 따라가면 안 된다. 끝까지 신앙을 지키는 사람이 있어야 우리의 가족과 성도들을 위하여 기도하고 바른 길로 인도할 수 있다.

"우리 조상들의 때로부터 오늘까지 우리의 죄가 심하매 우리의 죄악으로 말미암아 우리와 우리 왕들과 우리 제사장들을 여러 나라 왕들의 손에 넘기사 칼에 죽으며 사로잡히며 노략을 당하며 얼굴을 부끄럽게 하심이 오늘날과 같으니이다"(7절).

에스라는 지난 과거에 이스라엘 백성들이 바벨론에 멸망하여 포로생활을 하면서 고통받았던 것은 자기 민족의 죄 때문이었다고 고백하였다. 특히 우상숭배와 그들의 세속적이고 음란한 생활을 본받았기 때문에 전쟁의 고통과 주권을 빼앗기고 종살이를 했던 아픈 과거를 회상하였다.

그리고 남은 자들에게 은혜를 베푸사 바벨론에서 돌아오는 큰 영광을 얻게 하셔서 잘 박힌 못처럼 하나님의 거룩한 땅에 살게 하셨다고 감사의 기도를 드렸다. 자기들이 영적으로 소생하여 예루살렘에서 성전을 세우고 수리하게 하신 은혜를 감사하였다(9절).

에스라의 기도는 하나님의 은혜와 구원의 손길을 잊지 않고 감사하는 내용을 담고 있다. 그렇게 은혜를 입었음에도 불구하고 다시금 과거의 죄를 되풀이 하여 우상을 숭배하고 이방 혼인들을 하였으니 하나님 앞에 얼굴을 들 수 없을만큼 부끄러운 것은 사실이었다.

우리는 회개 기도를 드릴 때, 먼저 과거에 베푸신 하나님의 은혜와 구원을 생각하고 감사할 줄 알아야 한다. 그 크신 은혜를 저버리고 범죄했으니 더욱 가슴 아파하여야 한다. 하나님은 우리가 통회하고 회개하는 것을 좋아하신다. 회개하는 자에게 다시 은혜와 기회를 주신다.

"하나님께서 구하시는 제사는 상한 심령이라. 하나님이여 상하고 통회하는 마음을 주께서 멸시하지 아니하시리이다"(시51:17)

Ezra Explanation

18
이방 결혼에 대한 회개

스 9:10-15

10우리 하나님이여 이렇게 하신 후에도 우리가 주의 계명을 저버렸사오니 이제
무슨 말씀을 하오리이까 11전에 주께서 주의 종 선지자들로 명령하여 이르시되
너희가 가서 얻으려 하는 땅은 더러운 땅이니 이는 이방 백성들이 더럽고 가증
한 일을 행하여 이 끝에서 저 끝까지 그 더러움으로 채웠음이라 12그런즉 너희
여자들을 그들의 아들들에게 주지 말고 그들의 딸들을 너희 아들을 위하여 데려
오지 말며 그들을 위하여 평화와 행복을 영원히 구하지 말라 그리하면 너희가
왕성하여 그 땅의 아름다운 것을 먹으며 그 땅을 자손에게 물려주어 영원한 유
산으로 물려주게 되리라 하셨나이다 13우리의 악한 행실과 큰 죄로 말미암아 이
모든 일을 당하였사오나 우리 하나님이 우리 죄악보다 형벌을 가볍게 하시고 이
만큼 백성을 남겨 주셨사오니 14우리가 어찌 다시 주의 계명을 거역하고 이 가
증한 백성들과 통혼하오리이까 그리하면 주께서 어찌 우리를 멸하시고 남아 피
할 자가 없도록 진노하시지 아니하시리이까 15이스라엘의 하나님 여호와여 주는
의로우시니 우리가 남아 피한 것이 오늘날과 같사옵거늘 도리어 주께 범죄하였
사오니 이로 말미암아 주 앞에 한 사람도 감히 서지 못하겠나이다 하니라

은혜를 저버린 이스라엘

우리는 오늘날까지 베푸신 하나님의 은혜를 결코 잊어서는 안 된다. 이스라엘 백성들은 70년의 오랜 세월 동안 바벨론 포로에서 고난을 받았다. 하나님의 은혜로 그들에게 고향 땅으로 귀환하게 하셨다. 그들은 성전 중심으로 여호와 하나님을 잘 섬기겠다고 결심하고 예루살렘으로 돌아왔

다. 이스라엘은 하나님께 받은 은혜가 차고 넘쳤다. 그럼에도 불구하고 그 은혜를 저버리고 하나님이 싫어하시는 이방 결혼을 하여 우상숭배를 만연하게 하였다.

에스라는 이스라엘의 배은망덕한 죄를 탄식하였다. 그들의 죄는 주인의 밥을 먹으면서 주인의 발을 넘어뜨리는 것과 같은 것이었다(요13:18). 요한은 가룟유다가 예수님의 은혜를 입고 식사를 함께 하는 가까운 사이였으나 예수님을 배반하였다고 기록하고 있다(요13:26).

이스라엘 백성들은 마치 가룟유다와 같이 주님의 은혜를 입었으면서 배반한 자들이었다. 에스라는 하나님의 은혜를 저버린 자기 백성들의 죄악에 대하여 하나님 앞에서 얼굴을 들지 못할 정도로 부끄러워하였다.

> "우리 하나님이여 이렇게 하신 후에도 우리가 주의 계명을 저버렸사오니 이제 무슨 말씀을 하오리이까"(10절).

하나님의 사람은 죄에 대하여 부끄러워할 줄 알아야 한다. 아담과 하와가 하나님이 금하신 선악을 알게 하는 실과를 따먹고 두려워서 무화과나무 뒤에 숨었다. 그리고 벌거벗은 수치를 가리기 위하여 무화과 나뭇잎으로 치마를 만들어 입었다. 죄는 인간에게 부끄러움을 가져다 주었다.

하나님은 아담 부부를 에덴에서 추방하기 전에 그들의 수치를 가리기 위하여 가죽옷을 입혀주셨다. 자기의 죄와 허물에 대하여 부끄러워 회개하는 자에게는 그 수치를 가려주신다. 우리가 죄를 회개하면 하나님은 우리의 죄를 사해 주시고 영적 수치에서 벗어나게 하신다.

> "허물의 사함을 받고 자신의 죄가 가려진 자는 복이 있도다"(시32:1).

> "내가 이르기를 내 허물을 여호와께 자복하리라 하고 주께 내 죄를 아뢰고 내 죄악을 숨기지 아니하였더니 곧 주께서 내 죄악을 사하셨나이다" (시32:5).

> "자기의 죄를 숨기는 자는 형통하지 못하나 죄를 자복하고 버리는 자는 불쌍히 여김을 받으리라" (잠28:13).

이방 결혼의 죄

하나님께서 이방 결혼을 금하신 것은 이스라엘 백성들이 가나안 땅에 입성하기 전부터 선지자들을 통하여 경고하신 내용이다. 가나안의 원주민들은 우상숭배에 빠져 있었고 도덕적으로 음란하고 타락하였다. 그들과의 혼인은 영적으로 치명적이었다. 자손들마저 다 우상숭배와 도덕적 타락의 죄에 빠질 것이다. 그래서 하나님은 선지자들을 통하여 누누이 이방 결혼을 금하신 것이었다.

> "전에 주께서 주의 종 선지자들에게 명령하여 이르시되 너희가 가서 얻으려 하는 땅은 더러운 땅이니 이는 이방 백성들이 더럽고 가증한 일을 행하여 이 끝에서 저 끝까지 그 더러움으로 채웠음이라. 그런즉 너희 여자들을 그들의 아들들에게 주지 말고 그들의 딸들을 너희 아들들을 위하여 데려오지 말며" (11,12절).

> "또 네가 그들의 딸들을 네 아들들의 아내로 삼음으로 그들의 딸들이 그들의 신들을 음란하게 섬기며 네 아들에게 그들의 신들을 음란하게 섬기게 할까 함이니라" (출34:16).

> "또 그들과 혼인하지도 말지니 네 딸을 그들의 아들에게 주지 말 것이요 그들의 딸도 네 며느리로 삼지 말 것은 그가 네 아들을 유혹하여 그가 여호와를 떠나고 다른 신들을 섬기게 하므로 여호와께서 너희에게 진노하사 갑자기 너희를 멸하실 것임이니라"(신7:3,4).

지도자 에스라는 이스라엘 백성들이 '계명'을 범했다고 고백하였다. 이방 결혼의 죄악성은 여러 선지자들이 지적하였다(삿3:5,6 왕상11:2). 물론 하나님은 외국인과의 결혼을 무조건 금하지는 않으셨다. 우상숭배와 도덕적 타락과 관계가 없는 경우는 예외였다. 모세도 구스 여인과 결혼하였고, 요셉이나 보아스의 경우도 이방 여인과 결혼하였다.

신약시대에도 불신자들과의 혼인은 신앙의 문제가 된다. 신자들이 결혼 배우자를 찾으면서 상대방의 신앙보다 물질적 부요나 외모에 끌려 결혼 상대자를 선택하게 되는 것은 신앙에 큰 타격을 줄 수도 있다. 이스라엘 백성들의 죄와 같이 우상숭배와 도덕적인 타락을 초래할 수 있기 때문이다. 하나님의 뜻을 저버리고 결혼을 하게 되면 좋은 결과를 가져오지 못한다.

> "너희는 믿지 않는 자와 멍에를 함께 메지 말라. 의와 불법이 어찌 함께 하며 빛과 어둠이 어찌 사귀며"(고후6:14).

하나님은 이스라엘의 우상숭배와 이방 혼인과 도덕적 타락에 대하여 심판하시고 바벨론에 포로가 되게 하셨다. 그러나 이스라엘 백성들을 긍휼히 여기시고 그 중 얼마를 남겨주셨다. 그리고 다시 예루살렘에 와서 바로 살 수 있는 기회와 은혜를 베푸셨다. 그런데 이스라엘 백성들이 다시 계명을 어기고 가증한 이방인들과 통혼하고 우상을 숭배하였다. 에스라는 하나님이 진노하실 것이 두려웠다.

> "우리가 어찌 다시 주의 계명을 거역하고 이 가증한 백성들과 통혼하오리이까. 그리하면 주께서 어찌 우리를 멸하시고 남아 피할 자가 없도록 진노하시지 아니하리이까"(14절).

회개자의 자세

사람의 죄악성은 어쩔 수 없는 것 같다. 이스라엘이 그렇게 하나님의 은총을 입었음에도 불구하고 또 다시 계명을 거역하고 과거의 죄와 똑 같은 죄를 반복하였다. 그들의 조상들이 바로 그 우상숭배와 이방 결혼의 문제로 큰 전쟁와 환난을 당하고 죽었던 것을 알면서도 그 후손들은 아무 생각없이 그 죄를 반복했다. 죄성을 지닌 인간은 시간이 흐르면 다 잊어버리고 또 다시 같은 죄를 반복한다. 마치 돼지를 깨끗하게 씻어주었어도 다시 더러운 곳에 뒹구는 것과 같다.

우리가 죄에 대하여 민감하고 항상 자신을 돌아보는 믿음의 생활이 없으면 또 다시 타락할 수 있다. 매일 새벽에 기도하고 저녁에 돌아와서 다시 기도하며, 자신의 심령이 청결하도록 기도하지 않으면 어느 새 세속화되고 타락할 것이다. 세속 사회에 살면 자연히 때를 묻히기 마련이다.

에스라는 백성의 대표로서 이스라엘의 죄를 철저히 회개하였다. 책임을 지고 하나님 앞에 회개하고 개혁하는 자가 있어야 그 사회와 나라가 안전하게 바로 세워질 수 있다.

> "이스라엘의 하나님 여호와여 주는 의로우시니 우리가 남아 피한 것

이 오늘날과 같사옵거늘 도리어 주께 범죄하였사오니 이로 말미암아 주 앞에 한 사람도 감히 서지 못하겠나이다 하니라"(15절).

신학자 베르톨레트(A. Bertholet)는 에스라가 여호와 하나님이 '의롭다'고 말한 것은 이스라엘 백성들이 범죄했음에도 불구하고, 그들에게 대한 하나님의 관계가 아직 변하지 않은 것을 의미한다고 했다.

에스라는 자신도 백성의 한 사람으로서 도의적인 책임을 지고 하나님 앞에 죄인의 자세를 취하였다. 공동체의 회개는 다 함께 죄를 공감하고 하나님 앞에 겸손하게 엎드려야 한다. "나는 괜찮은데 너희들은 왜 그런가" 하고 비방하는 자세를 취하면 안 된다. 비록 자신은 그런 죄를 범하지 않았을지라도 지도자는 함께 책임을 질 줄 알아야 한다.

Ezra Explanation

19
에스라와 백성의 회개

스 10:1-4

1에스라가 하나님의 성전 앞에 엎드려 울며 기도하여 죄를 자복할 때에 많은 백
성이 크게 통곡하매 이스라엘 중에서 백성의 남녀와 어린아이의 큰 무리가 그
앞에 모인지라 2엘람 자손 중 여히엘의 아들 스가냐가 에스라에게 이르되 우리
가 우리 하나님께 범죄하여 이 땅 이방 여자를 맞이하여 아내로 삼았으나 이스
라엘에게 아직도 소망이 있나니 3곧 내 주의 교훈을 따르며 우리 하나님의 명령
을 떨며 준행하는 자의 가르침을 따라 이 모든 아내와 그들의 소생을 다 내어
보내기로 우리 하나님과 언약을 세우고 율법대로 행할 것이라 4이는 당신이 주
장할 일이니 일어나소서 우리가 도우리니 힘써 행하소서 하니라

죄에 대한 경고

성도의 경건한 삶은 하나님과의 관계 회복이 우선이다. 지도자 에스라는 하나님의 성전 앞에 엎드려 울며 회개 기도하였다. 이스라엘 백성들이 이방 여인들과 결혼하고 우상을 숭배한 죄로 인하여 지도자가 도의적인 책임을 지고 하나님 앞에 회개하였다. 방백들과 고관들까지 그러한 죄를 지었으니 이스라엘 백성 전부가 그러한 악한 죄에 빠져있었다(9:1,2). 죄에 대해서는 누군가 끊임없이 알려주고 경고할 필요가 있다.

이스라엘이 총독 스룹바벨을 앞세우고 1차 포로에서 돌아온(B.C.537년) 후에 스룹바벨과 백성들은 성전 건축에 심혈을 기울였다. 마침내

B.C.515년에 성전을 완공하였다. 이스라엘 백성들이 성전 건축에 시간과 물질과 정성을 쏟았기 때문에, 아마 그 때까지는 그래도 이방 결혼이 성행하지는 않았을 것이다.

그리고 에스라를 위시한 2차 포로귀환(458년) 사이는 57년이다. 50여 년의 세월 동안 영적 지도자들의 활약이 두드러지게 나타나 있지 않다. 백성들이 이방 여자들과 결혼하고 우상을 숭배하는 타락의 길을 걷는 동안 하나님의 종들의 강한 책망이 없었던 것 같다. 만약 하나님의 선지자들의 활동이 많았더라면 지도층에 있는 자들까지 그런 죄를 범하지는 않았을 것이다.

우리는 죄를 결코 방관해서는 안 된다. 목회자와 부모는 성도들과 자녀들이 세속적인 삶을 살 때에 틈틈이 경고하여 그들의 삶을 바로 잡도록 애써야 한다.

지도자의 회개와 스가냐의 협력

지도자 에스라가 자신의 범죄처럼 원통하게 생각하여 하나님의 성전 앞에 엎드려 울면서 죄를 자복하였다. 자기 개인의 죄라면 혼자 골방에서 조용히 회개할 수도 있었을 것이다. 그러나 이것은 백성 전체의 죄였고 하나님 앞에서 공개적으로 회개할 필요가 있었다. 지도자가 대표하여 죄를 자복한 것은 신앙 공동체에 큰 모범과 영향력을 끼쳤다.

에스라는 지도자였으므로 백성들의 죄에 대하여 분노하고 증오심을 앞세워 당사자들을 능욕하고 책망할 수도 있었다. 만약 그리했더라면 반발 심리에서 지도자를 대항하는 무리들이 생겼을 것이다. 오히려 이스라엘 공동체가 시끄러워지고 혼란에 빠질 수도 있었을 것이다. 죄에 대하여 지도자는 책망하고 벌을 주는 것도 필요하지만, 하나님 앞에서 회개하는 것이 우선이다. 에스라는 기도와 눈물과 하나님의 은혜로 영적으로 뿌리 깊은 죄악을 해결하였다.

> "형제들아 사람이 만일 무슨 범죄한 일이 드러나거든 신령한 너희는 온유한 심령으로 그러한 자를 바로잡고 너 자신을 살펴보아 너도 시험을 받을까 두려워하라. 너희가 짐을 서로 지라 그리하여 그리스도의 법을 성취하라" (갈6:1,2).

지도자 에스라가 하나님 앞에서 울며 자복할 때에 많은 백성들이 함께 회개하였다. 회개의 영은 또 다른 사람들에게 영향을 끼친다. 특히 그러한 죄를 저지르지 아니한 에스라가 연대책임을 지고 회개할 때에 모든 백성들이 감동을 받았다. 그리고 그들도 회개 운동에 동참하였다.

성인뿐만 아니라 어린이들까지 성전 앞에 모여들었다. 죄에 대한 회개는 어른들만 하는 것이 아니다. 아이들도 무심코 어른들을 따라서 죄를 범할 수 있었다. 그래서 아이들까지도 회개하는 일에 동참했던 것이다. 에스라 한 사람의 통회자복이 온 백성들에게 영향을 끼쳤다.

> "에스라가 하나님의 성전 앞에 엎드려 울며 기도하여 죄를 자복할 때에 많은 백성이 크게 통곡하매 이스라엘 중에서 백성의 남녀와 어린 아이의 큰 무리가 그 앞에 모인지라" (1절).

엘람 자손인 '스가냐'가 에스라의 회개에 동조하고 나섰다. 엘람 자손 안에도 이방 혼인을 한 사람들이 있었다. 10:26절에 여섯 사람이 이방 여인을 되돌려 보내라는 경고를 받았다.

'엘람'은 유다인의 족장이며, 그 후손들이 바벨론에서 예루살렘으로 귀향하였다(스2:31). 노아의 장자 '셈'의 큰 아들의 이름이 엘람이었고(창10:22), 그가 엘람 자손의 시조이다. 스가냐는 에스라와 같은 생각을 갖고 하나님께 회개하였다. 그리고 지도자 에스라에게 격려의 말로 용기를 북돋워 주었다.

> "엘람 자손 중 여히엘의 아들 스가냐가 에스라에게 이르되 우리가 우리 하나님께 범죄하여 이 땅 이방 여자를 맞이하여 아내로 삼았으나 이스라엘에게 아직도 소망이 있나니"(2절).

스가냐는 이스라엘에 아직 희망이 있다고 했다. 백성들이 난관에 봉착했지만, 회개하고 결단하면 아직 희망이 있다고 했다. 우리가 어떤 시험과 환난을 당해도 하나님은 우리가 피할 길을 열어주신다.

> "사람이 감당할 시험 밖에는 너희가 당한 것이 없나니 오직 하나님은 미쁘사 너희가 감당하지 못할 시험 당함을 허락하지 아니하시고 시험 당할 즈음에 또한 피할 길을 내사 너희로 능히 감당하게 하시느니라"(고전10:13).

우리가 진정으로 회개하고 결단한다면 언제나 희망은 있다. 스가냐는 백성 중에 그래도 "내 주의 교훈을 따르며 우리 하나님의 명령을 떨며 준행하는 자들이 있다"고 했다. "우리 하나님의 말씀 앞에서 두려워 떠는" 자들은 에스라의 회개 운동에 동참할 뿐만 아니라 그들이 이방 여인을 아내로 취했을지라도 돌려보낼 것이다.

스가냐는 이 개혁 운동에 협조할 것을 약속하였다(3절). 그는 사람들을 두려워하지 않았고, 정치적인 불이익을 당할 각오도 되어 있었다. 이방 여자를 아내로 맞이한 사람들이 쉽게 그 여자들을 돌려보낼 수 있었겠는가? 자식을 키우고 있는 아내들을 추방한다는 것은 대단히 어려운 일이었다. 그러나 그는 신앙의 용단을 내리고 이방 아내들과 자식들을 다 내어보내기로 하나님과 언약을 세우고 율법대로 행하겠다고 말했다.

하나님의 일을 효과적으로 하기 위하여 스가냐와 같은 동조자들이 반드시 협조해 주어야 한다.

"이는 당신이 주장할 일이니 일어나소서. 우리가 도우리니 힘써 행하소서 하니라"(4절).

회개 기도를 드린 에스라는 스가냐의 권면에 힘을 얻어 일어났다. 신앙공동체는 같은 믿음으로 동조하고 협력하는 자들이 있어야 한다. 그들의 협조로 에스라는 새 힘을 얻었다.

Ezra Explanation

20
에스라의 개혁

스 10:5-15

5이에 에스라가 일어나 제사장들과 레위 사람들과 온 이스라엘에게 이 말대로
행하기를 맹세하게 하매 무리가 맹세하는지라 6이에 에스라가 하나님의 성전 앞
에서 일어나 엘리아십의 아들 여호하난의 방으로 들어가니라 그가 들어가서 사
로잡혔던 자들의 죄를 근심하여 음식도 먹지 아니하며 물도 마시지 아니하더니
7유다와 예루살렘의 사로잡혔던 자들의 자손들에게 공포하기를 너희는 예루살렘
으로 모이라 8누구든지 방백들과 장로들의 훈시를 따라 삼일 내에 오지 아니하
면 그의 재산을 적몰하고 사로잡혔던 자의 모임에서 쫓아내리라 하매 9유다와
베냐민 모든 사람들이 삼일 내에 예루살렘에 모이니 때는 아홉째 달 이십 일이
라 무리가 하나님의 성전 앞 광장에 앉아서 이 일과 큰 비 때문에 떨고 있더니
10제사장 에스라가 일어나 그들에게 이르되 너희가 범죄하여 이방 여자를 아내
로 삼아 이스라엘의 죄를 더하게 하였으니 11이제 너희 조상들의 하나님 앞에서
죄를 자복하고 그의 뜻대로 행하여 그 지방 사람들과 이방 여인을 끊어 버리라
하니 12모든 회중이 큰 소리로 대답하여 이르되 당신의 말씀대로 우리가 마땅히
행할 것이니이다 13그러나 백성이 많고 또 큰 비가 내리는 때니 능히 밖에 서지
못할 것이요 우리가 이 일로 크게 범죄하였은즉 하루 이틀에 할 일이 아니오니
14이제 온 회중을 위하여 우리의 방백들을 세우고 우리 모든 성읍에 이방 여자
에게 장가든 자는 다 기한에 각 고을의 장로들과 재판장과 함께 오게 하여 이
일로 인한 우리 하나님의 진노가 우리에게서 떠나게 하소서 하나 15오직 아사헬
의 아들 요나단과 디과의 아들 야스야가 일어나 그 일을 반대하고 므술람과 레
위 사람 삽브대가 그들을 돕더라

죄 청산할 것을 맹세시키다

에스라의 개혁은 먼저 하나님 앞에서 울면서 회개하였다. 그가 기도할

때에 경건한 백성들이 지도자의 기도에 동조하였고 스스로 이방인 아내들과 자녀들을 다 내보내겠다고 말했다. 엘람 자손 '스가냐'가 그 일에 앞장을 섰는데, 엘람 자손 중에도 이방인 아내를 둔 자가 육 명이나 있었다(26절). 그 중에 '스가냐'라는 이름도 있는데 혹시 에스라에게 이방인 아내를 추방하겠다고 말한 동일인일 수도 있다. 만약 그렇다면 그는 진실로 회개하는 마음으로 힘든 결단을 한 것이다.

"일어나소서. 우리가 도우리라"고 백성 중에 용기를 준 자들이 있었기 때문에, 에스라는 그 일을 힘써 행할 수 있었다.

> "이에 에스라가 일어나 제사장들과 레위 사람들과 온 이스라엘에게 이 말대로 행하기를 맹세하게 하매 무리가 맹세하는지라"(5절).

지도자가 강압적으로 어떤 일을 시행하지 않고 백성들이 자진하여 죄를 청산하겠다고 말했다. 그 경건한 자들의 힘을 얻어 지도자는 곧 바로 백성들의 영적인 지도자인 제사장과 레위 사람들과 온 이스라엘에게 그렇게 행하기로 맹세를 시켰다.

교회나 나라 공동체의 경영자도 에스라의 리더쉽을 본 받아야 한다. 어떤 해결해야 할 중요한 문제에 대하여 먼저 하나님께 간절히 기도해야 한다. 그리고 공동체 구성원들을 그 기도에 동참시켜야 한다. "이렇게 합시다"하고 그들이 스스로 말할 때까지 기도하면서 때를 기다리는 것이 바람직하다. 그리고 중지가 모아졌을 때에는 지도자가 일을 지연시키지 않고 곧 시행해야 한다.

에스라의 단식 기도

에스라는 백성들에게 중요한 결단을 요청하기 전에 엘리아십의 아들 '여호하난'의 방으로 들어갔다. 그리고 포로에서 귀환한 자들의 죄를 근심하면서 음식과 물도 마시지 않고 단식하였다(6절). 왜 에스라는 그 전에도 기도했는데 또 다시 단식하였을까? 그리고 왜 '여호하난'의 방에서 단식하였을까?

이미 상당한 실권을 가진 방백들과 고관들 중에도 이방인 아내와 자녀를 둔 자들이 있었다(9:2). 에스라가 선포하려는 말은 백성들의 상당한 반발이 예상되는 내용이었다. 더 기도하고 준비할 필요가 있었다. '여호하난'은 대제사장 엘리아십의 아들이었으니 그도 제사장이었다. 에스라는 나라의 중대한 문제를 두고 기도하는 동안에 안전하게 보호받을 집이 필요했을 것이고, 그 장소를 여호하난의 집으로 선택했다. 아마 그는 에스라와 가까운 관계였을 것이다(느12:22,23).

에스라가 물을 마시지 않은 것으로 미루어 보아 장시간의 단식 기도는 아니었을 것이다. 그는 용기를 얻어 포로귀환자들을 불러모았다. 삼 일 내에 예루살렘에 모이도록 명령하였다. 만약 그 소집에 응하지 않으면 재산을 몰수하고 귀환자의 모임에서 추방하겠다고 강력하게 말했다(7,8절). 백성들은 하나님의 성전 앞 광장에 모였다.

> "유다와 베냐민 모든 사람들이 삼 일 내에 예루살렘에 모이니 때는 아홉째 달 이십일이라 무리가 하나님의 성전 앞 광장에 앉아서 이 일과 큰 비 때문에 떨고 있더니"(9절).

그들 중 이방인 아내와 자녀가 있는 자들은 상당히 걱정이 되어 긴장하고 있었는데, 큰 비로 인하여 두렵기까지 했다. 혹시라도 하나님께서 자연 재앙으로 그들을 치지 아니할까 두려웠을 것이다.

백성들의 결단

제사장 에스라는 이방인 아내들로 인하여 이스라엘이 죄를 지었다고 말하고, 죄를 자복할 뿐만 아니라 이방인들과 특히 아내가 된 이방 여인들을 끊어버리라고 강력하게 촉구했다.

> "모든 회중이 큰 소리로 대답하여 이르되 당신의 말씀대로 우리가 마땅히 행할 것이니이다"(12절).

일단은 회중들이 큰 소리로 호응했다. 그리고 회중의 수가 많고 큰 비도 내리기 때문에 기한을 정하여 이방 여자와 혼인한 자들이 장로들과 재판장 앞에 나오자고 하였다. "이 일로 인한 하나님의 진노가 우리에게서 떠나게 하소서"라는 말로 미루어 볼 때 큰 비를 하나님의 진노의 재앙으로 이해했는지도 모른다. 아니면 다른 어떤 자연재해가 있었는지도 모른다. 그런데 그 중대한 나라의 일에 반대하는 무리들이 있었다. 반발자 중에 레위 사람도 있었다.

오직 아사헬의 아들 '요나단'과 디과의 아들 '야스야'가 일어나 그 일을 반대하고 므술람과 레위 사람 '삽브대'가 그들을 돕더라. '므술람'은 그 일에 반대했는데 그 자신이 이방 아내를 데리고 있었던 것으로 보인다(29절). 소수의 반대자들이 있었지만 온 백성들이 에스라의 명령에 따르기로 하였다. 진리는 사람의 수에 상관이 없다. 비록 더 많은 수가 반대하였을지라도 에스라는 밀고 나갈 수 있어야 한다.

사실 가족을 추방한다는 것은 그 당사자들에게는 뼈를 깎는 아픔이다. 에스라의 개혁이 성공할 수 있었던 것은 오직 하나님의 은혜였다. 사람을 두려워하지 않고 하나님만 바라보고 개혁을 추진한 에스라와 그의 동역자들의 신앙의 결단이 훌륭하다.

사실 반대하는 사람들의 사정과 형편을 듣고 있으면 이방 여인들을 내보내는 것은 결코 쉬운 일이 아니었다. 때로 하나님의 일은 사람들에게 연연하지 않는 강한 결단이 요구된다. 회개는 죄를 청산하는 강한 결단이 필요하다.

야곱의 딸 '디나'가 세겜에서 강간을 당하고 그 아들들이 하몰의 아들 '세겜'과 그 종족들을 살해했을 때 야곱의 가족들은 큰 위기를 느꼈다. 그 때 하나님은 야곱에게 벧엘로 올라가라고 지시하셨고, 야곱은 "이방 신상들과 그런 표식을 세겜 땅 상수리 나무 아래에 묻어버리고"(창35:2-4), 새로운 심령으로 벧엘에 올라가서 하나님께 제사를 드렸다.

그 때 포로귀환자들의 회개는 이방 여자들과 자식들을 내쫓는 참으로 어려운 결단을 하므로 하나님의 진노를 피했다.

Ezra Explanation

21
이방 여자와 결혼한 남자들

스 10:16-44

16사로잡혔던 자들의 자손이 그대로 한지라 제사장 에스라가 그 종족을 따라 각
각 지명된 족장들 몇 사람을 선임하고 열째 달 초하루에 앉아 그 일을 조사하여
17첫째 달 초하루에 이르러 이방 여인을 아내로 맞이한 자의 일 조사하기를 마
치니라 18제사장의 무리 중에 이방 여인을 아내로 맞이한 자는 예수아 자손 중
요사닥의 아들과 그의 형제 마아세야와 엘리에셀과 야립과 그달랴라 19그들이
다 손을 잡아 맹세하여 그들의 아내를 내보내기로 하고 또 그 죄로 말미암아 숫
양 한 마리를 속건제로 드렸으며 20또 임멜 자손 중에서는 하나니와 스바댜요
21하림 자손 중에서는 마아세야와 엘리야와 스마야와 여히엘과 웃시야요 22바스
훌 자손 중에서는 엘료에내와 마아세야와 이스마엘과 느다넬과 요사밧과 엘라사
였더라 23레위 사람 중에서는 요사밧과 시므이와 글라야라 하는 글리다와 브다
히야와 유다와 엘리에셀이었더라 24노래하는 자 중에서는 엘리아십이요 문지기
중에서는 살룸과 델렘과 우리였더라 25이스라엘 중에서는 바로스 자손 중에서는
라먀와 잇시야와 말기야와 미야민과 엘르아살과 말기야와 브나야요 26엘람 자손
중에서는 맛다냐와 스가랴와 여히엘과 압디와 여레못과 엘리야요 27삿두 자손
중에서는 엘료에내와 엘리아십과 맛다냐와 여레못과 사밧과 아시사요 28베배 자
손 중에서는 여호하난과 하나냐와 삽배와 아들래요 29바니 자손 중에서는 므술
람과 말룩과 아다야와 야숩과 스알과 여레못이요 30바핫모압 자손 중에서는 앗
나와 글랄과 브나야와 마아세야와 맛다냐와 브살렐과 빈누이와 므낫세요 31하림
자손 중에서는 엘리에셀과 잇시야와 말기야와 스마야와 시므온과 32베냐민과 말
룩과 스마랴요 33하숨 자손 중에서는 맛드내와 맛닷다와 사밧과 엘리벨렛과 여
레매와 므낫세와 시므이요 34바니 자손 중에서는 마아대와 아므람과 우엘과 35
브나야와 베드야와 글루히와 36와냐와 므레못과 에랴십과 37맛다냐와 맛드내와
야아수와 38바니와 빈누이와 시므이와 39셀레먀와 나단과 아다야와 40막나드배
와 사새와 사래와 41아사렐과 셀레먀와 스마랴와 42살룸과 아마랴와 요셉이요
43느보 자손 중에서는 여이엘과 맛디디야와 사밧과 스비내와 잇도와 요엘과 브
나야더라 44이상은 모두 이방 여인을 아내로 맞이한 자라 그 중에는 자녀를 낳
은 여인도 있었더라

지도자의 지시에 순종한 백성들

무슨 일이든지 우리가 하나님의 뜻대로 바르게 하려고 할 때 반대하는 자들도 있을 수 있다(15절). 지금 지도자 에스라가 개혁하려고 하는 것은 이방 아내들과 그 자녀들을 내보내는 대단히 어려운 일이었다. 이방 여자들과의 결혼을 금지시키는 일도 어려운 일인데, 이미 결혼한 가족을 내보내는 일이 어디 쉬운 일이겠는가? 에스라는 이 일을 개혁하기 위하여 민족의 죄를 회개하였고 단식까지 하였다(스9:5, 10:6). 그리고 담대하게 백성들을 삼 일 후에 하나님의 성전 앞 광장에 모이게 하였다(9절). 마침 큰 비가 내리던 때였으므로 백성들이 자신들의 죄로 인하여 하나님께서 진노하신 것이 아닌가 하고 두려워 떨었다.

기도의 응답으로 하나님께서 백성들의 마음을 움직이고 계셨다. 자신들의 죄를 깨닫고 마음을 졸이고 있었다. 말씀에 입각한 명분 있는 에스라의 질책과 개혁 선포에 대하여 백성들은 큰 소리로 동의하였다. "하나님의 뜻대로 이방 여인들을 끊어 버리라"고 외쳤고, 백성들은 에스라의 말대로 "우리가 마땅히 행하겠습니다"라고 대답하였다. 그럼에도 불구하고 아사헬의 아들 '요나단'과 디과의 아들 '야스야'와 '므술람'과 레위 사람 '삽브대'가 반대를 하고 나섰다(15절). 그 외에도 이방인 아내를 둔 일부 사람들이 앞에 나서지는 않았지만 반대파에 속하였다고 짐작할 수 있다.

그러나 에스라의 개혁에 동조하여 말씀대로 순종하겠다는 자들이 많았고, 이방 여자들을 내보내는 개혁은 시행되었다. 말씀대로 순종하지 않으면 지난 세월의 포로생활과 같은 하나님의 징계가 또 올 수 있다는 것을 백성들이 알았기 때문이다. 하나님의 일은 회개하고 순종함으로 해결된다.

"너희 자신을 종으로 내주어 누구에게 순종하든지 그 순종함을 받는 자의 종이 되는 줄을 너희가 알지 못하느냐 혹은 죄의 종으로 사망에 이르고 혹은 순종의 종으로 의에 이르느니라"(롬6:16).

"사로잡혔던 자들의 자손이 그대로 한지라"(16절).

철저히 조사하여 실행하다

"제사장 에스라가 그 종족을 따라 각각 지명된 족장들 몇 사람을 선임하고 열째 달 초하루에 앉아 그 일을 조사하여 첫째 달 초하루에 이르러 이방 여인을 아내로 맞이한 자의 일 조사하기를 마치니라"(16,17절).

이방 여인과 결혼한 사람들을 조사하기 위하여 족장들을 선임하였고 그들은 10월 1일부터 이듬 해 1월 1일까지 만 삼 개월 동안 조사를 하였다. 중대한 사안이었으므로 아주 꼼꼼하게 조사한 것으로 생각된다.

바벨론에서 돌아온 후 첫 번째 대제사장이었던 '예수아'(학1:1, 슥3:1)의 자손 중에서도 이방 여인과 결혼한 자들이 있었다. 그들은 다 손을 잡고 그들의 아내를 내보내기로 맹세하였다.

"제사장의 무리 중에 이방 여인을 아내로 맞이한 자는 예수아 자손 중 요사닥의 아들과 그의 형제 마아세야와 엘리에셀과 야립과 그달랴라 그들이 다 손을 잡아 맹세하여 그들의 아내를 내보내기로 하고 또 그 죄로 말미암아 숫양 한 마리를 속건제로 드렸으며"(18,19절).

가장 경건하게 살아야 했던 제사장들마저 이방 여인과 결혼하는 죄를 범하였으니, 다른 백성들은 말할 것도 없었다. 아마 일반 백성들은 이방 여자와 결혼하는 것이 하나님의 말씀을 어기는 일인지도 몰랐을 것이다. 제사장들도 그리 하였기 때문에 이방 혼인에 대하여 별로 죄책감도 없었을 것이다. 제사장들이 깨닫고 먼저 회개하였다. 숫양 한 마리를 속건제로 드린 것으로 보아 정성껏 드린 제물은 아니었고, 죄를 속죄하겠다는 의미로 볼 수 있다. 범죄한 백성들에게 이방 혼인이 죄라는 것을 본보기로 보여 준 것으로 이해할 수 있다.

'속건제'는 보상이 따르는 속죄의 제사이다. 아마 그들이 지불한 죄의 보상은 이방 아내와 자녀를 내보내는데 필요한 비용이 아니었을까 짐작된다. 결과적으로 그들은 이방 아내들에게 죄를 지었고 그들이 앞으로 살아가려면 생활비가 필요했을 것이다.

뼈아픈 죄의 청산

'임멜' 자손은 제사장 집안 사람들이다(20절). 임멜은 '어린양'이란 뜻이고, 그는 다윗 시대에 열여섯 번째 제사장 반차의 지도자였다(대상24:14). 이 가문의 후손들은 스룹바벨과 함께 바벨론 포로에서 귀환하였다(스2:37, 느7:40). '하림'도(21절) 제사장 가문의 사람이다(대상24:8). '바스훌' 역시 제사장 가문의 사람으로 그 자손들이 스룹바벨과 함께 포로에서 귀환하였다(스2:38, 10:22, 느7:39-41).

족장들이 조사한 이혼 대상자 명단에는 대제사장 가문의 사람이 5명이고, 일반 제사장 가문의 사람이 13명이고, 레위 사람 가운데에서 노래하는 자와 문지기까지 포함하여 10 명이고, 일반 평민 중 86명으로 도합

114명이다.

> "이상은 모두 이방 여인을 아내로 맞이한 자라 그 중에는 자녀를 낳은 여인도 있었더라"(44절).

이미 이방 아내 중에는 자녀를 낳은 자도 있었으니 이혼을 단행한 백성들이 내보낸 수가 적지 않았다. 정말 눈물을 흘리면서 가족들을 내보냈을 것이고, 그들의 죄와 실수를 뼈저리게 느꼈을 것이다. 하나님의 말씀을 실행하고 개혁한다는 것이 얼마나 힘겨운 싸움인가? 뼈를 깎는 고통과 회개가 없고서는 죄를 청산할 수 없다. 죄의 결과가 얼마나 두고두고 마음의 큰 고통과 후회로 남는지 잘 보여준 사건이다.

회개하고 개혁을 단행한 그들 대부분의 이름은 거룩한 성호인 '여호와'의 준말인 '야'나 '엘'이나 '요'를 가졌다. '마아세야'(여호와의 일) '엘리에셀'(나의 하나님이 도우신다) '야립'(여호와께서 싸워주신다) '요사밧'(여호와께서 주셨다) 등, 모두 여호와 신앙의 거룩한 이름들이었다. 그러나 그들은 이름대로 거룩하게 살지 않았고 이방 여자들과 혼인하고 이방의 우상을 숭배하였다. 성전 제사에 참석은 하였지만 생활이 경건하지 못했다.

마치 오늘날 교회에서 주일예배는 드리지만 주중에 말씀대로 살지 않고 세속화된 성도들과 유사하다. 우리는 성도라고 하는 우리의 거룩한 이름에 걸맞는 삶을 살아야 한다. 아픔을 각오하고라도 죄악을 청산한 회개한 유다인들을 통하여 교훈을 얻어야 한다.

여호와 중심의 신앙으로 개혁한 학사 에스라와 순종한 유다 백성들의 신앙의 뿌리에서 온 세상의 구주이신 예수 그리스도가 오셨다. 그리스도의 십자가의 고난과 보혈이 택함받은 온 인류의 죄를 깨끗하게 청산하였다.

III.
느헤미야서 강해

Nehemiah Explanation

1
느헤미야의 기도

느 1:1-5

1하가랴의 아들 느헤미야의 말이라 아닥사스다 왕 제 이십년 기슬르월에 내가
수산궁에 있는데 2내 형제들 가운데 하나인 하나니가 두어 사람과 함께 유다에
서 내게 이르렀기로 내가 그 사로잡힘을 면하고 남아 있는 유다와 예루살렘 사
람들의 형편을 물은즉 3그들이 내게 이르되 사로잡힘을 면하고 남아있는 자들이
그 지방 거기에서 큰 환난을 당하고 능욕을 받으며 예루살렘 성은 허물어지고
성문들은 불탔다 하는지라 4내가 이 말을 듣고 앉아서 울고 수일 동안 슬퍼하며
하늘의 하나님 앞에 금식하며 기도하여 5이르되 하늘의 하나님 여호와 크고 두
려우신 하나님이여 주를 사랑하고 주의 계명을 지키는 자에게 언약을 지키시며
긍휼을 베푸시는 주여 간구하나이다

바사 왕의 관원인 느헤미야

느헤미야서를 강해하기 전에 이 책의 역사적인 배경을 간단히 살펴본다. 초대 바사(페르시아) 왕 '고레스'가 B.C. 538년에 바벨론을 정복하였고, 537년에 유다인을 본국으로 귀환하도록 허락하였다. 1차 포로귀환은 유다 총독 스룹바벨을 중심으로 약 5만 여명이 돌아왔다(스2:1-70). 그리고 515년에 무너진 솔로몬 성전터에 스룹바벨 성전을 건축하였다.

그리고 57년이 지나 B.C. 458년에 학사 에스라가 앞장을 서서 제2차 포로귀환이 이루어졌다. 그리고 14년 뒤인 444년에 총독 느헤미야가 주축이 되어 3차 포로귀환이 이루어졌다(느2:10,11). 총독으로 온 느헤미야는 제사장이면서 율법 학사인 에스라와 더불어 이방의 세속적인 우상숭배와 도덕적인 타락에 맞서 여호와 중심의 신앙으로 개혁해 나갔다.

본서가 기록된 시기는 유다가 바사의 속국이었던 때며, 느헤미야는 바사 왕 '아닥사스다'의 술 관원이었다(11절). 왕의 곁에서 식수나 술과 같은 음료를 담당한 관원으로 왕이 상당히 신뢰하는 신하이며 왕과 대화할 수 있는 높은 직책이었다. 왕을 독살할 음모들을 미연에 방지하기 위하여 먼저 맛을 본 다음에 대접하는 관원인데 이 위치는 왕에게 자문하고 행정력에 영향을 미칠 수 있는 중요한 자리였다.

그는 왕이 거하는 수산궁에서 아쉬운 것 모르는 호화로운 생활을 하고 있었다. 그런데 아닥사스다[12] 왕 제20년 기슬르월(양력11-12월)에 유다에서 온 자기 형제 '하나니'와 두어 사람을 만났다.

느헤미야는 남아있는 유다 사람과 예루살렘의 형편을 물었다. 그가 유다에 남아있는 자들에 대하여 물어본 것은 그들에게 관심을 가지고 있었기 때문이었다. 단지 같은 백성이기 때문만이 아니라 그들이 과연 하나님의 영광을 위하여 바로 살고 있는가를 알고 싶었다. 이미 두 차례에 걸친 포로귀환이 있었다. 그들은 예루살렘 성전을 다시 건축하여 제사를 드리고 율법의 말씀대로 순종하며 살기로 결심한 자들이었다. 과연 계속하여 하나님의 뜻을 잘 준행하는가를 알고 싶었던 것이다.

느헤미야는 남부러울 것 없이 사는 사람이었다. 그러나 하나님의 백성과 성전의 안전이 염려되었다. 오늘 우리의 생활이 편안하고 염려할 바가 없어도 교회의 형편과 신자들의 삶에 관심을 가져야 한다. 우리는 하나님의 백성이요, 교회는 하나님의 자녀들이 모인 공동체이기 때문이다.

---

12) Artaxerxes I. B.C. 465–424

"그런즉 너희는 먼저 그의 나라와 그의 의를 구하라 그리하면 이 모든 것을 너희에게 더하시리라"(마6:33).

느헤미야는 예루살렘의 딱한 형편을 전해들었다. 예루살렘 성벽이 허물어지고 성문이 불에 탔다는 충격적인 소식이었다. 예루살렘 성벽은 아닥사스다 1세가 바사 왕 위에 오르던 B.C. 464년에 거의 복구되었으나 사마리아인들의 반대에 부딪혀 다시 그 성벽이 파괴되었다.

"그들이 내게 이르되 사로잡힘을 면하고 남아 있는 자들이 그 지방 거기에서 큰 환난을 당하고 능욕을 받으며 예루살렘 성은 허물어지고 성문들은 불탔다 하는지라"(3절).

울면서 금식한 느헤미야

예루살렘 성이 훼파된 사건을 보면서 얻는 교훈이 있다. 그것은 하나님의 교회는 하나님이 당연히 잘 보살펴 줄 것이라는 막연한 기대는 가지지 말아야 한다. 하나님께서는 교회 공동체들이 어려움과 환난에 빠지는 것을 원하지 않으신다. 그러나 성도들이 교회를 거룩하게 잘 섬겨나가지 않거나 말씀대로 순종하지 않고 세속화 되고 타락하게 되면 하나님의 교회라 할지라도 어려운 시련이 올 수 있다는 것을 알아야 한다.

느헤미야는 예루살렘에 대하여 형식적으로만 관심을 가진 것이 아니었다. 진정 그 백성과 예루살렘 성전을 귀하게 여기는 마음으로 유다의 형편을 물었다. 그런데 유다 백성들이 능욕을 받으며 예루살렘 성이 훼파되었다는 비보를 접하고, 그는 체면도 불구하고 앉아서 울었다. 그 일로 말미암아 너무 가슴이 아파 수일 동안 금식하면서 슬퍼하였다.

> "내가 이 말을 듣고 앉아서 울고 수일 동안 슬퍼하며 하늘의 하나님 앞에 금식하며 기도하여 이르되 하늘의 하나님 여호와 크고 두려우신 하나님이여 주를 사랑하고 주의 계명을 지키는 자에게 언약을 지키시며 긍휼을 베푸시는 주여 간구하나이다"(4,5절).

우리 역시 한국교회의 병폐를 보거나 섬기는 교회에 어려운 문제가 생겼을 때에 느헤미야와 같이 울면서 기도해야 한다. 교회는 하나님의 영광을 선포하는 공동체이며 신자들은 하나님의 백성이다. 교회의 어려움이 곧 자신의 어려움이 되어야 하고, 교회의 기쁨이 곧 자기의 기쁨이 되어야 한다.

느헤미야는 울고 슬퍼했지만 거기서 그치지 않고 하늘의 하나님 앞에 금식하면서 기도하였다. 걱정하거나 비판하는 자리에서 머물지 않고 그 일을 위하여 하나님께 기도하고, 자신이 무엇을 헌신할 것인가를 생각해야 한다.

약속을 붙잡고 하는 기도

느헤미야는 하늘의 하나님 여호와, 크고 두려우신 하나님께 간구했다. 유다 뿐만 아니라 이방 나라의 왕까지도 움직이실 수 있는, 온 세계의 모든 일을 통치하시는 하나님께 그는 기도를 올렸다. 유다는 바사 왕의 세력 밑에 있으므로 바사 왕까지 지배하시는 하늘의 하나님께 느헤미야는 기도드렸다. '하늘의 하나님'이라고 호칭한 것은 온 세상을 통치하시는 전능하신 하나님이란 의미가 강하게 부각되어 있다.

우리가 기도드릴 때 하나님이 누구신지 분명히 알고 구해야 한다. 어떤 능력을 지니신 하나님이신지 모르면 기도는 초점을 잃고 만다. 예루살렘 성의 재건은 유다 백성들의 단결만으로는 역부족이다. 바사 왕 아닥사스다의 허락과 협조를 얻어야 하는 힘겨운 일이었다. 그래서 느헤미야는 온 세상의 왕들까지도 다스리시는 하늘의 하나님께 간구하였다(5절). 뿐만 아니라 그 하나님은 자기를 사랑하고 자기 계명을 지키는 자기 백성들에게 언약을 지키시며, 긍휼을 베푸시는 하나님이심을 느헤미야는 알고 기도드렸다.

막무가내로 얻기만 바라는 기도를 하지 말고 하나님이 어떤 분이신지 먼저 분명히 알고 구해야 한다. 하나님께서 기뻐하시는 일이 무엇인지, 그 분께서 우리에게 하신 약속이 무엇인지, 어떤 경우에 긍휼을 베푸시는지 잘 안다면 더 정확한 기도를 드릴 수 있을 것이다.

우리가 기도할 때 내가 기뻐하고 내가 꼭 필요한 것을 얻어야겠다는 중심으로 하게 되면, 자신의 욕심에 사로잡힌 기도를 하기 쉽다. 그렇게 되면 하나님의 영광과는 거리가 먼 기도를 할 수 있다. 그러므로 우리는 말씀에 나타난 하나님을 분명히 알고 기도드려야 한다.

Nehemiah Explanation

2
종의 기도

느 1:6-11

6이제 종이 주의 종들인 이스라엘 자손을 위하여 주야로 기도하오며 우리 이스
라엘 자손이 주께 범죄한 죄들을 자복하오니 주는 귀를 기울이시며 눈을 여시사
종의 기도를 들으시옵소서 나와 내 아버지의 집이 범죄하여 7주를 향하여 크게
악을 행하여 주의 종 모세에게 명령하신 계명과 율례와 규례를 지키지 아니하였
나이다 8옛적에 주께서 주의 종 모세에게 명령하여 이르시되 만일 너희가 범죄
하면 내가 너희를 여러 나라 가운데에 흩을 것이요 9만일 내게로 돌아와 내 계
명을 지켜 행하면 너희 쫓긴 자가 하늘 끝에 있을지라도 내가 거기서부터 그들
을 모아 내 이름을 두려고 택한 곳에 돌아오게 하리라 하신 말씀을 이제 청하건
대 기억하옵소서 10이들은 주께서 일찍이 큰 권능과 강한 손으로 구속하신 주의
종들이요 주의 백성이니이다 11주여 구하오니 귀를 기울이사 종의 기도와 주의
이름을 경외하기를 기뻐하는 종들의 기도를 들으시고 오늘 종이 형통하여 이 사
람들 앞에서 은혜를 입게 하옵소서 하였나니 그 때에 내가 왕의 술 관원이 되었
느니라

하나님이 누구신지 알고 나서

기도는 나에게서부터 시작하는 것이 아니라, 하나님의 거룩하신 이름으로부터 시작한다. 나의 문제를 해결해 주실 그 하나님이 얼마나 위대하시고 거룩하신 분인가를 먼저 고백하지 못하면 기도가 올바로 드려지지 않는다. 기도의 대상을 바로 알지 못한 기도는 수 천 수 만 마디를 해도 진정한 기도가 될 수 없다. 미신적인 기도도 얼마나 간절하고 정성을 기울

이는가? 그러나 기도의 대상이 하나님이 아닌 헛된 신이므로 그들은 참된 기도를 드리지 못하는 것이다.

티베트의 승려들은 오체투지(五體投地)의 기도를 한다. 신의 거주지 '라싸'를 향해 두 손을 먼저 땅에 대고 무릎을 꿇고 그 다음 온 몸을 땅에 붙여 머리를 땅에 대고 절하는 것을 말한다. 3600m 고지대에 위치한 죠캉 사원까지 수 개월이나 일 년여 동안 오체투지의 기도를 하면서 순례의 길을 간다. 기독교인들이 교회당에 와서 기도하는 것에 비하면 엄청나게 어렵고 힘든 기도이다. 그러나 그들은 헛된 우상을 향한 기도이기 때문에 응답받는 참된 기도는 아니다. 자기 수행은 될 수 있을지 모르나 하나님이 들으시는 기도는 못 된다.

느헤미야는 자기 민족의 안타까운 현실을 보면서, 먼저 그 문제를 해결해 주실 수 있는 하나님께 기도를 드렸다. 그 분은 '하늘의 하나님'으로서 온 세상을 통치하실 뿐만 아니라 만왕의 왕이신 전능하신 하나님인 것을 믿고 고백하였다. 또한 그 하나님은 주님을 사랑하고 계명을 지키는 자에게 언약을 이행하시며 긍휼을 베푸시는 분임을 알고 기도했다.

하나님이 어떤 분인 것을 알면 자동적으로 자신의 허물과 죄를 고백하게 된다. "하늘의 하나님 여호와, 크고 두려우신 하나님이여!"라고 부르짖어 기도한 느헤미야는 크고 두려우신 하나님 앞에서 자기와 민족의 죄를 숨길 수 없었다. 시몬 베드로도 예수님이 하나님의 아들이라는 것을 깨달으면서 자기의 죄를 고백하였다.

> "시몬 베드로가 이를 보고 예수의 무릎 아래에 엎드려 이르되 주여 나를 떠나소서 나는 죄인이로소이다 하니"(눅5:8).

게네사렛 호수에서 밤을 지새우며 그물을 던졌으나 고기를 잡지 못한 베드로는 예수님의 말씀대로 깊은 데 그물을 던져 그물이 찢어질 정도로 고기를 많이 잡은 후에 그는 만선의 기쁨보다도 자신의 죄를 먼저 발견하였다.

'회개하라'고 강력히 외치는 것도 중요하지만 더 중요한 것은 예수님께서 어떤 분이신지 분명히 알도록 해 주는 것이다. 예수님이 전능하신 하나님이라는 것을 알게 되면 자연히 자기의 허물된 모습을 발견하게 된다.

어두운 데서 손이 더럽다고 하면 잘 모른다. 밝은 빛을 비춰주면 금방 자신의 손이 더럽다는 것을 알게 된다. 얼굴이 더럽다고 말만 하면 잘 모른다. 맑은 거울을 갖다 대면 명확히 자기의 더러운 부분을 보게 된다.

느헤미야는 하나님이 얼마나 위대하신지 알고 기도했고, 그 크고 두려우신 하나님을 알았을 때 자신들의 죄를 숨길 수 없었다. 그리고 느헤미야는 직접 자기와는 관계가 없다고 회피하지 않고 민족 공동체와 하나가 되어 회개하면서 문제 해결을 위하여 기도하였다.

느헤미야의 연대의식

이스라엘 민족을 위하여 회개하면서 자기를 제외시키지는 않았다. 비록 자신은 유다 땅에서 말씀을 거역하면서 살고 있지는 않지만, 그들은 곧 자기와 한 민족이며 그 땅은 자기 조상의 땅이다. "우리 이스라엘 자손이 주께 범죄한 죄들을 자복하오니 .... 나와 내 아버지의 집이 범죄하여"(6절)라고 민족 공동체와 자기의 죄를 묶어서 하나님께 회개하였다. 민족과 자신은 하나라는 연대의식을 가지고 있었다. 이스라엘 자손들의 죄가 곧 자신과 자기 집안의 죄라고 고백하였다.

우리가 교회를 위하여 기도드릴 때 교회 공동체와 자신이 하나가 되어야 한다. 교회의 기쁨이 곧 자신의 기쁨이요, 교회의 환난과 고통도 자신의 환난과 고통이 되어야 한다. 이런 사람은 느헤미야처럼 항상 교회에 관심과 사랑을 쏟을 것이며 교회의 일이 곧 자신의 일이 되며, 하나님의 일이 곧 자신의 일이 될 것이다.

느헤미야는 다른 사람들과 비교하여 자신을 평가하지 않고 하나님 앞에서 자신을 조명해 보았다. "주를 향하여 크게 악을 행하였다"(7절)고 고백하고 있다. 사람들끼리 비교해 보았을 때 선한 자들이 많다. 법 없이도 살만큼 정직하고, 이웃에게 폐도 끼치지 않고 사는 사람들이 많다. 그러나 거룩하신 하나님의 밝은 빛 앞에 서면 달라진다. 자신의 영혼의 허물들이 너무 많이 드러난다. 우리의 죄는 다른 이와 비교하는 것이 아니고 하나님 앞에 적나라하게 내어놓는 것이다. 느헤미야는 자기 백성들이 주께서 명하신 계명과 율례와 규례를 지키지 아니한 죄를 회개하였다.

남에게 해를 입히지 않고 착하게 살았다고 해서 죄인이 아닌 것은 아니다. 하나님께서 말씀하신 대로 준행하지 않은 것이 죄이다. 화살은 과녁에 맞아야 득점이 된다. 화살이 표적에 못 미치거나 넘어가 버리면 점수는 없다. 우리가 의롭게 사는 것도 하나님의 말씀에 정확히 맞추어 살아야 한다. 하나님의 말씀에 못 미치거나 자기가 말씀을 앞질러 가 버리면 죄를 짓는 것이다.

하나님의 약속을 기억하라

주님의 허락을 쉽게 얻을 수 있는 기도는 하나님의 약속을 잘 알고 하는 기도이다. "주님 이렇게 약속하지 않으셨습니까. 이제 그 약속을 지켜 주십시오"라고 기도하면 하나님의 관심을 끄는 기도가 될 것이다. 느헤미야는 1:9에서 신명기의 약속을 그대로 인용하고 있다.

> "오직 너희의 하나님 여호와께서 자기의 이름을 두시려고 너희 모든 지파 중에서 택하신 곳인 그 계실 곳으로 찾아 나아가서"(신12:5).

> "만일 내게로 돌아와 내 계명을 지켜 행하면 너희 쫓긴 자가 하늘 끝에 있을지라도 내가 거기서부터 그들을 모아 내 이름을 두려고 택한 곳에 돌아오게 하리라 하신 말씀을 이제 청하건대 기억하옵소서"(9절).

자기와 유다인들은 하나님을 사랑하고 그 계명을 지키기 위하여 예루살렘 성을 재건하려고 하니 하나님이 긍휼을 베푸셔서 이 사역을 도와달라는 것이다. 하나님의 말씀과 기도는 언제나 연결되어 있어야 한다. 하나님의 약속의 말씀을 잘 알고 있는 사람이 하나님의 마음에 맞는 기도를 잘 드릴 수 있다. 항상 약속의 말씀을 잘 파악하고 있어야 명중시키는 기도를 드릴 수 있다.

느헤미야는 하나님의 약속에 근거하여 기도를 하였다. 8절은 레26:33, 신28:64의 내용을 인용했고, 9절은 레26:42-44, 신4:29-31, 30:2,3의 말씀을 근거하여 기도하였다. 하나님의 말씀을 잘 기억하면서 기도를 드려야 한다.

평소에 부모의 말씀을 잘 기억하고 그 말씀대로 순종하는 자식이 요구하는 것과 그렇지 못한 자식의 요구는 어떻게 받아들여지겠는가? 부모의 말씀을 잘 순종하는 자는 즉각 응답이 되지만, 그렇지 못하다면 부모는 한참 생각하게 될 것이다. 하나님의 말씀을 잘 기억하고 그대로 행하는 자의 기도는 하나님께서 기쁘시게 수락하신다.

"무엇이든지 구하는 바를 그에게서 받나니 이는 우리가 그의 계명을 지키고 그 앞에서 기뻐하시는 것을 행함이라"(요일3:22).

"너희가 내 안에 거하고 내 말이 너희 안에 거하면 무엇이든지 원하는 대로 구하라 그리하면 이루리라"(요15:7).

느헤미야가 기도의 힘을 얻는 이유는 이스라엘이 하나님의 선택된 백성이라는 것이다. 자기 자녀를 천대할 부모가 어디에 있겠는가? 비록 부족하여도 자기 자식은 긍휼히 여기고 챙기게 되는 것이다. 느헤미야는 하나님께서 응답해 주시지 않으면 안 되도록, 유다 민족과 하나님을 밀접하게 관계 지어서 기도드렸다.

"이들은 주께서 일찍이 큰 권능과 강한 손으로 구속하신 주의 종들이요 주의 백성이니이다"(10절).

"너희 중에 누가 아들이 떡을 달라 하는데 돌을 주며, 생선을 달라 하는데 뱀을 줄 사람이 있겠느냐. 너희가 악한 자라도 좋은 것으로 자식에게 줄 줄 알거든 하물며 하늘에 계신 너희 아버지께서 구하는 자에게 좋은 것으로 주시지 않겠느냐"(마7:9-11).

겸손과 헌신의 기도

느헤미야는 "하나님이 이 것 해 주시오, 저 것 해 주시오" 하는 명령식의 기도를 드리지 않았다. 마치 왕 앞에 부복하여 두려운 마음으로 아뢰는 신하처럼 항상 겸손한 자세로 기도를 드렸다. 그가 '종'이라는 단어를 많이 사용한 점으로 미루어 알 수 있다. 1장에서만 무려 9번이나 '종'이라는 말이 기도에 사용되고 있다(1:6-11).

사실 유다 사람 누구든지 '종'이라면 지긋지긋한 단어이다. 그들은 나라를 잃고 70년 동안 바벨론의 노예가 되었던 사람들이다. 그들은 악한 주인들 밑에서 신앙의 자유를 잃고 모진 고난의 세월을 보내면서 하나님의 종이 되는 것이 얼마나 행복한지를 알았다. 느헤미야의 기도에는 모세도 이스라엘 백성들도 자신도 하나님의 종인 것을 떳떳하게 자백하고 있다. 주인의 명령이 떨어지지 않으면 아무 것도 할 수 없다는 것을 종들은 잘 알고 있다. 느헤미야의 겸허한 기도가 하나님의 마음을 감동시켰다.

또한 그의 기도는 자신을 헌신하는 기도였다. '아닥사스다' 왕에게 은혜를 입어 자신이 이스라엘을 위하여 헌신하게 해 달라는 기도를 드렸다. 그는 왕의 술 관원이라는 높은 직책을 가지고 있었다. 바사의 수산궁에 있으니, 예루살렘에 거주하는 현지인을 통하여 유다 민족을 도우도록 기도할 수도 있었다. 그러나 그는 기도하면서 점점 자신이 그 일에 헌신해야 된다는 생각을 하게 되었다.

> "... 오늘 종이 형통하여 이 사람들 앞에서 은혜를 입게 하옵소서 하였나니 그 때에 내가 왕의 술 관원이 되었느니라"(11절).

우리는 교회나 세계 선교를 위하여 한국교회 목회자나 다른 성도들이 헌신해 줄 것을 기도하기보다는 자기 자신이 무엇을 할 수 있는지 생각해야 한다. 하나님의 영광을 위하여 중요한 문제가 있을 때, 자신이 어떻게 헌신할 것을 생각해야 구체적이고 실천적인 기도를 드릴 수 있다.

이웃의 영혼 구원을 위하여 기도한다면, 자신이 복음 전도자로서 이웃을 찾아가야 한다. 선교사님들을 위하여 기도하면서 그들을 격려하는 편지와 헌금도 함께 보내야 한다. 가난하고 고독한 자들을 위하여 기도한다면, 그들의 친구가 되려고 그런 자들을 방문하고 찾아가야 한다.

> "무리를 보내어 두루 촌과 마을로 가서 무엇을 사 먹게 하옵소서. 대답하여 이르시되 너희가 먹을 것을 주라 하시니"(막6:36,37).

주님께서 제자들에게 직접 먹을 것을 주라고 말씀하심으로 제자들이 삶 속에서 믿음으로 실천해 나가야 된다는 것을 일깨워 주셨다. 기도하는 성도들은 "주여, 주여" 하고 부르짖기만 할 것이 아니고, 기도하면서 자신이 무엇을 헌신해야 하는지 곰곰이 생각해야 한다.

느헤미야는 예루살렘의 무너진 성 재건을 위하여 기도하면서 자신이 거기에 가서 헌신해야 하겠다는 마음의 결심을 하게 되었다. 그의 기도의 응답은 곧 느헤미야가 예루살렘의 총독으로 가는 것이었다.

Nehemiah Explanation

3
왕의 승낙

느 2:1-10

1아닥사스다 왕 이십 년 니산 월에 왕의 앞에 포도주가 있기로 내가 그 포도주
를 왕에게 드렸는데 이전에는 내가 왕 앞에서 수심이 없었더니 2왕이 내게 이르
시되 네가 병이 없거늘 어찌하여 얼굴에 수심이 있느냐 이는 필연 네 마음에 근
심이 있음이로다 하더라 그 때에 내가 크게 두려워하여 3왕께 대답하되 왕은 만
세수를 하옵소서 내 조상들의 묘실이 있는 성읍이 이제까지 황폐하고 성문이 불
탔사오니 내가 어찌 얼굴에 수심이 없사오리이까 하니 4왕이 내게 이르시되 그
러면 네가 무엇을 원하느냐 하시기로 내가 곧 하늘의 하나님께 묵도하고 5왕에
게 아뢰되 왕이 만일 좋게 여기시고 종이 왕의 목전에서 은혜를 얻었사오면 나
를 유다 땅 내 조상의 묘실 있는 성읍에 보내어 그 성을 건축하게 하옵소서 하
였는데 6그 때에 왕후도 왕 곁에 앉아있었더라 왕이 내게 이르시되 네가 몇 날
에 다녀올 길이며 어느 때에 돌아오겠느냐 하고 왕이 나를 보내기를 좋게 여기
시기로 내가 기한을 정하고 7내가 또 왕에게 아뢰되 왕이 만일 좋게 여기시거든
강 서쪽 총독들에게 내리시는 조서를 내게 주사 그들이 나를 용납하여 유다에
들어가기까지 통과하게 하시고 8또 왕의 삼림 감독 아삽에게 조서를 내리사 그
가 성전에 속한 영문의 문과 성곽과 내가 들어갈 집을 위하여 들보로 쓸 재목을
내게 주게 하옵소서 하매 내 하나님의 선한 손이 나를 도우시므로 왕이 허락하
고 9군대 장관과 마병을 보내어 나와 함께하게 하시기로 내가 강 서쪽에 있는
총독들에게 이르러 왕의 조서를 전하였더니 10호론 사람 산발랏과 종이었던 암
몬 사람 도비야가 이스라엘 자손을 흥왕하게 하려는 사람이 왔다 함을 듣고 심
히 근심하더라

하나님의 뜻이 나타날 때까지

아닥사스다 왕 20년 니산월이 되었다. 느헤미야는 유다의 비극적인 소

식을 듣고 '기슬르월'부터 '니산월'까지 약 4개월에 걸쳐 기도하였다(1:1, 2:1). 기슬르월은 양력으로 11-12월에 해당하고, 니산월은 3-4월에 해당된다. 그 동안 느헤미야는 꾸준히 금식기도를 하였다. 평상시와 다를 바 없이 자기의 업무를 감당한 것으로 보아 완전 금식은 아니었던 것 같다. 금식은 하면서도 금식하는 티를 나타내지 않고 평상시와 같이 일을 하였다. 하나님의 때가 되어 왕이 먼저 반응을 보였다.

> "아닥사스다 왕 제이십년 니산월에 왕 앞에 포도주가 있기로 내가 그 포도주를 왕에게 드렸는데 이전에는 내가 왕 앞에서 수심이 없었더니, 왕이 내게 이르시되 네가 병이 없거늘 어찌하여 얼굴에 수심이 있느냐 이는 필연 네 마음에 근심이 있음이로다 하더라 그 때에 내가 크게 두려워하여"(1,2절).

기도를 위하여 삶을 포기하거나 불충실하게 해서는 안 된다. 기도는 보다 더 신앙적인 생활을 위하여 행하는 것이다. 만약 그가 금식기도 때문에 술 관원의 직무를 등한히 하였더라면, 왕의 승낙을 쉽게 받을 수 없었을 것이다. 그는 관원의 직무를 성실히 수행하면서 기도를 했다. 자기 일에 성실하면서 기회를 기다렸을 때에 하나님께서 응답의 기회를 주셨다. 어느 날 느헤미야의 수심에 가득 찬 얼굴을 왕이 보고 무슨 이유인지 물었던 것이다.

우리는 늘 생활 현장에서 하나님을 만나야 한다. 갈릴리 호수의 어부였던 베드로는 피곤하고 지친 노동의 현장에서 예수님을 만났다. 세리 마태는 세금을 계산하던 일터에서 예수님을 만났다.

만일 불신 남편을 둔 믿는 부인이 살림 사는 것은 내팽개치고 교회 가서 기도만 한다면, 그 남편은 어떻게 생각하겠는가? 오히려 하나님의 영광을 가릴 수도 있다. 평상시와 같이 살림을 잘 살면서 기도도 열심히 해야 한다. 저녁 때에 가족의 식사는 챙기지 않고 교회의 집회에 갔다거나, 함께 쉬어야 할 밤 늦은 시간이 되어도 철야 기도한다고 들어오지 않는다면, 그 남편이 아내가 믿는 하나님과 교회를 신뢰하겠는가? 기도생활은 성실한 삶 속에서 이루어져야 한다.

구체적인 응답은 구체적인 기도로 이루어진다. "오늘 종이 형통하여 이 사람들 앞에서 은혜를 입게 하옵소서"(느1:11)라고 기도하면서, 느헤미야 자신이 예루살렘 성의 재건에 앞장 서기를 원하였다. 왕의 승낙이 떨어지기를 간절히 바라면서 기도하였다. 하나님의 때가 되었을 때, 왕이 먼저 느헤미야의 얼굴에서 근심을 발견하였다. 느헤미야가 허락을 받기 위하여 말을 꺼내는 것보다 훨씬 더 순조롭게 기회를 얻게 되었다. "네가 병이 없는데 어찌하여 얼굴에 수심이 있느냐?"라고 물었을 때 느헤미야는 깜짝 놀랐다.

기다리고 있었던 기회였지만 막상 정치적인 문제와 관련된 이방의 성 재건이었으므로 긴장이 안 될 수 없었다. 왕의 뜻을 거역하여 잘못 아뢰면 목숨을 잃거나 관원의 자리에서 쫓겨날 수도 있었다. 그는 두렵고 긴장이 되기도 했지만 담대하게 예루살렘의 사정을 말씀드렸다. 평소에 기도로 준비하면 어떤 상황에서도 담대할 수 있다. 에스더 왕후가 "죽으면 죽으리라" 하고 왕 앞에 나아가 유다 민족의 고통을 말한 것처럼, 느헤미야도 두려웠지만 담대한 마음으로 왕에게 자기의 뜻을 전달하였다.

하나님의 기회와 준비된 대답

느헤미야는 왕에게 예의를 갖춘 후에 자기 민족과 예루살렘의 형편을 말씀드렸다. 빙빙 돌리면서 우회적으로 말씀드리지 않았다. 핵심을 감추지 않고 솔직담백하게 자신의 속 마음을 털어놓았다. 그 동안 기도로 준비하지 않았더라면 그렇게 지혜롭게 대답하지 못했을 것이다. 자신의 부귀영화를 위하여 고민한 것이 아니라, 유다 민족과 신앙 열조를 생각하는 중심이 잘 나타나 있다.

> "왕께 대답하되 왕은 만세수를 하옵소서 내 조상들의 묘실이 있는 성읍이 이제까지 황폐하고 성문이 불탔사오니 내가 어찌 얼굴에 수심이 없사오리이까 하니 왕이 내게 이르시되 그러면 네가 무엇을 원하느냐 하시기로 내가 곧 하늘의 하나님께 묵도하고" (3,4절).

하나님은 왕의 마음을 감동시키셨고 왕은 느헤미야에게 "네가 무엇을 원하느냐?"고 물었다. 마침내 그가 기다리던 기회가 왔다. 그는 왕에게 대답하기 전에 먼저 하나님께 묵도하였다. 민족의 중대사를 결정하는 순간이므로 왕에게 급하게 아뢰기 전에 하늘의 하나님께 마음 속으로 기도했다. 평소에 기도가 많이 쌓였으므로 순간적인 짧은 묵도라도 그 중심이 하나님께 전달되었을 것이다. 묵도야말로 평소에 기도의 기초가 든든해야 한다. 늘 기도해 오던 내용들을 다시금 압축하여 하나님께 맡기는 작업이다. 특히 왕에게 아뢰는 말이 아닌가? 아닥사스다 왕의 마음도 다스리고 통치하시는 하늘의 하나님께 먼저 보고하고 왕에게 말씀드리는 것이 당연한 순서이다.

우리도 중요한 일을 결정하거나 말하기 전에는 다시금 하나님께 의지하는 묵도가 필요하다. 그러나 짧은 기도일수록 평소에 많은 기도가 쌓여야 된다는 사실을 잊지 말아야 한다. 평소에 기도가 없는 사람은 준비된 기도를 압축할 수도 없기 때문이다. 느헤미야는 이미 기도를 준비하면서 자기가 가야할 것을 결심했다. 그리고 왕이 물으면 대답할 말까지 미리 생각해 두었다.

> "왕에게 아뢰되 왕이 만일 좋게 여기시고 종이 왕의 목전에서 은혜를 얻었사오면 나를 유다 땅 나의 조상들의 묘실이 있는 성읍에 보내어 그 성을 건축하게 하옵소서 하였는데, 그 때에 왕후도 왕 곁에 앉아 있었더라. 왕이 내게 이르시되 네가 몇 날에 다녀올 길이며 어느 때에 돌아오겠느냐 하고 왕이 나를 보내기를 좋게 여기시기로 내가 기한을 정하고" (5,6절).

예루살렘 재건에 대하여 협조해 달라는 소극적인 말을 하지 않고, 느헤미야 자신을 보내달라는 적극적인 파송 요청을 하였다. 그리고 구체적으로 서편 총독에게 조서를 내려 유다까지 통과하게 하시고, 삼림 감독 아삽에게도 조서를 내려 보수할 들보 재목을 조달해 달라고 부탁했다. 이런 대답은 기도로 충분히 준비하고 구체적인 계획을 세우지 않은 사람은 아뢸 수 없다. 그는 무턱대고 기도한 것이 아니라 기도하면서 성읍 건축을 위하여 구체적으로 계획을 세웠다는 것을 알 수 있다.

내 하나님의 선한 손

전에 바사 왕 캄비세스(아닥사스다)가 예루살렘 성전 건축을 중단시킨 일이 있었다(스4:23,24). 귀환한 유다인들이 예루살렘을 중건하는 것은 바사 왕의 입장에서 볼 때는 위험한 일이 될 수 있었다. 유다 민족이 독립운동을 위한 군사력 방어 역할을 할 수도 있었기 때문이다. 그런 전례에도 불구하고 현재 바사 왕이 선뜻 느헤미야의 부탁에 승낙한 것은 하나님의 은혜였다. 그리고 느헤미야를 인간적으로 그만큼 신뢰했다고 볼 수 있다. 왕이 승낙한 자리에 왕후도 앉아 있었던 것으로 미루어 보아 정치적인 공적인 모임의 자리는 아니었던 것 같다. 하나님께서는 느헤미야가 왕에게 쉽게 아뢸 수 있는 기회를 마련해 주신 것으로 이해된다. 만약에 여러 대신들이 참석한 자리였다면 그 문제는 정치적인 논란이 되었을 것이다.

물론 기도하는 자를 하나님이 도우시지만 사람이 할 수 있는 일도 지혜롭게 해야 한다. 느헤미야는 이 대사역에 있어 방해꾼들이 있음을 알았기 때문에 행정적으로 빈틈없이 처신했을 것이다. 미리 총독들에게 보여줄 왕의 조서와 들보로 쓸 재목까지 챙긴 것을 보면 잘 알 수 있다(7,8절). 왕이 허락했지만 그것은 결국 하나님의 선한 손이 그를 도운 것이다. 여기서 그는 '하늘의 하나님'이라고 하지 않고 '내 하나님이 도우셨다'고 고백하고 있다(8절). 자신과 밀접한 관계를 갖고 있는 하나님께서 선하게 인도하셔서 왕이 결국 이 엄청난 사역을 승낙했다고 믿었다.

우리도 어떤 일을 시작할 때에 먼저 하나님과 밀접한 관계를 만들어야 한다. 기도로 충분히 소통되고 하나님의 마음을 감동시켜야 한다는 것이다. 하나님의 선한 손을 바라보고 의지해야 하나님의 도우심이 나타난다.

무장한 호위대의 보호를 받으며 느헤미야는 유다로 출발했다. 중요한 것을 앞두고 기도로 충분히 준비하면서 자신이 무엇을 할 것인지에 대하여 구체적으로 계획했고, 하나님의 응답이 있자 곧 시행했다. 하나님께서 기회를 주시고 하게 하실 때는 머뭇거리고 있으면 안 된다. 기도와 계획과 실천의 삼박자가 우리의 신앙생활에 잘 나타나야 한다. 느헤미야의 개혁은 기도하는 시간은 충분히 가졌고, 하나님의 뜻이 나타날 때에는 적극적이고 신속하게 실행하였다(느4:9, 5:6,7).

Nehemiah Explanation

4
일어나 건축하자

느 2:11-20

11내가 예루살렘에 이르러 머무른 지 사흘 만에 12내 하나님께서 예루살렘을 위
해 무엇을 할 것인지 내 마음에 주신 것을 내가 아무에게도 말하지 아니하고 밤
에 일어나 몇몇 사람과 함께 나갈 새 내가 탄 짐승 외에는 다른 짐승이 없더라
13그 밤에 골짜기 문으로 나가서 용정으로 분문에 이르는 동안에 보니 예루살렘
성벽이 다 무너졌고 성문은 불탔더라 14앞으로 나아가 샘문과 왕의 못에 이르러
서는 탄 짐승이 지나갈 곳이 없는지라 15그 밤에 시내를 따라 올라가서 성벽을
살펴본 후에 돌아서 골짜기 문으로 들어와 돌아왔으나 16방백들은 내가 어디 갔
었으며 무엇을 하였는지 알지 못하였고 나도 그 일을 유다 사람들에게나 제사장
들에게나 귀족들에게나 방백들에게나 그 외에 일하는 자들에게 알리지 아니하다
가 17후에 그들에게 이르기를 우리가 당한 곤경은 너희도 보고 있는 바라 예루
살렘이 황폐하고 성문이 불탔으니 자, 예루살렘 성을 건축하여 다시 수치를 당
하지 말자하고 18또 그들에게 하나님의 선한 손이 나를 도우신 일과 왕이 내게
이른 말씀을 전하였더니 그들의 말이 일어나 건축하자 하고 모두 힘을 내어 이
선한 일을 하려 하매 19호론 사람 산발랏과 종이었던 암몬 사람 도비야와 아라
비아 사람 게셈이 이 말을 듣고 우리를 업신여기고 우리를 비웃어 이르되 너희
가 하는 일이 무엇이냐 너희가 왕을 배반하고자 하느냐 하기로 20내가 그들에게
대답하여 이르되 하늘의 하나님이 우리로 형통하게 하시리니 그의 종들인 우리
가 일어나 건축하려니와 오직 너희에게는 예루살렘에서 아무 기업도 없고 권리
도 없고 기억되는 바도 없다 하였느니라

하나님의 감동이 있을 때까지

지도자는 먼저 문제가 무엇인지 잘 살펴야 한다. 그리고 기도하면서 하

나님이 주신 생각을 정리하여 새로운 계획을 구체적으로 세워야 한다. 느헤미야는 예루살렘에 당도하여 사흘 동안 기도하고 하나님의 뜻이 무엇인지를 깨달았다. 그는 기도의 사람이다. 페르시아 수산 궁을 떠나기 전에 약 3-4개월 동안 기도하여 아닥사스다 왕의 허락을 받았다. 그는 유다 땅의 총독으로 정식 임명을 받아 군대장관과 마병들의 호위를 받으며, 마침내 유다 땅 예루살렘에 도착했다.

그리고 또 다시 사흘 동안 하나님이 자기에게 무슨 일을 시키실지 물으면서 기도하였다. 느헤미야가 위대한 총독인 것은 그가 한 순간도 하나님과 멀어지지 않고 그 뜻을 따랐다는 것이다.

> "내가 예루살렘에 이르러 머무른지 사흘 만에 내 하나님께서 예루살렘을 위해 무엇을 할 것인지 내 마음에 주신 것을 내가 아무에게도 말하지 아니하고 밤에 일어나 몇몇 사람과 함께 나갈새 내가 탄 짐승 외에는 다른 짐승이 없더라" (11,12절).

그는 묵상의 삼일을 보내면서 하나님의 감화를 받았다. 부지런히 일하는 시간도 중요하지만 고요히 하나님께 기도하고 영감을 받는 것은 더욱 중요하다. 성령님의 지혜와 통찰력을 받아서 일을 하면 훨씬 더 효과적으로 일을 할 수 있다.

인생의 중요한 일을 결정하기 전에, 교회나 사업의 중대한 일일수록 충분히 기도하고 하나님의 응답과 감화를 받아야 한다. 느헤미야는 "하나님께서 예루살렘을 위하여 무엇을 할 것인지 마음에 감동을 주실 때까지" 기도하면서 기다렸다.

은밀한 시찰

그는 예루살렘에 당도하여 성 재건을 서두르지 않았다. 백성들의 침체된 마음을 바로 잡아주는 것이 급선무였다. 그래서 예루살렘 성의 상황을 은밀하게 살펴보았다. 지도자가 어려운 상황을 잘 알고 말하는 것과 전혀 모르고 일을 추진하는 것은 다르다. 밤 중에 조용히 부하 몇 사람을 데리고 골짜기 문으로 나가서 용정으로 분문에 이르기까지 성의 사정을 살폈다.

> "그 밤에 골짜기 문으로 나가서 용정으로 분문에 이르는 동안에 보니 예루살렘 성벽이 다 무너졌고 성문은 불탔더라. 앞으로 나아가 샘문과 왕의 못에 이르러서는 탄 짐승이 지나갈 곳이 없는지라 그 밤에 시내를 따라 올라가서 성벽을 살펴본 후에 돌아왔으나" (13-15절).

여기서 중요한 단어는 '이르는 동안에 보았다'는 것과 '시내를 따라 올라가서 성벽을 살펴보았다'는 것이다. 느헤미야는 아마 말이나 나귀를 타고 시찰했을 것이다. 샘문까지 왔을 때는 짐승이 지나갈 곳이 없을 정도로 길이 끊어져 버렸다. 그럼에도 불구하고 시내를 따라 올라가서 성벽을 살펴본 후에야 돌아갔다. 대충 보고 간 것이 아니라 세심하게 상황을 살폈다는 것을 말한다.

지도자가 어떤 문제를 해결하기 전에 정확한 상황을 파악하고 있는 것이 중요하다. 느헤미야가 예루살렘에 도착하자 말자 자기의 계획을 피력했더라면 실상을 정확히 모르고 말할 수도 있고, 또 너무 감정이 앞서서 실수할 수도 있었을 것이다. 그러나 그는 삼일 동안 기도하면서 하나님의 감화를 받았고, 또 성벽을 세밀하게 시찰하였다. 부하에게 돌아보고 오라고 지시할 수도 있었지만 자신이 직접 시찰에 나섰다. 형편과 사정을 정확하게 파악할 필요가 있고, 또 그 일은 신중하게 해야 할 일이었기 때문이다.

의사가 환자를 효과적으로 치료하려면 먼저 자세히 진찰해 보아야 한다. 하나님의 뜻이라고 해서 상황을 잘 살피지 않고 계획성 없이 밀고 나가는 것은 지혜롭지 못하다. 목회자는 성도들의 사정을 충분히 살피고 기도해야 하며, 사업가는 직원들이나 거래처의 상황을 잘 파악하고 있어야 한다.

특히 그가 은밀하게 시찰한 이유는 그 일을 반대하고 방해하는 무리들이 있었기 때문이다. 다른 사람들에게 조사해 오도록 지시할 수도 있었고, 방백들이나 제사장이나 레위인들에게 협조를 구할 수도 있었지만 비밀리에 일을 진행하였다(16절). 처음부터 대적들을 자극 시킬 필요는 없었다. 또 느헤미야는 그 당시 상황이 안심하고 다른 사람들에게 일을 맡길만한 상황이 아니라는 것을 알았다. 그는 사람들을 의지하지 않고 하나님만 신뢰하였다.

하나님의 일을 맡은 자는 영적 방해꾼인 사탄의 존재를 유의해야 하고, 또 기도하지 않고 인간적인 생각만으로 일을 하려는 사람들이 있음을 알아야 한다. 그래서 중요한 일은 신중하게 은밀하게 진행할 필요가 있다. 느헤미야는 속히 실천에 옮기기는 했지만, 그렇다고 결코 서두르지는 않았다.

용기를 얻은 백성들

느헤미야가 먼저 상황을 파악한 다음에 백성들에게 성전 재건을 깊이 있게 호소하였다. 자신이 직접 목격한 성의 황폐한 모습을 인식시켰다.

그는 '우리가 당한 곤경'이라고 말하면서 자신이 아파하는 문제가 바로 그들이 아파하는 문제이고 유다 민족의 고통인 것을 말했다. 느헤미야는 그 동안 백성들이 예루살렘 성이 무너진 채로 방치해 놓은 것에 대하여 책망을 하거나 야단칠 수도 있었지만 백성들을 격려하고 적극적으로 말했다. 한 마음으로 안타까워하고 아파하였다.

> "후에 그들에게 이르기를 우리가 당한 곤경은 너희도 보고 있는 바라 예루살렘이 황폐하고 성문이 불탔으니 자, 예루살렘 성을 건축하여 다시 수치를 당하지 말자 하고 또 그들에게 하나님의 선한 손이 나를 도우신 일과 왕이 내게 이른 말씀을 전하였더니 그들의 말이 일어나 건축하자 하고 모두 힘을 내어 이 선한 일을 하려 하매" (17,18절).

그가 '수치를 다시 받지 말자'고 말한 것은 예루살렘 성은 곧 하나님의 영광과 관계가 있기 때문이다. 하나님의 성전이 그 곳에 있었기 때문에 예루살렘 성이 황폐한 것은 하나님께 영광이 되지 못했고 따라서 이스라엘 백성에게는 수치가 되는 것이다.

우리가 섬기는 교회당도 외부 사람들이 볼 때에 걱정할 정도로 관리가 허술하면 안 된다. 신자의 집도 마찬가지다. 간판이 떨어져 있거나 건물이 많이 훼손되어 있거나 집이 정신없이 어질러져 있으면 하나님의 영광도 가리고 우리는 부끄러움을 당하게 될 것이다. 하나님과 관계되는 성스러운 곳이나 사람은 하나님의 영광을 먼저 생각해야 한다.

느헤미야의 격려를 받고 용기를 얻은 그들은 "일어나 건축하자!"고 모두 힘을 내어 스스로 선한 일을 하려고 했다. 지도력은 백성들이 스스로 결심하게 하는 것이다. 강압적으로 명령하고 지시하는 것이 아니라 백성들에게 용기를 북돋워 주어 자발적으로 하게 하는 것이 진정한 리더쉽이다. 느헤미야는 실의에 빠져있던 백성들의 마음을 돌이켜 놓았다. 그들이 부정적으로 말하고 반대하기 전에 희망이 있음을 먼저 말했다. 하나님의 선한 손이 수산궁에서부터 그때까지 지속적으로 도우신 일과 왕이 예루살렘 성을 건축하도록 조서를 써 주고 들보 재목까지 후원해 준 사실을 소상히 설명했다. 그리고 예루살렘 성을 건축하는 것은 하나님께 영광을 돌려드리는 것이고, 백성들 자신들에게는 수치를 받지 않는 정말 의미 있는 일인 것을 강조하였다.

목회자가 교회나 선교사역를 위하여 헌신 봉사하라고 명령하거나 지시하기보다는 그 일이 얼마나 하나님께 영광이 되는지 알려 주어야 한다. 그리고 그 일이 그들에게 얼마나 가치 있고 보람된 일인지 말해 주면 성도들은 선한 일을 하려고 나설 것이다.

헌신하고 봉사하는 것이 힘들고 어려운 점도 있지만, 희망적인 것이 있다는 것을 알려주어야 한다. 하나님도 돕지만 함께 동역할 사역자들이 있음도 말해 주어야 하고, 그 일에 필요할 얼마간의 재정도 확보되어 있다는 것을 말해 주어서 안심을 시키는 것이 좋다. 지도자가 희망적으로 말하면 안 될 일도 진행이 된다. 그러나 어려운 상황만 강조하게 되면 용기를 얻지 못하고 시작도 하기 전에 낙심하고 좌절하게 된다.

비웃는 무리들에 대하여

'호사다마'(好事多魔)란 말이 있듯이 선한 일을 하려 하는데 산발랏과 도비야와 게셈이 그 일을 비웃고 방해하였다. 유다 백성들의 거룩한 결심을 업신여기고 비방하였다. 아닥사스다 왕이 적극 협조한 일인데도 불구하고 그들은 왕을 반역하는 행위라고 뒤집어 말했다.

> "호론 사람 산발랏과 종이었던 암몬 사람 도비야와 아라비아 사람 게셈이 이 말을 듣고 우리를 업신여기고 우리를 비웃어 이르되 너희가 하는 일이 무엇이냐 너희가 왕을 배반하고자 하느냐 하기로"(19절).

우리가 하나님의 나라와 의를 위하여 일하려고 할 때에 사탄도 자기의 일을 시작한다. 그 반격도 만만하지 않다. 희망적인 말이 힘이 있듯이 부정적인 말도 힘을 가진다. 나약하고 가난한 유다 사람들에게 "현실을 직시하라. 경제적으로 자기 앞가림도 못하는 너희가 어떻게 이 거대한 성을 건축한다는 말인가. 그리고 이 일은 사실 왕을 배반하는 것이다. 과거에 예루살렘 성전을 건축하다가 왕의 반역자가 된 것을 모르느냐" 하면서 강하게 말할 때 백성들은 사실 마음이 흔들렸을 것이다. 반대자들의 말도 충분히 일리가 있었기 때문이다. 백성들은 서로 다른 느헤미야와 대적자들의 말에 잠깐 혼란에 빠졌을 것이다. 느헤미야는 지지 않고 대적들의 말에 강하게 반격했다.

> "내가 그들에게 대답하여 이르되 하늘의 하나님이 우리를 형통하게 하시리니 그의 종들인 우리가 일어나 건축하려니와 오직 너희에게는 예루살렘에서 아무 기업도 없고 권리도 없고 기억되는 바도 없다 하였느니라"(20절).

느헤미야는 대적들의 비웃음과 위협 앞에서도 흔들리지 않고 확신 있게 항변했다. 그는 하늘의 하나님께서 형통하게 해 주실 것이라고 장담하였다. 이 때 왕의 허락을 언급하지 않은 것은 전적으로 하나님만 믿고 있었다는 것을 알 수 있다. 느헤미야는 그 대적들에게 신23:3-6에 근거한 말을 해 주었다. 그는 말씀에 의지하여 원수들의 비웃음을 당당하게 물리쳤다.

> "암몬 사람과 모압 사람은 여호와의 총회에 들어오지 못하리니 그들에게 속한 자는 십 대뿐 아니라 영원히 여호와의 총회에 들어오지 못하리라. 그들은 너희가 애굽에서 나올 때에 떡과 물로 너희를 길에서 영접하지 아니하고 메소보다미아의 브돌 사람 브올의 아들 발람에게 뇌물을 주어 너희를 저주하게 하려 하였으나" (신23:3,4).

우리의 구원 문제에 대해서도 사탄이 시험할 때가 있다. 그럴 때 예수 그리스도의 피 공로로 구원을 받은 우리는 하나님의 손에 붙들린 바 되어 아무도 빼앗을 자가 없다고 하신 하나님의 약속의 말씀으로 사탄을 대적해야 한다.

> "근신하라 깨어라 너희 대적 마귀가 우는 사자 같이 두루 다니며 삼킬 자를 찾나니 너희는 믿음을 굳건하게 하여 그를 대적하라" (벧전 5:8,9).

느헤미야를 유다로 보내신 하나님께서는 그의 마음에 감동을 주시고, 기도 중에 지혜와 통찰력을 얻게 하셨다. 그리고 유다인들을 독려하여 성을 건축하게 하셨다. 우리는 다른 사람들에게 여호와의 선한 손이 도우실 것을 말해야 한다. 그리고 영적인 방해자가 있을 때 두려워하지 말고 하늘의 하나님께서 우리로 형통하게 하실 것을 믿고 일해야 한다.

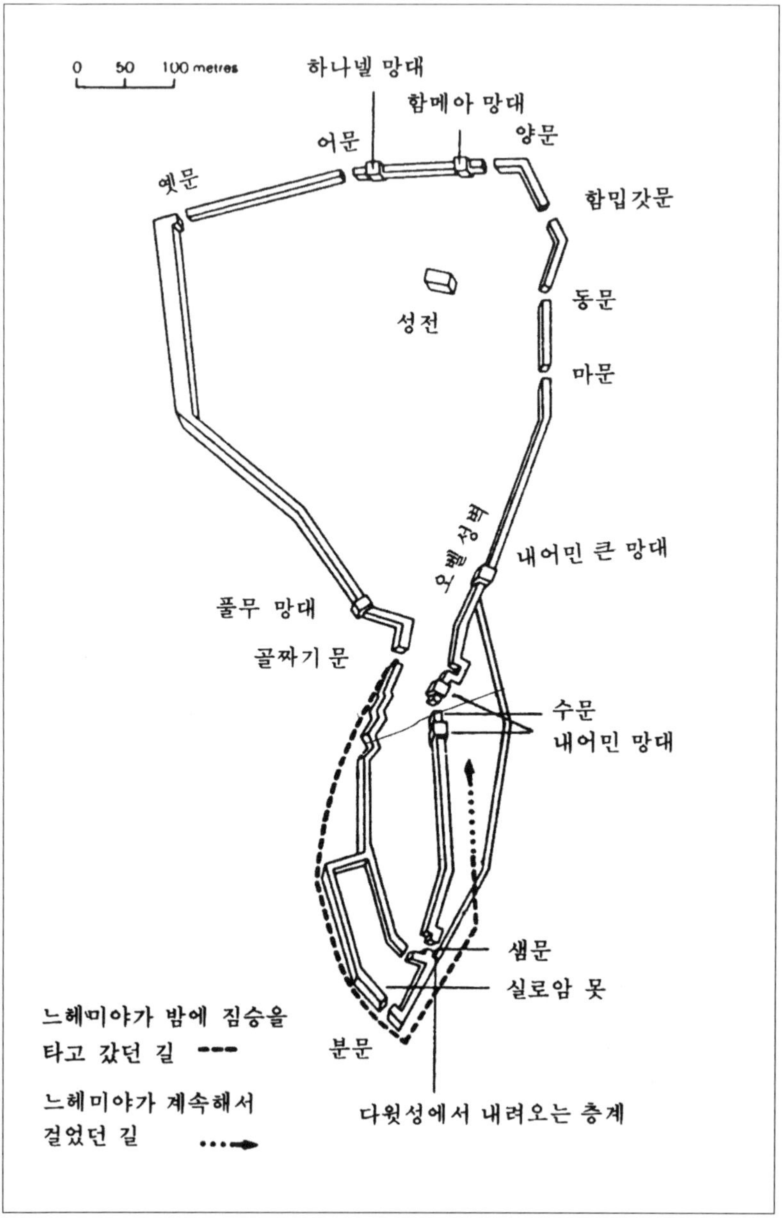

느헤미야가 현장답사를 한 성벽과 예루살렘 성문이 표시된 지도이다.
(느2:12-15과 느3:1-32 참고)

Nehemiah Explanation

5
성을 쌓는 사람들

느 3:1-32

1그 때에 대제사장 엘리아십이 그의 형제 제사장들과 함께 일어나 양문을 건축
하여 성별하고 문짝을 달고 또 성벽을 건축하여 함메아 망대에서부터 하나넬 망
대까지 성별하였고 2그 다음은 여리고 사람들이 건축하였고 또 그 다음은 이므
리의 아들 삭굴이 건축하였으며 3어문은 하스나아의 자손들이 건축하여 그 들보
를 얹고 문짝을 달고 자물쇠와 빗장을 갖추었고 4그 다음은 학고스의 손자 우리
아의 아들 므레못이 중수하였고 그 다음은 므세사벨의 손자 베레갸의 아들 므술
람이 중수하였고 그 다음은 바아나의 아들 사독이 중수하였고 5그 다음은 드고
아 사람들이 중수하였으나 그 귀족들은 그들의 주인들의 공사를 분담하지 아니
하였으며 6옛 문은 바세아의 아들 요야다와 브소드야의 아들 므술람이 중수하여
그 들보를 얹고 문짝을 달고 자물쇠와 빗장을 갖추었고 7그 다음은 기브온 사람
믈라댜와 메로놋 사람 야돈이 강 서쪽 총독의 관할에 속한 기브온 사람들과 및
미스바 사람들로 더불어 중수하였고 8그 다음은 금 장색 할해야의 아들 웃시엘
등이 중수하였고 그 다음은 향품 장사 하나냐 등이 중수하되 그들이 예루살렘
넓은 성벽까지 하였고 9그 다음은 예루살렘 지방의 절반을 다스리는 자 후르의
아들 르바야가 중수하였고 10그 다음은 하루맙의 아들 여다야가 자기 집과 마주
대한 곳을 중수하였고 그 다음은 하삽느야의 아들 핫두스가 중수하였고 11하림
의 아들 말기야와 바핫모압의 아들 핫숩이 한 부분과 화덕망대를 중수하였고 12
그 다음은 예루살렘 지방 절반을 다스리는 자 할로헤스의 아들 살룸과 그의 딸
들이 중수하였고 13골짜기 문은 하눈과 사노아 주민이 중수하여 문을 세우며 문
짝을 달고 자물쇠와 빗장을 갖추고 또 분문까지 성벽 천 규빗을 중수하였고 14
분문은 벧학게렘 지방을 다스리는 레갑의 아들 말기야가 중수하여 문을 세우며
문짝을 달고 자물쇠와 빗장을 갖추었고 15샘문은 미스바 지방을 다스리는 골호
세의 아들 살룬이 중수하여 문을 세우고 덮었으며 문짝을 달며 자물쇠와 빗장을
갖추고 또 왕의 동산 근처 셀라 못가의 성벽을 중수하여 다윗 성에서 내려오는
층계까지 이르렀고 16그 다음은 벧술 지방 절반을 다스리는 자 아스북의 아들
느헤미야가 중수하여 다윗의 묘실과 마주 대한 곳에 이르고 또 파서 만든 못을
지나 용사의 집까지 이르렀고 17그 다음은 레위 사람 바니의 아들 르훔이 중수
하였고 그 다음은 그일라 지방 절반을 다스리는 하사뱌가 그 지방을 대표하여
중수하였고 18그 다음은 그들의 형제들 가운데 그일라 지방 절반을 다스리는 자

헤나닷의 아들 바왜가 중수하였고 19그 다음은 미스바를 다스리는 자 예수아의
아들 에셀이 한 부분을 중수하여 성 굽이에 있는 군기고 맞은 편까지 이르렀고
20그 다음은 삽배의 아들 바룩이 한 부분을 힘써 중수하여 성 굽이에서부터 대
제사장 엘리아십의 집 문에 이르렀고 21그 다음은 학고스의 손자 우리야의 아들
므레못이 한 부분을 중수하여 엘리아십의 집 문에서부터 엘리아십의 집 모퉁이
에 이르렀고 22그 다음은 평지에 사는 제사장들이 중수하였고 23그 다음은 베냐
민과 핫숩이 자기 집 맞은 편 부분을 중수하였고 그 다음은 아나냐의 손자 마아
세야의 아들 아사랴가 자기 집에서 가까운 부분을 중수하였고 24그 다음은 헤나
닷의 아들 빈누이가 한 부분을 중수하되 아사랴의 집에서부터 성 굽이를 지나
성 모퉁이에 이르렀고 25우새의 아들 발랄은 성 굽이 맞은 편과 왕의 윗 궁에서
내민 망대 맞은 편 곧 시위청에서 가까운 부분을 중수하였고 그 다음은 바로스
의 아들 브다야가 중수하였고 26(그 때에 느디님 사람은 오벨에 거주하여 동쪽
수문과 마주 대한 곳에서부터 내민 망대까지 이르렀느니라) 27그 다음은 드고아
사람들이 한 부분을 중수하여 내민 큰 망대와 마주 대한 곳에서부터 오벨 성벽
까지 이르렀느니라 28마문 위로부터는 제사장들이 각각 자기 집과 마주 대한 부
분을 중수하였고 29그 다음은 임멜의 아들 사독이 자기 집과 마주 대한 부분을
중수하였고 그 다음은 동문지기 스가냐의 아들 스마야가 중수하였고 30그 다음
은 셀레먀의 아들 하나냐와 살랍의 여섯째 아들 하눈이 한 부분을 중수하였고
그 다음은 베레갸의 아들 므술람이 자기의 방과 마주 대한 부분을 중수하였고
31그 다음은 금장색 말기야가 함밉갓 문과 마주 대한 부분을 중수하여 느디님
사람과 상인들의 집에서부터 성 모퉁이 성루에 이르렀고 32성 모퉁이 성루에서
양문까지는 금장색과 상인들이 중수하였느니라

하나님의 영광을 위하여 협력한 백성들

느헤미야는 산발랏과 도비야를 비롯한 대적들의 방해와 위협에도 불구하고 하나님만 마라보고 예루살렘 성 재건을 추진했다. 그 동안 하나님과 페르시아 왕이 어떻게 도왔는지 자세히 설명했을 때 온 백성들은 용기를 내어 성을 재건하자고 자발적으로 동참하였다. 지도자 느헤미야는 대사역을 시작하면서 백성들에게 일을 고루 분담시켰다.

대제사장 엘리아십이 형제 제사장들과 함께 일어나 '양문'을 건축하면서 모든 백성들에게 모범을 보였다.

"그 때에 대제사장 엘리아십이 그의 형제 제사장들과 함께 일어나 양문을 건축하여 성별하고 문짝을 달고 또 성벽을 건축하여 함메아 망대에서부터 하나넬 망대까지 성별하였고"(1절).

양문은 성전의 북쪽 오른편에 위치한 성문이다. 이름 그대로 제사용 양들이 들어오는 곳이다. 제사장들은 자기들의 업무와 관계가 있는 양문에서 시작하여 하나넬 망대까지 성별하였다. 제사장들이 먼저 노동의 현장에서 모범을 보였기 때문에 다른 백성들도 큰 용기를 얻었을 것이다.

그 다음은 여리고 사람들이 건축을 하였는데, 이 사람들은 예루살렘에 가까이 살지 않았음에도 불구하고 협력하였다. 그러나 '드고아' 귀족들은 공사를 분담하지 않았다(5절). 귀족들이 분담하지 않은 일에 대하여 드고아 사람들이 27절에 또 다시 일을 분배받았다. 신앙공동체에서 누군가 자기의 일을 성실히 봉사하지 않으면 다른 사람들이 짐을 지게 된다. 하나님이 맡겨주신 일은 좀 힘이 들어도 서로 분담하고 협력하여 봉사해야 한다.

그리고 직업이 '금장색'인 사람들이 나온다(8,31,32절). 금속을 가지고 도금이나 세공을 하는 장인들을 지칭한다. 이들이 성벽을 쌓는 험한 일을 하게 되면 자기들의 일에 큰 지장이 생길 수도 있다. 성을 쌓는 일은 무거운 돌을 옮기거나 흙을 져다 날라야 하는 거칠고 고된 일이었기 때문에, 부드럽고 예민한 그들의 손이 무디어질 수 있었다. 그리고 향품 장사 '하나냐' 등도 직업상 과한 노동을 거의 못해 보았을 것이다. 그럼에도 불구하고 그들이 성 재건을 돕고 협력했다.

느헤미야는 가능하면 백성들의 집과 마주 대한 부분을 중수하도록 했다(10,23,28절). 제일 관심이 많으니 제일 열심히 일할 것이고, 거리가 가까우니 시간도 절약될 수 있었다. 그리고 지도자 '살룸'은 그의 딸들도 성벽 재건에 동참을 시켰다(12절). 그는 예루살렘 지방 절반을 다스리는 자였다. 구태여 딸들까지 부역을 시키지 않아도 되었을 것인데 하나님의 뜻 깊은 일에 딸들을 동원했다. 유다 풍습에 딸들이 결혼할 때 쯤에는 일을 시키지 않았다. 권력자였기에 집안에 종들도 충분히 있었을 것이다. 그런데도 딸들이 직접 봉사에 나선 것은 하나님의 영광을 회복하는 일에 함께 참여하고 싶었기 때문일 것이다.

우리가 교회를 섬길 때에도 살룸과 그의 딸들과 같은 마음으로 헌신해야 할 것이다. 다른 사람들을 시킬 수도 있지만, 자원하여 봉사할 때에 하나님은 더욱 기뻐하실 것이다.

쓰레기와 오물을 버리는 '분문'이라고 해서 소홀하게 다루지 않았다(14절). 벧학게렘 지방을 다스리는 레갑의 아들 '말기야'가 중수하여 문을 세우고 문짝을 달고 자물쇠와 빗장까지 꼼꼼하게 갖추었다. 다스리는 자들이라고 지시와 명령만 하지 않고 직접 현장에서 부역하였다(17-19절). 하나님의 일에 지도자와 백성이 함께 수고하였다. 느헤미야는 모든 자손들이 건축하는 것을 세밀하게 관찰하였고 격려와 감사를 표하는 것도 잊지 않았다.

> "그 다음은 삽배의 아들 바룩이 한 부분을 힘써 중수하여 성 굽이에서부터 대제사장 엘리아십의 집 문에 이르렀고"(20절).

다른 사람들과 달리 '바룩'이 '힘써 중수하였다'는 것은 그 만큼 정성과 열정으로 성벽을 쌓았다는 것이며, 지도자 느헤미야는 그 점을 관찰하고 특별히 격려해 주었다는 것이다.

계획과 분담

3장에서 제일 많이 반복되는 단어는 '그 다음은'이다. 이 말이 우리에게 암시하는 것은 미리 계획하고 디자인했다는 것이며, 또 백성들이 협력하고 분담했다는 것을 의미한다. 느헤미야는 미리 예루살렘의 지도를 펼쳐놓고 건축상에 있어 어려운 부분은 짧게, 보다 쉬운 부분은 길게 정해 놓았을 것이다. 그리고 각 자손들에게 분담을 시킬 때에도 그 형편과 사정을 고려했을 것이다. 계획과 준비도 일이다. 잘 디자인되고 설계 되면 일은 훨씬 더 효과적으로 수행하게 된다.

각 자손들이 맡은 구역이 나열되어 있지만, 이 모든 계획은 아마 느헤미야의 세밀한 구상에서 나왔을 것이다. 그는 하나님께 기도하면서 지혜를 얻었을 것이고, 성벽 재건은 대사역이었지만 서로 조금씩 분담함으로 전체 성벽이 건축될 수 있었을 것이다. 신앙공동체의 일은 모두 한 마음이 되어 협력하면 작은 일이 합해져서 큰 일을 성취하게 된다.

> "이제 지체는 많으나 몸은 하나라. 눈이 손더러 내가 너를 쓸 데가 없다 하거나 또한 머리가 발더러 내가 너를 쓸 데가 없다 하지 못하리라. 그뿐 아니라 더 약하게 보이는 몸의 지체가 도리어 요긴하고"(고전12:20-22).

각자가 맡은 한 부분

빈부귀천을 가리지 않고 모든 계층의 사람들이 함께 성벽 재건에 동참하였다. 제사장과 금장색과 향품 장사와 다스리는 자들과 레위인, 일부 여자들과 상인들이 모두 협력하였다. 그들은 하나님의 영광을 위하여 자원하여 헌신하였다. 모두가 한 목적으로 협력했을 때 폐허가 된 예루살렘이 영광스러운 제 모습을 찾게 되었다.

우리 중에 어떤 사람이 "나는 하나님의 일을 하기에 부적당해" 하고 생각한다면 속히 그 생각을 수정해야 한다. 주님은 우리 각자가 섬겨야 할 부분이 있다고 말씀하신다. 주님의 일에 기꺼이 동참하려는 마음만 있다면 하나님은 귀하게 쓰실 것이다. 드고아의 귀족들처럼 자기가 해야 할 일을 회피했을 때 다른 사람들이 그 몫까지 짊어져야 한다는 사실을 기억해야 한다. 어차피 하나님의 일은 누군가의 손에 의해서 성취되어 갈 것이다. 자신이 맡은 일을 성실히 감당하지 않고 허송세월만 보낸다면, 나중에 하나님 앞에 설 때에 얼마나 부끄러울 것인가?

드고아 사람들은 예루살렘 성이 완공되었을 때 함께 동참하지 않은 것을 후회했을 것이다. 하나님의 일에 결단코 부적합한 사람은 없다. 문제는 자기에게 맡겨진 일들을 감당하지 않으려는 마음이다.

유다 백성들에게 훌륭한 총독 느헤미야가 있었다. 그와 같이 우리에게는 예수 그리스도가 계신다. "교회의 머리이시며 근본이신" 주님께서 우리 각자에게 일을 맡기셨다. 각자의 형편과 사정은 다르지만 우리에게 맡겨주신 사명들을 회피하지 않고 잘 수행하게 될 때에 교회는 든든하게 서 갈 것이다. 모두가 협력하여 자기의 재능과 은사를 발휘할 때 하나님은 영광을 받으실 것이다.

> "그에게서 온 몸이 각 마디를 통하여 도움을 받음으로 연결되고 결합되어 각 지체의 분량대로 역사하여 그 몸을 자라게 하며 사랑 안에서 스스로 세우느니라" (엡4:16).

> "너희는 사도들과 선지자들의 터 위에 세우심을 입은 자라 그리스도 예수께서 친히 모퉁잇돌이 되셨느니라. 그의 안에서 건물마다 서로 연결하여 주 안에서 성전이 되어 가고" (엡2:20,21).

Nehemiah Explanation

6
역경을 극복한 사람들

느 4:1-14

1산발랏이 우리가 성을 건축한다 함을 듣고 크게 분노하여 유다 사람들을 비웃
으며 2자기 형제들과 사마리아 군대 앞에서 말하여 이르되 이 미약한 유다 사람
들의 하는 일이 무엇인가, 스스로 견고하게 하려는가, 제사를 드리려는가, 하루
에 일을 마치려는가, 불탄 돌을 흙무더기에서 다시 일으키려는가 하고 3암몬 사
람 도비야는 곁에 있다가 이르되 그들이 건축하는 돌 성벽은 여우가 올라가도
곧 무너지리라 하더라 4우리 하나님이여 들으시옵소서 우리가 업신여김을 당하
나이다 원하건대 그들이 욕하는 것을 자기들의 머리에 돌리사 노략거리가 되어
이방에 사로잡히게 하시고 5주 앞에서 그들의 악을 덮어두지 마시며 그들의 죄
를 도말하지 마옵소서 그들이 건축하는 자 앞에서 주를 노하시게 하였음이니이
다 하고 6이에 우리가 성을 건축하여 전부가 연결되고 높이가 절반에 이르렀으
니 이는 백성이 마음 들여 일을 하였음이니라 7산발랏과 도비야와 아라비아 사
람들과 암몬 사람들과 아스돗 사람들이 예루살렘 성이 중수되어 그 허물어진 틈
이 메꾸어져 간다 함을 듣고 심히 분노하여 8다 함께 꾀하기를 예루살렘으로 가
서 치고 그곳을 요란하게 하자 하기로 9우리가 우리 하나님께 기도하며 그들로
말미암아 파수꾼을 두어 주야로 방비하는데 10유다 사람들은 이르기를 흙무더기
가 아직도 많거늘 짐을 나르는 자의 힘이 다 빠졌으니 우리가 성을 건축하지 못
하리라 하고 11우리의 원수들은 이르기를 그들이 알지 못하고 보지 못하는 사이
에 우리가 그들 가운데 달려 들어가서 살육하여 역사를 그치게 하리라 하고 12
그 원수들의 근처에 거주하는 유다 사람들도 그 각처에서 와서 열 번이나 우리
에게 말하기를 너희가 우리에게로 와야 하리라 하기로 13내가 성벽 뒤의 낮고
넓은 곳에 백성이 그들의 족속을 따라 칼과 창과 활을 가지고 서 있게 하고 14내
가 돌아본 후에 일어나서 귀족들과 민장들과 남은 백성에게 말하기를 너희는 그
들을 두려워하지 말고 지극히 크시고 두려우신 주를 기억하고 너희 형제와 자녀
와 아내와 집을 위하여 싸우라 하였느니라

대적들의 위협에도 불구하고

세상에서 가장 무서운 병은 절망이라는 병이다. 어떤 역경 가운데서도 희망을 가지면 그 문제를 이길 수 있다. 느헤미야와 이스라엘 백성들이 처한 형편은 헤쳐나가기 어려운 절망적인 상황이었다. 그러나 그들은 그 곤경을 믿음으로 극복하였다.

방해꾼들의 기세가 하늘을 찔렀다. '사마리아 군대'를 동원해서라도 예루살렘을 치고 성벽 재건을 중단시킬 기세였다. 유다인들을 무시하고 욕하며 위협을 가중시켰다. 군사력이 미약한 유다인들은 신앙과 정신력으로 버텼다.

> "산발랏이 우리가 성을 건축한다 함을 듣고 크게 분노하여 유다 사람들을 비웃으며 자기 형제들과 사마리아 군대 앞에서 일러 말하되 이 미약한 유다 사람들이 하는 일이 무엇인가, 스스로 견고하게 하려는가, 제사를 드리려는가, 하루에 일을 마치려는가 불탄 돌을 흙 무더기에서 다시 일으키려는가 하고 암몬 사람 도비야는 곁에 있다가 이르되 그들이 건축하는 돌 성벽은 여우가 올라가도 곧 무너지리라 하더라"(1-3절).

오늘날도 우리가 예수님 앞에서 경건하게 살려고 하면 여러 역경과 박해를 견뎌야 한다. 하나님의 일을 하려 할 때에는 언제든지 시련과 박해를 대비하는 전투적인 신앙을 갖추고 있어야 한다.

> "무릇 그리스도 예수 안에서 경건하게 살고자 하는 자는 박해를 받으리라"(딤후3:12).

왜 사람들은 역경 가운데서 절망하는가? 할 일은 많은데 방해꾼이나 반대자가 있어 힘들게 하거나, 일에 능률은 오르지 않고 육체는 피곤에 지쳤는데 수입은 없을 때이다. 유다인들은 처음에 성벽 재건을 위하여 최선을 다하였다. 성이 전체적으로 연결이 되었고 절반쯤 공사가 진행되었다(6절). 그런데 대적들은 호시탐탐 위협하고, 여전히 흙 무더기는 많이 남았고 짐을 나르는 자들은 힘이 빠졌다.

> "다 함께 꾀하기를 예루살렘으로 가서 치고 그 곳을 요란하게 하자 하기로 우리가 우리 하나님께 기도하며 그들로 말미암아 파수꾼을 두어 주야로 방비하는데, 유다 사람들은 이르기를 흙 무더기가 아직도 많거늘 짐을 나르는 자의 힘이 빠졌으니 우리가 성을 건축하지 못하리라 하고"(8-10절).

유다 백성들은 성벽 중건에 힘이 빠졌다. 대적들의 위협에 대한 긴장과 건강과 가정생활에 이르기까지 무엇 하나 향상되는 것이 없었다. 마침내 기진맥진한 그들은 "우리가 성을 건축하지 못할 것이다"라는 부정적인 생각에 빠져들었다. 산발랏과 도비야를 비롯한 이방인들의 방해와 위협으로 인한 정신적인 두려움이 부정적인 생각의 큰 원인이었다. 금방이라도 쳐들어올 기세였기 때문에 그들은 불안하였다(7,8절). 육신적으로는 피곤에 저려 쓰러질 지경인데 원수들이 공격이라도 한다면 당해낼 힘이 없었던 것이다. 이런 여러 요인들이 합하여져 그들로 하여금 낙심하고 좌절하게 만들었다.

지금도 사탄은 우리를 이런 식으로 무기력하게 만든다. 낙심하게 하고 좌절과 절망에 빠지게 한다. 그리고 진행하던 것들을 포기하고 싶도록 만든다. 사탄의 도전에 우리는 무너지면 안 된다.

기도와 격려의 힘

느헤미야는 이런 역경과 좌절감 속에 빠진 유다인들을 어떻게 승리하게 만들었는가? 그는 처음부터 끝까지 한 순간도 긴장을 풀지 않고 하나님께 간절히 기도하였다. 그는 하나님의 대사역을 기도로 시작하였고 기도로 마무리한 사람이었다. 기도는 하늘 문을 여는 열쇠이다. 오직 기도만이 우리를 역경과 절망으로부터 일어나게 할 수 있다.

> "우리 하나님이여 들으시옵소서 우리가 업신여김을 당하나이다 원하건대 그들이 욕하는 것을 자기들의 머리에 돌리사 노략거리가 되어 이방에 사로잡히게 하시고, 주 앞에서 그들의 악을 덮어 두지 마시며 그들의 죄를 도말하지 마옵소서 그들이 건축하는 자 앞에서 주를 노하시게 하였음이니이다 하고" (4,5절).

느헤미야는 자신들이 당하고 있는 상황을 소상히 하나님께 아뢰었다. 군사력으로는 그들을 대항할 수 없었지만 영적으로 하나님을 굳게 의지하였다. 총독 느헤미야와 유다 백성들은 하나님께 간절히 기도하면서 최선을 다하였다. 오히려 원수들의 위협과 전쟁에 대한 긴장이 그들의 성벽 재건 작업을 서두르게 하였다. 성벽이 전부 연결이 되고 절반쯤 건축이 진행되었다(6절).

우리가 신앙으로 살면 악한 자들의 위협과 긴장까지도 도움이 될 수 있다. 좋지 않는 환경과 형편까지도 하나님께서는 선하게 사용하신다. 태풍이 불 때 배가 위험하기도 하지만, 바람을 잘 타기만 하면 오히려 항해가 더욱 속도를 낼 수 있다.

느헤미야는 두려워하는 백성들에게 능력이 크신 하나님을 의지하도록 했다. "너희는 그들을 두려워하지 말고 지극히 크시고 두려우신 주를 기억하고, 너희 형제와 자녀와 아내와 집을 위하여 싸우라" 고 했다(14절).

사람은 연약하지만 하나님은 전지전능하신 분이다. 우리가 비록 낙심하고 좌절하여도 하나님이 일하시면 놀라운 일이 일어난다. 하나님의 크신 능력을 기억하면 새로운 용기가 생긴다. 하나님께서는 우리를 새가 날개 치며 그 새끼를 보호함 같이 철저히 보호해 주신다. 그 사실만 분명히 기억한다면 어떤 환난이나 대적도 두렵지 않을 것이다. 부정적인 생각과 두려움을 물리치고 믿음으로 나아갈 때 어떠한 역경과 곤경에서도 승리하게 될 것이다.

언젠가 공산권 선교 세미나에서 만주 땅의 조선족 교회 성도들이 북한으로 성경을 직접 가져가기 위하여 기도하는 장면을 보았다. 그들도 우리와 같이 목숨은 단 하나 뿐이다. 그러나 하나님께서 함께 하신다는 믿음을 소유하고 있었기 때문에 어떤 환난과 박해도 두려워하지 않았던 것이다.

느헤미야는 백성들에게 왜 적들과 싸워야 하는지 그 명분을 분명히 제시하였다. 예루살렘 성벽을 재건하는 것은 하나님의 영광을 위한 것이고, 그리고 적들과 싸우지 않으면 안 되는 이유는 "너희 형제와 자녀와 아내"의 생명을 지키기 위한 것이라고 하였다. 민족과 가족의 생사가 걸린 일이므로 생명을 걸고라도 사마리아 군대와 싸워야 한다고 강조했다. 다행히 하나님의 은혜로 전쟁이 일어나지는 않았지만, 유다인들은 죽을 각오를 하고 예루살렘과 가족을 지키려고 최선을 다하였다.

Nehemiah Explanation

7
한 손에는 짐을, 다른 손에는 칼을

느 4:15-23

15우리의 대적이 우리가 그들의 의도를 눈치 챘다 함을 들으니라 하나님이 그들
의 꾀를 폐하셨으므로 우리가 다 성에 돌아와서 각각 일하였는데 16그 때로부터
내 수하 사람 절반은 일하고 절반은 갑옷을 입고 창과 방패와 활을 가졌고 민장
은 유다 온 족속의 뒤에 있었으며 17성을 건축하는 자와 짐을 나르는 자는 다 각
각 한 손으로 일을 하며 한 손에는 병기를 잡았는데 18건축하는 자는 각각 허리
에 칼을 차고 건축하며 나팔 부는 자는 내 곁에 섰었느니라 19내가 귀족들과 민
장들과 남은 백성에게 이르기를 이 공사는 크고 넓으므로 우리가 성에서 떨어져
거리가 먼즉 20너희는 어디서든지 나팔 소리를 듣거든 그리로 모여서 우리에게
로 나아오라 우리 하나님이 우리를 위하여 싸우시리라 하였느니라 21우리가 이
같이 공사하는데 무리의 절반은 동틀 때부터 별이 나기까지 창을 잡았으며 22그
때에 내가 또 백성에게 말하기를 사람마다 그 종자와 함께 예루살렘 안에서 잘
지니 밤에는 우리를 위하여 파수하겠고 낮에는 일하리라 하고 23나나 내 형제들
이나 종자들이나 나를 따라 파수하는 사람들이나 우리가 다 우리의 옷을 벗지
아니하였으며 물을 길으러 갈 때에도 각각 병기를 잡았느니라

무장한 백성들

유다인들의 방위태세가 강화되었다는 소식이 적들의 귀에 들어갔다. 그래서 그들은 이미 자기들의 전략이 드러났음을 알고 예루살렘 공격을 포기하였다. "하나님이 그들의 꾀를 폐했다"고 느헤미야가 말한 것으로

보아, 일이 이렇게 된 것은 특별한 하나님의 간섭과 도우심이 있었다고 그는 믿었다.

> "우리의 대적이 우리가 그들의 의도를 눈치챘다 함을 들으니라. 하나님이 그들의 꾀를 폐하셨으므로 우리가 다 성에 돌아와서 각각 일하였는데, 그 때로부터 내 수하 사람들의 절반은 일하고 절반은 갑옷을 입고 창과 방패와 활을 가졌고 민장은 유다 온 족속의 뒤에 있었으며" (15,16절).

하나님께서는 "악인들은 바람에 나는 겨와 같이" 결과적으로는 아무런 실효를 거두지 못하도록 하신다. "의인의 길은 하나님이 인정하시지만, 악인의 길은 망하게 된다" 고 하셨다(시1:4-6).

유다 백성들은 대적들의 위협에서도 성으로 돌아와 각자 맡았던 성벽 재건을 시작하였다. 혹시 적들이 공격할 것을 예상하여 느헤미야의 호위부대의 절반은 일을 하고, 다른 절반은 갑옷을 입고 창과 방패와 활을 가지고 예루살렘 성을 파수하였다. 백성들의 대표자인 '민장'들은 유다 족속의 뒤에서 감독하였는데(16절), 느헤미야가 지휘권을 그들에게 위임하였다. 성을 건축하는 자들은 각각 허리에 칼을 차고 있었고, 심지어 짐을 나르는 자들도 한 손으로는 일을 하면서 한 손으로는 병기를 잡고 있었다. 그리고 만약 전쟁이 나면 곧바로 나팔을 불어 적의 공격을 막도록 나팔 부는 자가 느헤미야의 곁에 서 있었다(17,18절).

우리는 영적으로나 육신적으로 깨어 기도해야 한다. 언제 사탄이 우리의 마음을 흩뜨리고 시험에 빠지게 할 줄 모른다. 성도는 항상 영적으로 무장하고 있어야 한다. 진리로 허리띠를 띠고 의의 흉배를 붙이고 평안의 복음으로 신을 신고, 믿음의 방패와 구원의 투구를 쓰고 성령의 검인 하나님의 말씀을 가지고 있어야 한다. 항상 성령 안에서 깨어 기도하는 사람이 되어야 한다. 사탄의 갑작스러운 공격을 받으면 우리는 당황하게 되고 하나님의 사역에 문제가 발생할 수도 있다.

> "끝으로 너희가 주 안에서와 그 힘의 능력으로 강건하여지고, 마귀의 간계를 능히 대적하기 위하여 하나님의 전신갑주를 입으라"(엡 6:10,11).

한 공동체, 한 지휘관

성벽 재건은 넓게 흩어져서 하지만, 만약 전쟁이 발발하면 나팔 소리가 나는 곳으로 집결하여 싸우자고 하였다. 그리고 느헤미야가 늘 강조하는 말은 "하나님이 대신 싸우신다"는 것이다. 부역에 지쳐 있고 전쟁이 날지도 모른다는 불안감에 싸여 있는 백성들에게 신앙심을 불어넣었다. 하나님이 반드시 적들을 물리치시고, 연약한 자신들을 대신하여 싸워주실 것이라고 말했다.

성도들은 그리스도 중심의 하나의 공동체가 되어야 한다. 유다 백성들에게 나팔 소리가 나면 즉시 일을 멈추고 전시 태세를 갖추어야 함과 같이 교회 공동체는 마음이 하나가 되어야 한다. 그리고 우리의 대장 예수 그리스도 중심으로 뭉쳐야 산다. 인생 전쟁의 지휘관은 그리스도이시다. 하나님이 대신 싸우실 것을 믿고 신앙 공동체는 하나 되는데 최선을 다해야 한다.

소년 다윗이 블레셋 장수 골리앗과 싸울 때에 자기의 전술이나 체력이나 무기로 이긴 것이 아니다. 다윗은 골리앗에게 선포하기를 "만군의 여호와의 이름으로 나간다" 고 하였다(삼상17:45).

성벽 재건에 동원된 백성들의 신앙심과 정신력은 대단하였다. 동틀 때부터 별이 반짝이는 밤이 될 때까지 파수하였고, 잠을 잘 때에도 옷을 벗지 않았고, 물을 길으러 갈 때에도 각각 병기를 잡고 있었다.

> "나나 내 형제들이나 종자들이나 나를 따라 파수하는 사람들이나 우리가 다 우리의 옷을 벗지 아니하였으며 물을 길으러 갈 때에도 각각 병기를 잡았느니라" (23절).

'옷을 벗지 않았다'는 것은 경계 태세를 조금도 늦추지 않고 적들에게 공격할 조금의 틈도 주지 않았다는 의미이다.

> "마귀에게 틈을 주지 말라" (엡4:27).

악한 생각이 들어오지 못하도록 차단시키라. 사탄은 우리의 느슨한 틈과 약점이 보이면 공격한다. 악인의 생각에 공감하여도, 죄인의 길에 함께 동참하여도 안 된다. 그리고 오만한 자들과 함께 의논해서도 안 된다. 마귀는 틈만 보이면 비집고 들어오려고 한다. 우리는 영적인 전투에서 패배하지 않도록 마귀에게 틈을 보이지 말아야 한다.

Nehemiah Explanation

8
경제적 고충과 지도자의 귀

느 5:1-5

1그 때에 백성들이 그 아내와 함께 크게 부르짖어 그들의 형제 유다 사람을 원
망하는데 2어떤 사람은 말하기를 우리와 우리 자녀가 많으니 양식을 얻어먹고
살아야 하겠다 하고 3어떤 사람은 말하기를 우리의 밭과 포도원과 집이라도 저
당 잡히고 이 흉년에 곡식을 얻자 하고 4어떤 사람은 말하기를 우리는 밭과 포
도원으로 돈을 빚내서 왕에게 세금을 바쳤도다 5우리 육체도 우리 형제의 육체
와 같고 우리 자녀도 그들의 자녀와 같거늘 이제 우리 자녀를 종으로 파는도다
우리 딸 중에 벌써 종된 자가 있고 우리의 밭과 포도원이 이미 남의 것이 되었
으나 우리에게는 아무런 힘이 없도다 하더라

백성들의 경제적 타격

유다 백성들은 산발랏과 도비야를 비롯한 대적들의 침입을 우려하면서 힘겹게 성벽을 재건하고 있었다. 백성들은 전적으로 성벽 재건에 매달려 최선을 다하였다. 그런데 경제적인 타격이 심각했다. 당장 먹고 살 일이 막막해졌다. 백성들은 견디다 못해 크게 부르짖으며 관리들을 원망했다.

"그 아내와 함께 크게 부르짖었다"는 표현에서 살림을 맡아 하는 주부들이 큰 타격을 입고 있음을 암시하고 있다. 남편은 남편대로 가족 부양의 책임을 다하지 못하니 답답하고, 아내는 아내대로 살림을 더 이상 꾸려 나갈 수 없으니 막막했을 것이다. 그래서 그들은 말하기를 "우리와 우리 자녀가 많으니 양식을 얻어 먹고 살아야 하겠다"고 귀족들과 민장들에게 불만을 토로했다.

> "그 때에 백성들이 그들의 아내와 함께 크게 부르짖어 그들의 형제인 유다 사람들을 원망하는데, 어떤 사람은 말하기를 우리와 우리 자녀가 많으니 양식을 얻어 먹고 살아야 하겠다 하고"(1,2절).

유다 백성들이 하나님의 영광을 위하여 최선을 다하여 예루살렘 성벽을 중건하고 있지만, 당장에 먹고 사는 문제가 해결되지 않으면 더 이상 그 일에 의미를 가지고 열심히 일할 수 없었다. 가족들의 생계를 팽개치고 성벽을 쌓고 있을 수만은 없는 노릇이었다.

사실 일용직의 가난한 자에게 "먹고 사는 문제로 왜 고민하는가? 당신은 지금 하나님의 거룩한 일에 동참하고 있지 않는가? 물질은 하나님이 채워주실 것이니 당신은 하나님의 나라와 의를 위하여 계속 일하시오"라고 말할 수는 없다. 야고보 사도는 가난한 자에게 일용할 양식을 얻게 하는 것이 믿음의 선행이라고 말씀하였다.

> "만일 형제나 자매가 헐벗고 일용할 양식이 없는데 너희 중에 누구든지 그에게 이르되 평안히 가라, 덥게 하라, 배부르게 하라 하며 그 몸에 쓸 것을 주지 아니하면 무슨 유익이 있으리요 이와 같이 행함이 없는 믿음은 그 자체가 죽은 것이라"(약2:15-17).

백성들의 하소연과 불만은 대단히 심각했다. 밭과 포도원과 같은 부동산이 없는 사람들은 당장에 먹을 끼니를 걱정해야 했고, 부동산을 소유한 자들은 빚을 내서 세금을 바치고 양식도 구해야 했다. 빚도 감당하지 못한 자들은 이미 자녀들을 종으로 넘기기도 했다. 관리들이나 귀족들의 자녀나 서민들의 자녀나 귀하기는 마찬가지인데 왜 우리의 자녀들을 종으로 팔아넘겨야 하는가 하고 불만을 토로하였다.

> "어떤 사람은 말하기를 우리가 밭과 포도원과 집이라도 저당 잡히고 이 흉년에 곡식을 얻자 하고, 어떤 사람은 말하기를 우리는 밭과 포도원으로 돈을 빚내서 왕에게 세금을 바쳤도다. 우리 육체도 우리 형제의 육체와 같고 우리 자녀도 그들의 자녀와 같거늘 이제 우리 자녀를 종으로 파는도다. 우리 딸 중에 벌써 종된 자가 있고 우리의 밭과 포도원이 이미 남의 것이 되었으나 우리에게는 아무런 힘이 없도다 하더라" (3-5절).

백성의 부르짖음과 지도자의 귀

경제적 타격은 영적인 일까지 영향을 미치게 되었다. "우리가 성벽 재건만 아니었더라면 일을 해서 일용할 양식을 구할 수 있었을텐데" 하는 원망이 여기저기서 터져나왔을 것이다. 외부 적들의 위협도 심각한 문제였지만, 이제 내부의 경제적인 문제가 더 심각하게 떠올랐다. 지도자 느헤미야가 이 문제를 조속하게 해결하지 않고는 성벽 재건을 계속 진행하기 곤란했다. 그리고 백성들의 원성과 불평 가운데서 정상적인 유다 공동체를 이끌 수 없는 상황이 올 것이다. 유다 백성들은 자기들의 고충을 부르짖었고, 지도자들은 그 문제를 해결할 방안을 모색했다.

문제는 숨겨놓는 것보다 해결하고 넘어가는 것이 훨씬 바람직하다. 동료끼리나 가족끼리도 마음이 상하여 말하지 않는 경우가 있다. 그렇게 불편하게 지내는 것보다 솔직히 불만 요소를 털어놓고 서로 대화하고 해결 방안을 모색하는 것이 훨씬 더 낫다. "우리가 살아야 겠다"고 분명하게 자기들의 형편과 사정을 말하였기 때문에 지도자도 그 심각성을 인정하고 서둘러 문제 해결 방안을 강구하였다.

교회는 성도들의 어려운 사정들을 묻어 두는 곳이 아니요 말할 수 있도록 자유스러운 분위기를 조성시키는 것이 중요하다. 성도들이 자기의 문제를 솔직히 털어놓을 때 목회자들도 함께 그 문제 해결을 위하여 기도할 수 있다.

유다 백성들이 자기들의 고충을 그렇게 다 털어놓게 된 것도 지도자 느헤미야가 자기들의 말을 들어주고 해결해 줄 것이라는 신뢰심 때문이었을 것이다.

어떤 교회는 교인들이 상담을 제기하면 세 가지 해결 방안 중 하나를 택하여 시도한다고 했다. 첫째는 본인이 스스로 해결할 수 있는 방법, 둘째는 본인과 교회가 협력해서 해결하는 방법, 그래도 안될 경우는 본 교회와 이웃 교회가 협력해서 도울 방안을 모색한다고 한다. 우리가 하나님 나라를 확장해 가고 그리스도를 중심한 하나의 공동체를 만들어 감에 있어 성도들의 고민과 아픔에 동참하는 것은 대단히 중요한 일이다.

하나님 사랑, 이웃 사랑

예수님은 사람들이 가장 큰 계명이 무엇인가라고 물었을 때, 하나님 사랑과 이웃 사랑이라고 대답하셨다. 팔이 두 개라야 짝을 이루듯이 사랑도 하나님의 사랑과 이웃 사랑이 짝을 이루어야 한다. 하나님 90% 사랑하고, 이웃을 10%만 사랑해도 안 되고, 이웃을 90% 사랑하고 하나님을 10%만 사랑해도 안 된다. 하나님도 100% 사랑하고, 이웃도 100% 사랑해야 한다. 오늘 교회와 정부는 서민들이 부르짖을 때 너무 쉽게 "법대로 사시오"라고 말해서는 안 된다. 그들의 고충과 아픔이 무엇인지 귀담아 들어주어야 한다. 목회자가 성도들의 고충을 귀담아 들어주고, 정치 지도자들은 국민의 고충을 귀담아 들어주어야 한다. 지도자의 귀는 항상 가난하고 곤경에 처한 사람들을 향해 있어야 한다.

하나님의 영광을 위하여 예루살렘 성을 중건한다고 백성들의 경제적인 어려움을 돌아보지 않는다면 그것은 하나님을 온전히 사랑하는 것이 아니다. 물론 유다 백성들의 궁핍은 흉년과 성벽 재건에 그 이유가 있었지만, 행정적이고 제도적인 면에 있어서도 잘못이 있었다.

특히 귀족들과 민장들의 고리대금 등으로 부한 자들은 더 부해지고 가난한 자들은 더 가난해졌다. 전부는 아니지만 빈부격차에 대한 책임이 사회 지도층에 있었다. 느헤미야는 이 경제적인 타격을 해결하기 위하여 고리대금의 문제부터 손을 대기 시작했다.

Nehemiah Explanation

9
경제적 고충의 해결

느 5:6-19

6내가 백성의 부르짖음과 이런 말을 듣고 크게 노하였으나 7깊이 생각하고 귀족
들과 민장들을 꾸짖어 그들에게 이르기를 너희가 각기 형제에게 높은 이자를 취
하는도다 하고 대회를 열고 그들을 쳐서 8그들에게 이르기를 우리는 이방인의
손에 팔린 우리 형제 유다 사람들을 우리의 힘을 다하여 도로 찾았거늘 너희는
너희 형제를 팔고자 하느냐 더구나 우리의 손에 팔리게 하겠느냐 하매 그들이
잠잠하여 말이 없기로 9내가 또 이르기를 너희의 소행이 좋지 못하도다 우리의
대적 이방 사람의 비방을 생각하고 우리 하나님을 경외하는 가운데 행할 것이
아니냐 10나와 내 형제와 종자들도 역시 돈과 양식을 백성에게 꾸어 주었거니와
우리가 그 이자 받기를 그치자 11그런즉 너희는 그들에게 오늘이라도 그들의 밭
과 포도원과 감람원과 집이며 너희가 꾸어준 돈이나 양식이나 새 포도주나 기름
의 백분의 일을 돌려보내라 하였더니 12그들이 말하기를 우리가 당신의 말씀대
로 행하여 돌려보내고 그들에게서 아무 것도 요구하지 아니하리이다 하기로 내
가 제사장들을 불러 그들에게 그 말대로 행하겠다고 맹세하게 하고 13내가 옷자
락을 털며 이르기를 이 말대로 행하지 아니하는 자는 모두 하나님이 또한 이와
같이 그 집과 산업에서 털어버리실지니 그는 곧 이렇게 털려서 빈손이 될지로다
하매 회중이 다 아멘 하고 여호와를 찬송하고 백성들이 그 말한 대로 행하였느
니라 14또한 유다 땅 총독으로 세움을 받은 때 곧 아닥사스다 왕 제이십 년부터
제삼십이 년까지 십이 년 동안은 나와 내 형제들이 총독의 녹을 먹지 아니하였
느니라 15나보다 먼저 있었던 총독들은 백성에게서 양식과 포도주와 또 은 사십
세겔을 그들에게서 빼앗았고 또한 그들의 종자들도 백성을 압제하였으나 나는
하나님을 경외하므로 이같이 행하지 아니하고 16도리어 이 성벽 공사에 힘을 다
하며 땅을 사지 아니하였고 내 모든 종자들도 모여서 일을 하였으며 17또 내 상
에는 유다 사람들과 민장들 백오십 명이 있고 그 외에도 우리 주위에 있는 이방
족속들 중에서 우리에게 나아온 자들이 있었는데 18매일 나를 위하여 소 한 마
리와 살진 양 여섯 마리를 준비하며 닭도 많이 준비하고 열흘에 한 번씩은 각종
포도주를 갖추었나니 비록 이같이 하였을지라도 내가 총독의 녹을 요구하지 아
니하였음은 이 백성의 부역이 중함이었더라 19내 하나님이여 내가 이 백성을 위
하여 행한 모든 일을 기억하사 내게 은혜를 베푸시옵소서

고리대금에 대한 분노

느헤미야는 유다 백성들의 경제적인 어려움을 어떻게 해결하였나? 우선 그는 백성들의 힘든 상황을 자세하게 들었다. 어려운 문제가 무엇인지 알아야 해결할 것이 아닌가?

> "내가 백성의 부르짖음과 이런 말을 듣고 크게 노하였으나"(6절).

그는 백성들의 경제적인 고충을 자세하게 들었다. 물론 흉년으로 인한 고충도 있었지만, 귀족이나 부자들의 고리대금이 더 큰 문제였다. 가난한 백성들을 온통 빚쟁이로 만들어 놓은 것이다. 고리대금을 한 자들은 더욱 부자가 되고, 가난한 자들은 더욱 가난해져서 자기의 자식들마저 종으로 팔았다. 느헤미야는 의로운 분노가 치밀었다. 그가 '노하였다'는 것은 분노하는 백성들의 입장에 서서 그들과 동감했다는 것이다. 진정한 지도자는 백성들의 아픔을 이해할 뿐만 아니라 마음까지도 공감해야 한다.

우리는 어떤 경우에 화를 내는가? 자존심을 상하게 하거나 자기의 뜻과 상반될 때 분노하기도 한다. 물론 함부로 화내는 것은 어리석은 행동이다. 또 상대방의 감정을 격동시킬 수도 있다.

> "노하기를 속히 하는 자는 어리석은 일을 행하고"(잠14:17).

> "분을 쉽게 내는 자는 다툼을 일으켜도 노하기를 더디 하는 자는 시비를 그치게 하느니라"(잠15:18).

지도자는 백성들이 분노할 때에 같이 분노할 줄 알아야 한다. 유다인들이 빚더미에 올라앉아 고통하고 있는데도 지도자가 강 건너 불구경하듯이 아무 감정이 없다면 그건 잘못된 것이다. 특히 느헤미야가 화를 낸 이유는 귀족과 민장들이 성경 말씀에 반대하는 고리대금을 했기 때문이다(출22:25-27, 레25:35-38).

> "네가 형제에게 꾸어주거든 이자를 받지 말지니 곧 돈의 이자, 식물의 이자, 이자를 낼 만한 모든 것의 이자를 받지 말 것이라. 타국인에게 네가 꾸어주면 이자를 받아도 되거니와 네 형제에게 꾸어주거든 이자를 받지 말라. 그리하면 네 하나님 여호와께서 네가 들어가서 차지할 땅에서 네 손으로 하는 범사에 복을 내리시리라"(신23:19,20).

느헤미야는 그 문제를 해결하기 위하여 깊이 생각한 후에 고리대금으로 치부한 자들을 불러 꾸짖었다. 공적인 대회를 열어서 그리 못하도록 조치를 취했다(7절). 분노한 감정으로 그들을 대하지 않았다. 깊이 묵상하고 생각한 후에 그 문제를 신중하게 처리하였다. 고리대금 문제는 율법을 어기는 행위였으므로 전 백성들이 경고를 받아야 할 영적인 문제였다.

교회에서 죄를 책망할 때에도 될 수 있으면 먼저 당사자를 만나서 권고하고, 그래도 안 되면 교회적 차원에서 책망해야 한다. 죄는 특정한 사람만 짓는 것이 아니기 때문이다.

느헤미야와 그의 형제들은 이방인에게 노예로 팔린 동족들을 힘을 다하여 찾아왔다고 하였다. 아마 바벨론 포로에 잡혀간 유다인들을 데리고 돌아왔다는 의미일 것이다. 그런데 "유다 백성들이 이방인도 아닌 동족을 종으로 팔고 산다는 것이 말이 되는가" 하고 책망했을 때, 그들이 잠잠하여 말이 없었다(8절). 느헤미야가 하나님의 말씀으로 책망했기 때문에 누구도 이의를 제기하는 자가 없었다.

지도자의 권면과 모범

느헤미야는 만약 유다인들이 고리대금을 하여 형제들을 피폐하게 만들면, 이방인들에게도 비방을 받게 될 것이라고 말했다(9절). 성도들의 삶은 하나님 앞에서 신실하고 정직해야 한다. 말씀 그대로 살려고 최선을 다해야 한다. 불신자들처럼 살아서는 안 된다. 불신자들은 그리스도인들이 항상 자기들보다 더 나은 수준의 윤리적 삶을 살기 원한다. 성도들이 불신자들에게 실망과 비난의 대상이 되어서야 되겠는가?

느헤미야는 고압적인 자세로 명령하지 않았다. "나와 내 형제도 돈과 곡식을 빌려주는 입장이니 우리 모두 그 이자를 받지 말자"고 청유형으로 말했다.

> "나와 내 형제와 종자들도 역시 돈과 양식을 백성에게 꾸어 주었거니와 우리가 그 이자 받기를 그치자"(10절).

개혁해 나가야 할 문제일수록 가급적 명령하기 보다는 설득을 해야 한다. 사실 개혁하려는 자신과 그 일가친척 가운데서도 그런 문제가 있을 수 있기 때문이다. 자신이 먼저 그 일에 모범을 보이고 함께 노력하자고 독려해야 한다. 느헤미야는 당장 굶주리는 백성들을 위하여 매달 1%의 이자를 채무자들에게 돌려보내도록 하였다. 고리대금에 대한 즉각적인 수정을 단행하였다.

> "그런즉 너희는 그들에게 오늘이라도 그들의 밭과 포도원과 감람원과 집이며 너희가 꾸어 준 돈이나 양식이나 새 포도주나 기름의 백분의 일을 돌려보내라 하였더니"(11절).

귀족들과 민장들은 돈을 가진 부자들이고 권세를 가진 자들이었지만, 총독의 성경적인 책망을 듣고 바로 살기로 약속했다(12절). 약속한 그들에게 제사장을 불러서 하나님 앞에서 맹세하도록 시켰다. 이것은 결정한 것에서 끝내지 않고 분명히 책임을 지고 시행하도록 한 것이다. 중요한 일일수록 하나님 앞에서 짚고 넘어가야 한다. 기록에 남길 것을 남기고, 도장을 찍을 것을 찍게 해야 한다. 사람의 결심은 쉽게 변할 수 있기 때문이다.

느헤미야는 맹세한 그들에게 서약을 지키지 못할 때에 하나님의 저주가 있음을 상기시켰다. 하나님 앞에 드리는 약속은 항상 축복과 저주가 선포된다. 회중이 다 '아멘'으로 화답하고, 온 백성들이 자기들의 맹세대로 실천에 옮겼다.

> "내가 옷자락을 털며 이르기를 이 말대로 행하지 아니하는 자는 모두 하나님이 또한 이와 같이 그 집과 산업에서 털어 버리실지니 그는 곧 이렇게 털려서 빈손이 될지로다 하매 회중이 다 아멘 하고 여호와를 찬송하고 백성들이 그 말한 대로 행하였느니라"(13절).

눈에 보이지 않는 보상

14절은 느헤미야가 12년 뒤에 과거를 회상하면서 쓴 기록이다. 그는 아닥사스다 왕에게 12년이라는 기간을 허락받았고, 그 이후에 다시 바사로 복귀했다가 나중에 유다의 어려움을 듣고 다시 예루살렘으로 왔다.

느헤미야는 유다 총독의 일을 했기 때문에 마땅히 백성의 세금을 거두어서 나라의 일을 할 수도 있었다. 그러나 누구보다도 그는 백성들의 딱한 사정을 잘 알고 있었기 때문에 그럴 수 없었다.

> "나보다 먼저 있었던 총독들은 백성에게서, 양식과 포도주와 또 은 사십 세겔을 그들에게서 빼앗았고 또한 그들의 종자들도 백성을 압제하였으나 나는 하나님을 경외하므로 이같이 행하지 아니하고"(15절).

이전 총독의 경우를 말하면서 자신은 가난한 백성들로부터 양식과 포도주와 은 사십 세겔을 강압적으로 부과할 수 없었던 이유를 말했다. 백성들의 부역이 중했기 때문이다. 생활고에 시달리면서도 예루살렘 성벽 재건에 최선을 다한 것을 느헤미야가 알았기 때문이다. 총독은 그를 돕는 150인을 위하여 매일 음식은 제공받았지만, 총독의 수당은 따로 받지 않았다. 그는 자기가 한 일에 대하여 사람들에게 보상받기를 원하지 않고 하나님께서 보상해 주실 것을 기대하였다.

> "내 하나님이여 내가 이 백성을 위하여 행한 모든 일을 기억하사 내게 은혜를 베푸시옵소서"(19절).

우리가 하나님의 나라를 위하여 헌신하고 봉사하면, 사람들은 갚지 못할지라도 하나님께서 보상하실 것이다. 궁극적으로 우리의 보상은 하늘나라에 우리의 보물과 상급으로 쌓일 것이다.

> "오직 너희를 위하여 보물을 하늘에 쌓아 두라. 거기는 좀이나 동록이 해하지 못하며 도둑이 구멍을 뚫지도 못하고 도둑질도 못하느니라. 네 보물이 있는 그 곳에는 네 마음도 있느니라"(마6:20,21).

Nehemiah Explanation

10
대적들이 판 함정

느 6:1-9

1산발랏과 도비야와 아라비아 사람 게셈과 그 나머지 우리의 원수들이 내가 성
벽을 건축하여 그 허물어진 틈을 남기지 아니하였다 함을 들었는데 그 때는 내
가 아직 성문에 문짝을 달지 못한 때였더라 2산발랏과 게셈이 내게 사람을 보내
어 이르기를 오라 우리가 오노 평지 한 촌에서 서로 만나자 하니 실상은 나를
해하고자 함이었더라 3내가 곧 그들에게 사자들을 보내어 이르기를 내가 이제
큰 역사를 하니 내려가지 못하겠노라 어찌하여 역사를 중지하게 하고 너희에게
로 내려가겠느냐 하매 4그들이 네 번이나 이같이 내게 사람을 보내되 나는 꼭
같이 대답하였더니 5산발랏이 다섯 번째는 그 종자의 손에 봉하지 않은 편지를
들려 내게 보냈는데 6그 글에 이르기를 이방 중에도 소문이 있고 가스무도 말하
기를 너와 유다 사람들이 모반하려 하여 성벽을 건축한다 하나니 네가 그 말과
같이 왕이 되려 하는도다 7또 네가 선지자를 세워 예루살렘에서 너를 들어 선전
하기를 유다에 왕이 있다 하게 하였으니 지금 이 말이 왕에게 들릴지라 그런즉
너는 이제 오라 함께 의논하자 하였기로 8내가 사람을 보내어 그에게 이르기를
네가 말한바 이런 일은 없는 일이요 네 마음에서 지어낸 것이라 하였나니 9이는
그들이 다 우리를 두렵게 하고자 하여 말하기를 그들의 손이 피곤하여 역사를
중지하고 이루지 못하리라 함이라 이제 내 손을 힘 있게 하옵소서 하였노라

위장된 평화적 대화를 거절하다

그리스도인의 삶 속에는 언제나 사탄이 노리고 있다. 하나님의 거룩한 일을 하려고 할 때에 그 일을 방해하고 가로막는다. 우리가 사탄과 악한 자들의 함정과 덫을 어떻게 피할 수 있겠는가? 지도자 느헤미야의 신앙과

통찰력을 통하여 악한 자들의 함정에서 벗어나는 방법을 배울 수 있다.

"산발랏과 도비야와 아라비아 사람 게셈과 그 나머지 원수들"이 예루살렘 성벽 건축이 진행되고 있는 상황을 다 듣고 있었다(1절). 사마리아의 권력자들과 성벽 재건을 반대하는 무리들이 느헤미야의 거룩한 사역을 심히 못마땅하게 생각하고 음모를 꾸며 그를 죽이려고 시도하였다.

우리가 하나님의 나라를 위하여 헌신하려고 할 때에 사탄도 그의 세력들을 규합하고 복음 사역자들의 상황을 유심히 살핀다. 영적 원수들이 늘 곁에서 우리의 말과 행위를 살피고 있다는 것을 생각한다면 늘 깨어 기도하지 않을 수 없다.

'산발랏'이 성벽 재건을 방해한 우두머리다. 그는 '호론' 사람으로 알려져 있는데 에브라임 지역의 '벧 호론'이나 모압의 '호로나임' 지역에 살았기 때문인 것 같다(느2:10). 예루살렘 성벽 재건이 자신의 통치 지역인 사마리아 지역의 주민들로 하여금 자신에 대한 충성심을 감소시키고, 사마리아인이나 페르시아 통치자들로부터 비난을 받게 될까봐 두려웠던 것이다.

나중에 느헤미야가 바사로 복귀한 뒤에 대제사장 '엘리아십'의 손자 '요야다'의 아들 하나가 산발랏의 딸과 결혼하였다(느13:28). 산발랏이 성벽 재건을 반대하기는 했지만 유대 공동체와 관계를 끊은 것은 아니었다. 유다의 대제사장 집안과 사돈이 된 것을 보면 산발랏의 세력과 영향력을 짐작할 수 있다.

그리고 '도비야'는 과거에 종이었던 암몬 사람이고, '게셈'은 유목민의 족장으로 여겨지는 아라비아 사람이다. 이 원수들의 방해로 지도자 느헤미야는 늘 긴장할 수밖에 없었다.

"유다인들이 성벽의 허물어진 틈을 남기지 않고 다 건축하였다"는 소식을 산발랏과 원수들이 들었다. 아직 성문의 문짝을 달지 못한 때였으므로 심적으로 불안한 때였다. 바로 그런 때에 산발랏과 게셈이 느헤미야에게 사람을 보내어 오노 평지 한 촌에서 서로 만나자고 제의했다(1,2절).

첫 번째 함정의 극복

실상은 평화를 위한 대화가 아니고 느헤미야를 죽이려는 음모였다. 아마 느헤미야의 기도가 부족했더라면 그들의 함정에 빠질 수도 있었다. 적당히 대화를 통하여 위기 국면을 모면하고 싶을 수도 있었다. 그러나 느헤미야는 늘 기도하는 사람이다. 아마 기도하면서 그 만남은 위험하다는 것을 눈치챘을 것이다. 느헤미야는 그들의 대화를 단호하게 거절하였다.

> "내가 곧 그들에게 사자들을 보내어 이르기를 내가 이제 큰 역사를 하니 내려가지 못하겠노라. 어찌하여 역사를 중지하게 하고 너희에게로 내려가겠느냐 하매, 그들이 네 번이나 이같이 내게 사람을 보내되 나는 꼭 같이 대답하였더니" (3,4절).

느헤미야의 거절의 내용은 분명했다. 하나님의 일이 그 무엇보다도 중요하기 때문에 대화에 응할 수 없다고 단호하게 말했다. 네 번씩이나 사마리아의 권력자들이 인편으로 연락을 취했으면 못이기는 채 하고 그들의 제의에 응할 수도 있었다. 그러나 느헤미야의 판단과 결단은 단호했다. 그것이 자기를 해하려는 음모일 수 있다는 것을 짐작했던 것 같다.

오노 평지의 그 마을은 예루살렘에서 약 40Km 이상 떨어진 먼 곳이다. 유다 백성들의 힘이 미치지 못하는 외딴 곳에서 느헤미야를 제거하려는 의도였다. 느헤미야가 그들의 대화 제의에 응하지 않자 네 번씩이나 사람을 보내어 소식을 전하였다. 그들이 평화를 가장하고 대화의 장을 마련해 보자고 제안하였을 때, 느헤미야가 한두 번 거절할 수 있겠지만 사실 네 번째 소식을 전해왔을 때는 "일단 그들의 말이라도 한 번 들어보는 것도 그리 나쁘진 않겠지" 하고 그들의 제안을 수용할 수도 있었을 것이다. 그러나 느헤미야는 끝까지 거절하였기 때문에 그들의 함정에서 피할 수 있었다.

하나님의 성 예루살렘의 성벽을 건축하는 일은 하나님의 영광과 관련이 있다. 아무리 권력자라고 하여도 그 사역을 중지시킬 수는 없었다. 옳지 못한 것에는 관심을 가질 필요조차 없다. 하나님의 일을 방해하기 위하여 흔들어 대는 그들과 만나서 무슨 대화를 할 것인가?

진리에서 떠나고 하나님의 뜻에 반하는 것에는 전혀 동조나 관심을 가져서는 안 된다. 느헤미야의 그 분별력이 그의 생명을 살렸다. 만약 느헤미야가 원수들의 술수와 함정에 빠졌더라면 성벽 건축과 유다 백성들의 신앙생활에 큰 타격이 있었을 것이다.

느헤미야는 영적인 안목으로 그 문제를 분별해 내었고, 하나님의 큰 일에 전념함으로 원수들의 악한 함정에서 빠져나올 수 있었다. 우리가 하나님의 거룩한 일에 전심전력하지 않으면 사탄과 악한 사람들의 거짓과 유혹에 빠질 수 있다. 하나님의 일보다 자기의 유익이나 세속적인 것에 관심이 많아서 여기저기 기웃거리게 될 때에 시험에 빠지고 생명에 큰 타격을 받게 된다.

하나님과 밀접한 관계를 가지고 있으면 악하고 선한 것을 쉽게 분별할 수 있다. 느헤미야는 자기가 받은 사명에서 이탈하지 않기 위하여 원수들과의 대화를 거절했다. 우리는 하나님과의 영적인 관계가 소홀하거나 거룩한 일에 전념하지 않을 때에 죄와 쉽게 타협할 수 있다. 느헤미야는 하나님이 맡기신 일의 중요성을 분명히 알고 있었기 때문에 다른 길로 빠지지 않았다. 하나님의 일에 전념하고 있었기 때문에 악한 자들의 첫 번째 함정에 빠지지 않았다.

두 번째 함정의 극복

원수들이 네 번씩이나 사람을 보냈을 때, 귀찮아서라도 "잠깐 가 볼까. 혹시 좋은 말을 할지도 몰라" 하고 단순하게 생각할 수도 있었다. 그러나 그는 단호하게 거절하였고, 느헤미야를 유인하는데 실패한 산발랏은 다섯 번째는 느헤미야를 노골적으로 모함하는 편지를 봉하지 않은 채 보냈다. 중간에서 그 내용을 보고 나쁜 소문이 퍼지도록 하기 위하여 편지를 봉하지 않았던 것이다.

편지의 내용은 느헤미야가 페르시아의 반역자라는 것이었다. 정치적으로 치명적인 모함이었다. 느헤미야가 스스로 왕이 되려고 성벽을 쌓는다는 엄청난 거짓말이 그 편지에 씌여있었다. 산발랏은 나쁜 소문을 퍼뜨리면 "느헤미야가 자기들과 타협을 하지 않겠는가" 라고 생각했을 것이다. 사실 정의로운 느헤미야는 자기에게는 그런 잘못이 없노라고 찾아가서 따지고 싶었을 것이다. 그러나 자기의 이름이나 명예보다 하나님의 영광과 관련된 성벽 건축이 더 중요했으므로 자기는 오해와 비난을 받아도 좋다는 각오로 그들의 야비한 함정에 말려들지 않았다.

느헤미야가 두 번째 함정에서도 벗어날 수 있었던 것은 그가 평소에 흠없이 정직하게 살았다는 것이다. 만약 그가 조금이라도 페르시아 왕에게 반역할 마음이 있었다고 하거나 유다의 왕이 되려는 야욕을 가지고 있었더라면 목숨이 위태하여 그들의 제안대로 산발랏을 만났을 것이다. 그에게 잘못된 혐의가 있었다면 원수들과 타협하고 나쁜 소문을 퍼뜨리지 않게 해 달라고 간청했을 것이다. 그가 치명적인 모함을 받았지만 크게 걱정하지 않고 담대하게 대답할 수 있었던 것은 그가 평소에 왕에게나 백성들 앞에서 바르게 살았기 때문이다.

우리도 산발랏과 같이 거짓으로 남을 모함하는 일이 없어야 한다. 남을 해하려고 하는 거짓말은 결국 패망의 화살이 되어 자기에게로 되돌아 올 것이다.

기도하고 맡긴 느헤미야

느헤미야는 대적들과 만나서 잘못된 소문들을 수정하려고 노력하지 않고 하나님만 바라보았다. 부정적인 여론이 돌 때 인간적인 방법으로 해결하려고 하지 않고 하나님의 도움을 바라는 기도를 올렸다. 오히려 "이제 내 손을 힘 있게 하옵소서"라고 기도함으로 성벽 재건의 일을 중도에서 포기하지 않게 해 달라고 간청하였다.

> "내가 사람을 보내어 그에게 이르기를 네가 말한 바 이런 일은 없는 일이요 네 마음에서 지어낸 것이라 하였나니, 이는 그들이 다 우리를 두렵게 하고자 하여 말하기를 그들의 손이 피곤하여 역사를 중지하고 이루지 못하리라 함이라. 이제 내 손을 힘있게 하옵소서 하였더라"(8,9절).

느헤미야는 대적들의 끈질긴 모함과 타협에 조금도 흔들리지 않았다. 그것은 순전히 하나님께서 느헤미야에게 영적인 용기와 분별력과 지혜를 주셨기 때문이다. 하나님께서는 우리가 시험에 들지 않기 위하여 항상 성령 안에서 깨어 기도하기를 원하신다. 힘든 환난과 역경이 올 때에 자신의 경험과 생각에 의지하지 말고, 통찰력을 주시고 피할 길을 주시는 하나님만 바라보아야 한다.

> "시험에 들지 않게 깨어 있어 기도하라. 마음에는 원이로되 육신이 약하도다" (마26:41).

> "그가 내게 간구하리니 내가 그에게 응답하리라. 그들이 환난 당할 때에 내가 그와 함께 하여 그를 건지고 영화롭게 하리라" (시91:15).

우리가 세속에 물들지 않고 범죄하지 않는 방법은 하나님과 밀접한 영적 관계를 유지하는 것이다. 하나님의 거룩한 일에 관심을 기울이고 전심전력하다 보면, 사탄의 시험에서 벗어나고 죄의 유혹에 걸려들지 않을 것이다.

Nehemiah Explanation

11
올무에 걸린 스마야

느 6:10-19

10이후에 므헤다벨의 손자 들라야의 아들 스마야가 두문불출하기로 내가 그 집
에 가니 그가 이르기를 그들이 너를 죽이러 올 터이니 우리가 하나님의 전으로
가서 외소 안에 머물고 그 문을 닫자 저들이 반드시 밤에 와서 너를 죽이리라
하기로 11내가 이르기를 나 같은 자가 어찌 도망하며 나 같은 몸이면 누가 외소
에 들어가서 생명을 보존하겠느냐 나는 들어가지 않겠노라 하고 12깨달은즉 그
는 하나님께서 보내신 바가 아니라 도비야와 산발랏에게 뇌물을 받고 내게 이런
예언을 함이라 13그들이 뇌물을 준 까닭은 나를 두렵게 하고 이렇게 함으로 범
죄하게 하고 악한 말을 지어 나를 비방하려 함이었느니라 14내 하나님이여 도비
야와 산발랏과 여선지 노아댜와 그 남은 선지자들 곧 나를 두렵게 하고자 한 자
들의 소행을 기억하옵소서 하였노라 15성벽 역사가 오십이 일 만인 엘룰월 이십
오 일에 끝나매 16우리의 모든 대적과 주위에 있는 이방 족속들이 이를 듣고 다
두려워하여 크게 낙담하였으니 그들이 우리 하나님께서 이 역사를 이루신 것을
앎이니라 17또한 그 때에 유다의 귀족들이 여러 번 도비야에게 편지하였고 도비
야의 편지도 그들에게 이르렀으니 18도비야는 아라의 아들 스가냐의 사위가 되
고 도비야의 아들 여호하난도 베레갸의 아들 므술람의 딸을 아내로 맞이하였으
므로 유다에서 그와 동맹한 자가 많음이라 19그들이 도비야의 선행을 내 앞에
말하고 또 내 말도 그에게 전하매 도미야가 내게 편지하여 나를 두렵게 하고자
하였느니라

뇌물을 받은 스마야

성도들을 넘어뜨리려고 하는 악한 세력은 직접 간접으로 끊임없이 도전해 온다. 그래도 우리가 지탱하고 극복할 수 있는 것은 철저하게 성경

말씀대로 사는 것이다. 사탄은 우리의 약점과 실수를 파고든다. 우리가 범죄하거나 말씀대로 바로 살지 않으면 사탄은 그 빈틈을 파고들어 우리를 시험에 빠뜨린다.

대적들은 느헤미야에게 편지를 보내어 위협했다. 그 편지의 내용은 느헤미야가 스스로 왕이 되려고 한다는 것이었다. 반역자로 몰아서 치명적인 나쁜 소문을 퍼뜨려 곤경에 빠지게 하였다. 그러나 느헤미야는 그들의 타협에 응하지 않았다.

그래서 이번에는 간접적으로 느헤미야를 함정에 빠뜨리려고 친구 '스마야'를 이용하였다. 그들은 스마야에게 뇌물을 주고 매수하였다.[13] 느헤미야를 불안하게 만들어서 성소에 숨도록 유도했다. 제사장이 아닌 자가 성소에 들어가면 율법을 위반하는 것이다. 유다인들이 예민하게 생각하는 율법을 어기도록 해서 지도자의 자리에서 물러나도록 모함할 참이었다.

스마야는 느헤미야를 올무에 걸기 위하여 통 바깥 출입을 하지 않았다. 걱정이 된 느헤미야가 그를 방문하였다. 아주 자연스럽게 접촉할 기회를 만들어서 의심을 사지 않도록 했다. 그리고는 참으로 느헤미야를 위하는 척 하면서 "대적들이 너를 죽이러 올터이니 성소에 가서 숨자" 고 했다.

> "이 후에 므헤다벨의 손자 들라야의 아들 스마야가 두문불출 하기로 내가 그 집에 가니 그가 이르기를 그들이 너를 죽이러 올터이니 우리가 하나님의 전으로 가서 외소 안에 머물고 그 문을 닫자. 저들이 반드시 밤에 와서 너를 죽이리라 하기로, 내가 이르기를 나 같은 자가 어찌 도망하며 나 같은 몸이면 누가 외소에 들어가서 생명을 보존하겠느냐 나는 들어가지 않겠노라 하고" (10,11절).

---

13) 스마야(שְׁמַעְיָה: 여호와께서 들으셨다): 므라리 계보에 속하는 레위인이다. 성전 바깥 일을 맡은 자였다(느 11:15,16)

오늘날도 우리에게 다가오는 유혹과 시험이 먼 곳에서 오는 것이 아니라 우리의 일상에서 자연스럽게 나타난다. 가까운 사람을 통해서 때로는 친절히 도와주려는 사람처럼 나타난다. 남편이나 아내, 혹은 친구들을 통하여 시험을 받을 수 있다. "예수를 믿어도 왜 그렇게 지독하게 믿어야 하나? 이번만 주일예배에 빠지고 다음 주부터 잘 나가면 될 것 아닌가?" 하고 예배에 불참하도록 시험할 수 있다. 가족들의 간곡한 부탁에 마음이 흔들릴 수 있다.

느헤미야 역시 친구 스마야의 권면에 마음이 약해져서 그렇게 할 수도 있었다. 그러나 느헤미야는 그것이 우선 하나님의 말씀에 어긋난다는 것을 알고 거절하였다. 아무리 위급한 상황일지라도 율법을 어기는 것은 안 된다고 그는 생각했다. 나중에 밝혀진 사실이지만 느헤미야가 하나님의 말씀대로 처신한 것은 너무나 지혜로운 선택이었다. 스마야가 뇌물을 받고 매수된 것을 어떻게 알 수 있었겠는가?

사탄은 때로 빛의 천사처럼 나타나서 아주 합리적이고 타당한 말로 달콤하게 속삭인다. 가장 가까운 사람들을 동원해서라도 우리를 범죄하게 만들고 시험에 빠뜨린다.

사실 느헤미야는 대적들이 갑자기 나타나서 자기를 죽일지도 모른다는 불안감이 없지 않았다. 그런데 마치 스마야가 어떤 정보라도 듣고 온 것처럼 "오늘 밤에 성소에 숨는 것이 안전하겠다"고 말했을 때, 도와주려는 친구의 말을 듣고 시험에 빠질뻔 했다. 그러나 느헤미야는 "그것이 나에게 유익한가 아닌가"를 따지지 않고, 말씀 앞에서 "그것이 가능한가 아닌가"를 냉철히 분별하였다. 율법에는 일반인이 성소에 들어가는 것은 사형에 해당되는 무서운 처벌을 받게 되어 있었다.

"너와 네 아들들은 제단과 휘장 안의 모든 일에 대하여 제사장의 직

> 분을 지켜 섬기라. 내가 제사장의 직분을 너희에게 선물로 주었은즉 거기 가까이 하는 외인은 죽임을 당할지니라"(민18:7).

성소는 제사장들 외에는 들어갈 수 없는 곳이기 때문에 느헤미야는 스마야의 제안을 거절하였고, 비록 원수들이 밤에 들이닥친다 하더라도 유다 백성들을 외면하고 자기만 도망칠 수가 없었다.

> "내가 이르기를 나 같은 자가 어찌 도망하며 나 같은 몸이면 누가 외소에 들어가서 생명을 보존하겠느냐 나는 들어가지 않겠노라 하고"(11절).

그는 자기가 있어야 할 곳과 있지 말아야 할 곳을 알았으며, 들어가야 할 곳과 들어가지 말아야 할 곳을 알았다. 율법을 어겨 가면서까지 굳이 생명을 보존하려고 애쓰지 않았다. 율법을 범할 바에야 차라리 하나님께 목숨을 바치겠다는 각오로 성소에 들어가기를 거절하였다.

느헤미야는 자기의 사명에서 벗어나지 아니하고 이성적으로 판단하였다. 느헤미야가 율법의 말씀대로 바로 살려고 하였으므로 스마야의 거짓된 유혹을 물리칠 수 있었다. 하나님께서는 말씀대로 순종하려고 하는 자에게 지혜와 깨달음을 주신다.

뇌물을 주는 이유

뇌물의 힘이란 정말 무서운 것이다. 스마야는 선지자였으나 산발랏과 도비야에게 뇌물을 받고 친구를 해하려고 하였다. 하나님의 이름을 빙자

하면서 거짓으로 예언을 했던 것이다. 만약 느헤미야가 성소에 들어갔더라면 하나님의 계명을 어겼을 뿐 아니라 백성들 앞에서 그 권위가 손상되고, 그때까지 해왔던 신앙적 사역에 대하여 신뢰를 잃고 말았을 것이다. 그리고 율법대로 처형되었을지도 모른다.

> "깨달은즉 그는 하나님께서 보내신 바가 아니라 도비야와 산발랏에게 뇌물을 받고 내게 이런 예언을 함이라. 그들이 뇌물을 준 까닭은 나를 두렵게 하고 이렇게 함으로 범죄하게 하고 악한 말을 지어 나를 비방하려 함이었느니라"(12,13절).

성경에는 스마야 외에도 뇌물을 받은 사람들이 나온다. '발람' 선지자가 모압 왕 발락에게 뇌물을 받고 이스라엘 백성을 저주하는 기도를 올리려고 하였고(민22:17,37), 가룟유다는 은 삼십을 받고 예수 그리스도를 십자가에 넘겨주었다(마26:15). 이들은 처음부터 그렇게까지 사악한 자가 아니었으나 뇌물을 받고서 생각이 달라진 것이다. 뇌물은 양심을 더럽히고 정의에서 벗어나게 한다. 그리고 결국에는 범죄하게 되어 심판을 받는다.

> "너는 뇌물을 받지 말라. 뇌물은 밝은 자의 눈을 어둡게 하고 의로운 자의 말을 굽게 하느니라"(출23:8).

우리는 이유를 불문하고 뇌물 받을 생각을 하지 말아야 한다. 뇌물 뒤에는 사탄의 음모가 있고, 사람을 범죄하게 하고 비방 당하게 하는 무서운 함정이 있다. 느헤미야는 자기를 축출하겠다는 가증한 적들에게 복수하겠다는 자세가 아니라 하나님께서 그들의 악행을 처리하도록 기도하였다.

"내 하나님이여 도비야와 산발랏과 여선지 노아댜와 그 남은 선지자들 곧 나를 두렵게 하고자 한 자들의 소행을 기억하옵소서 하였노라" (14절).

역경 가운데서 성벽 완공

대적들의 위협과 역경 가운데서도 하나님의 은혜로 엘룰월(양력으로 8,9월에 해당) 25일에 성벽 건축이 끝났다. 52일만에 완공된 것은 정말 기적 같은 일이었다. 느헤미야와 백성들은 오직 하나님이 하신 일로 믿었다(16절). 대적들과 주위의 이방 나라들은 크게 낙담하였으나 유다인들은 하나님이 이루신 일을 바라보며 감격하였다.

하나님께서 성벽 건축을 이루어 나가셨기 때문에 대적들의 방해공작은 속수무책이었다. 유다인들은 오직 하나님을 의지하였기 때문에 원수들은 낙담하였고 주님의 백성들은 승리하였다. 성벽 건축에 방해꾼들이 많았다. 이방인 대적들은 말할 것도 없고, 심지어 유다의 귀족들 중에도 대적 도비야와 편지 왕래를 하면서 하나님의 사역을 방해하는 자들이 있었다.

"또한 그 때에 유다의 귀족들이 여러 번 도비야에게 편지하였고 도비야의 편지도 그들에게 이르렀으니, 도비야는 아라의 아들 스가냐의 사위가 되었고 도비야의 아들 여호하난도 베레갸의 아들 므술람의 딸을 아내로 맞이하였으므로 유다에서 그와 동맹한 자가 많음이라" (17,18절).

도비야는 처가와 사돈을 통하여 예루살렘의 영향력 있는 가문과 동맹관계를 맺고 있었다. '아라'는 에스라2:5에 보면 바벨론 포로에서 유다로 돌아온 한 가문으로 등장한다. 그리고 므술람은 느3:4,30에 보면 유다 지도자로서 성벽 건축의 두 부분을 맡아 열심히 일한 자였다. 노예 출신의 암몬 사람 도비야는 유다의 여인과 결혼하고, 유다인 자부를 봄으로 유다 귀족들과 동맹을 맺고 있었다. 유다 귀족들이 암몬 사람과 동맹을 맺은 것도 불법이지만, 애초에 스가냐와 므술람이 자기 딸을 암몬인에게 주었다는 것부터가 잘못이다.

도비야의 선행을 유다 귀족들이 추겨 세운 것을 보면 그를 상당히 의식하고 있으며 두려워한 것으로 짐작이 된다. 그래서 유다 귀족 일부는 느헤미야에게 협조하지 않고 방해꾼 노릇을 했던 것이다.

하나님의 말씀대로 살지 않고 사람을 더 의식하고 두려워하는 자들로 인하여 하나님의 일은 방해를 받게 된다. 52일 동안의 성벽 건축이 끝났지만 그들로 인하여 뒷말이 많고 시험은 계속 되었다. 그 이유는 사전에 불신앙의 이방인들과 소통했기 때문이며(고후6:14), 또 하나님의 사역을 반대하는 대적들의 끈질긴 악행 때문이었다.

우리가 악한 사람과 유대관계를 맺고 있으면 언제나 시험과 고민할 문제가 따라 오기 마련이다. 악한 것으로부터 벗어나기 위해서는 악은 그 모습이라도 버리는 과감한 결단이 필요하다. 우리가 신앙생활은 하여도 여전히 세속적인 나쁜 습관들을 끊지 못하면, 우리를 유혹하는 시험은 계속 따라오게 된다. 술이나 도박을 좋아하던 자가 신앙생활을 하면서 여전히 술집과 도박판을 기웃거린다면 그는 언젠가 또 넘어지는 쓰라림을 겪게 될 것이다. 과감하게 세속적인 나쁜 습관을 끊어내야 한다.

유다 귀족들이 끊을 사람을 끊지 못하고 받아주니 문제였다. 아마 스가냐와 므술람의 배경을 갖고 있는 도비야와 관계를 단절한다는 것이 이해

관계를 가진 귀족들에게 대단히 어려운 일이었을 것이다. 그러나 유다 귀족들이 과감히 도비야를 물리쳤어야 자기 민족에게 어려운 시험들이 계속 되지 않았을 것이다.

중심이 바르지 못한 귀족들이 느헤미야의 말을 대적 도비야에게 전하고, 도비야는 편지를 보내 느헤미야를 위협했다. 우리는 바르지 못한 유다 귀족들처럼 형제의 말을 옮겨 상대를 곤란에 빠뜨려서는 안 된다. 교회 안에서나 직장에서 말을 조심하여 시험거리가 생기지 않도록 해야 한다.

비록 승리했다고 하더라도 사탄의 시험은 언제나 있다. 사전에 끊을 것은 끊고 악은 그 모습이라도 버리자(살전5:22). 하나님의 말씀이 아닌 것은 당연히 거절하고, 오직 하나님의 말씀대로 순종하는 삶을 살아야 할 것이다.

Nehemiah Explanation

12
완공 후의 작업

느7:1-73

1성벽이 건축되매 문짝을 달고 문지기와 노래하는 자들과 레위 사람들을 세운 후
에 2내 아우 하나니와 영문의 관원 하나냐가 함께 예루살렘을 다스리게 하였는데
하나냐는 충성스러운 사람이요 하나님을 경외함이 무리 중에서 뛰어난 자라 3내가
그들에게 이르기를 해가 높이 뜨기 전에는 예루살렘 성문을 열지 말고 아직 파수
할 때에 곧 문을 닫고 빗장을 지르며 또 예루살렘 주민이 각각 자기가 지키는 곳
에서 파수하되 자기 집 맞은편을 지키게 하라 하였노니 4그 성읍은 광대하고 그
주민은 적으며 가옥을 미쳐 건축하지 못하였음이니라 5내 하나님이 내 마음을 감
동하사 귀족들과 민장들과 백성을 모아 그 계보대로 등록하게 하시므로 내가 처음
으로 돌아온 자의 계보를 얻었는데 거기에 기록된 것을 보면 6옛적에 바벨론의 느
부갓네살 왕에게 사로잡혀 갔던 자들 중에서 놓임을 받고 예루살렘과 유다에 돌아
와 각기 자기들의 성읍에 이른 자들 곧 7스룹바벨과 예수아와 느헤미야와 아사랴
와 라아먀와 나하마니와 모르드개와 빌산과 미스베렛과 비그왜와 느훔과 바아나와
함께 나온 이스라엘 백성의 명수가 이러하니라 8바로스 자손이 이천 백칠십이 명
이요 9스바댜 자손이 삼백칠십이 명이요 10아라 자손이 육백오십이 명이요 11바핫
모압 자손 곧 예수아와 요압 자손이 이천팔백십팔 명이요 12엘람 자손이 천이백오
십사 명이요 13삿두 자손이 팔백사십오 명이요 14삭개 자손이 칠백육십 명이요 15
빈누이 자손이 육백사십팔 명이요 16브배 자손이 육백이십팔 명이요 17아스갓 자
손이 이천삼백이십이 명이요 18아도니감 자손이 육백육십칠 명이요 19비그왜 자손
이 이천육십칠 명이요 20아딘 자손이 육백오십오 명이요 21아델 자손 곧 히스기야
자손이 구십팔 명이요 22하숨 자손이 삼백이십팔 명이요 23베새 자손이 삼백이십
사 명이요 24하립 자손이 백십이 명이요 25기브온 사람이 구십오 명이요 26베들레
헴과 느도바 사람이 백팔십팔 명이요 27아나돗 사람이 백이십팔 명이요 28벧아스
마웻 사람이 사십이 명이요 29기랴여아림과 그비라와 브에롯 사람이 칠백사십삼
명이요 30라마와 게바 사람이 육백이십일 명이요 31믹마스 사람이 백이십이 명이
요 32벧엘과 아이 사람이 백이십삼 명이요 33기타 느보 사람이 오십이 명이요 34
기타 엘람 자손이 천이백오십사 명이요 35하림 자손이 삼백이십 명이요 36여리고
자손이 삼백사십오 명이요 37로드와 하딧과 오노 자손이 칠백이십일 명이요 38스
나아 자손이 삼천구백삼십 명이었느니라 39제사장들은 예수아의 집 여다야 자손이
구백칠십삼 명이요 40임멜 자손이 천오십이 명이요 41바스훌 자손이 천이백사십칠

명이요 42하림 자손이 천십칠 명이었느니라 43레위 사람들은 호드야 자손 곧 예수
아와 갓미엘 자손이 칠십사 명이요 44노래하는 자들은 아삽 자손이 백사십팔 명이
요 45문지기들은 살룸 자손과 아델 자손과 달문 자손과 악굽 자손과 하디다 자손
과 소배 자손이 모두 백삼십팔 명이었느니라 46느디님 사람들은 시하 자손과 하수
바 자손과 답바옷 자손과 47게로스 자손과 시아 자손과 바돈 자손과 48르바나 자
손과 하가바 자손과 살매 자손과 49하난 자손과 깃델 자손과 가할 자손과 50르아
야 자손과 르신 자손과 느고다 자손과 51갓삼 자손과 웃사 자손과 바세아 자손과
52베새 자손과 므우님 자손과 느비스심 자손과 53박북 자손과 하그바 자손과 할훌
자손과 54바슬릿 자손과 므히다 자손과 하르사 자손과 55바르고스 자손과 시스라
자손과 데마 자손과 56느시야 자손과 하디바 자손이었더라 57솔로몬의 신하의 자
손은 소대 자손과 소베렛 자손과 브리다 자손과 58야알라 자손과 다르곤 자손과
깃델 자손과 59스바댜 자손과 핫딜 자손과 보게렛하스바임 자손과 아몬 자손이니
60모든 느디님 사람과 솔로몬의 신하의 자손이 삼백구십이 명이었느니라 61델멜라
와 델하르사와 그룹과 앗돈과 임멜로부터 올라온 자가 있으나 그들의 종족이나 계
보가 이스라엘에 속하였는지는 증거할 수 없으니 62그들은 들라야 자손과 도비야
자손과 느고다 자손이라 모두가 육백사십이 명이요 63제사장 중에는 호바야 자손
과 학고스 자손과 바르실래 자손이니 바르실래는 길르앗 사람 바르실래의 딸 중의
하나로 아내를 삼고 바르실래의 이름으로 불린 자라 64이 사람들은 계보 중에서
자기 이름을 찾아도 찾지 못하였으므로 그들을 부정하게 여겨 제사장의 직분을 행
하지 못하게 하고 65총독이 그들에게 명령하여 우림과 둠밈을 가진 제사장이 일어
나기 전에는 지성물을 먹지 말라 하였느니라 66온 회중의 합계는 사만 이천삼백육
십 명이요 67그 외에 노비가 칠천삼백삼십칠 명이요 그들에게 노래하는 남녀가 이
백사십오 명이었고 68말이 칠백삼십육 마리요 노새가 이백사십오 마리요 69낙타가
사백삼십오 마리요 나귀가 육천칠백이십 마리였느니라 70어떤 족장들은 역사를 위
하여 보조하였고 총독은 금 천 드라크마와 대접 오십과 제사장의 의복 오백삼십
벌을 보물 곳간에 드렸고 71또 어떤 족장들은 금 이만 드라크마와 은 이천이백 마
네를 역사 곳간에 드렸고 72그 나머지 백성은 금 이만 드라크마와 은 이천 마네와
제사장의 의복 육십칠 벌을 드렸느니라 73이와 같이 제사장들과 레위 사람들과 문
지기들과 노래하는 자들과 백성 몇 명과 느디님 사람들과 온 이스라엘 자손이 다
자기들의 성읍에 거주하였느니라

충성된 사역자를 세우다

성 건축이 완공된 후에 느헤미야는 문지기와 노래하는 자와 레위 사람들을 세워 성전 예배에 주력하게 하였다. 52일 동안 고된 성벽 건축에 시

달렸으니 한 편 긴장도 풀릴만하고, 또 대사역을 마무리했다는 만족감으로 푹 쉴 수도 있었겠지만 느헤미야는 새로운 작업을 시작했다.

> "성벽이 건축되매 문짝을 달고 문지기와 노래하는 자들과 레위 사람들을 세운 후에, 내 아우 하나니와 영문의 관원 하나냐가 함께 예루살렘을 다스리게 하였는데 하나냐는 충성스러운 사람이요 하나님을 경외함이 무리 중에서 뛰어난 자라"(1,2절).

총독 느헤미야를 보좌할 지도자 두 사람을 세워 예루살렘을 다스리게 하였다. 한 사람은 느헤미야의 아우인 '하나니'였고, 또 한 사람은 '하나냐'였다. 하나니는 그의 동생이라 특별히 소개하지 않은 것 같고, 하나냐는 "충성스럽고 하나님을 경외함이 무리 중에서 뛰어난 자라"고 소개하고 있다.

총독은 지도자를 세우면서 신앙심이 탁월한 자를 선택했다. 느헤미야는 자기가 봉직하던 페르시아에 다녀오기 전에 예루살렘의 지도자를 미리 선정할 필요성을 느꼈을 것이다.

그는 성벽 건축을 향하여 온 정열과 힘을 다 쏟아부었지만, 그것은 시작에 불과하였고 예루살렘 백성들이 진정으로 하나님께 찬양과 경배를 드리는 거룩한 백성이 되기를 바랐던 것이다.

우리의 신앙생활 역시 예수님을 믿고 거듭나서 새사람이 되면 구원이 마무리 된 것이 아니라, 그 때부터 하나님의 나라 확장을 위하여 일해야 한다. 교회는 믿음이 자란 성도에게 세례를 베풀고 직분을 주어 더욱 헌신하도록 동기를 부여한다.

무슨 일을 시작하든지 사람을 세우는 일이 중요하다. 주님께서도 하나님의 나라를 건설하기 위하여 먼저 갈릴리 호숫가에서 고기를 잡던 제자들을 불러 모으셨다. 그리고 그 제자들을 삼 년 동안 훈련시키셨다. 예수님이 십자가에서 죽으시고 부활하신 이후에는 교회를 세우고 섬기는 사도가 되게 하셨다.

느헤미야는 성전 봉사에 종사할 자들을 우선 선정하였다. 하나님께 제사드리는 제사장을 도우며 사역할 찬양대와 레위 사람들을 세웠다. 여기서 우리는 느헤미야의 하나님 제일주의를 엿볼 수 있다.

그리고 문지기를 세웠는데 그 이유는 하나님께 제사드리는 이 사람들과 백성들의 안전을 위해서였다. 느헤미야와 백성들은 그 동안 외부의 대적들로부터 얼마나 많은 곤욕과 위협을 당했던가? 유다인들이 피땀 흘리며 이룬 성읍의 평화를 지키는 것이 우선이었다.

느헤미야는 성벽 완공 후에 그 성을 지키는 일과 하나님 중심의 제사를 드리는 일에 주력하였다. 또 하나 느헤미야의 지도력이 돋보이는 것은 충성된 인물에게 위임했다는 것이다.

훌륭한 지도자는 혼자서 북 치고 장구 치지 않는다. 일을 분담할 줄 알고 신실한 자에게 위임할 줄 안다. 자기보다 남을 낫게 여기고 함께 동역할 줄 알아야 한다. 혼자서 하는 일은 그 사람의 능력만큼 제한될 수 있으나 협력하고 또 다른 사람에게 위임하게 되면 하나님의 일을 더욱 효과적으로 수행하게 될 것이다.

오늘 우리가 하는 일들이 성취되었을 때, 그것은 사역의 끝이 아니라 하나님 나라 사역의 시작이 되어야 한다. 사업에 성공하여 기반을 잡았거나 대학을 졸업하고 취직한 청년들은 그때부터 본격적으로 하나님의 일을 시작해야 한다. 그 동안 축복해 주신 하나님의 은혜에 감사하여 교회와 복음을 위하여 더욱 헌신해야 한다.

철저한 파수와 거주민 배치

특히 느헤미야는 대적들로부터 너무 끈질긴 위협과 시험을 당했기 때문에 파수하는 문제를 철저히 할 수밖에 없었다. 그리고 파수는 온 예루살렘 거주민이 동참하여 각각 순서를 정해서 하도록 했다. 뿐만 아니라 자기 집에 더욱 관심이 많으므로 자기 집 맞은편을 지키도록 했다.

> "내가 그들에게 이르기를 해가 높이 뜨기 전에는 예루살렘 성문을 열지 말고 아직 파수할 때에 곧 문을 닫고 빗장을 지르며 또 예루살렘 주민이 각각 자기가 지키는 곳에서 파수하되 자기 집 맞은편을 지키게 하라 하였노니, 그 성읍은 광대하고 그 주민은 적으며 가옥은 미처 건축하지 못하였음이니라" (3,4절).

백성들에게 자기 집 맞은편을 파수하도록 한 것처럼 교회나 직장에서 일을 맡길 때, 각자가 관심 있는 분야에서 일하도록 하면 더욱 효과적인 결과가 나올 것이다. 느헤미야는 지도자만 세운 것이 아니라 현실적으로 예루살렘이 제 역할을 감당하도록 백성들의 수효를 파악하여 거주민을 재배치했다.

각 자손들이 제비를 뽑아 십분의 일에 해당하는 백성을 예루살렘으로 이주하게 하고 제사장과 레위인, 노래하는 자들을 조사하여 예루살렘 성에 머물도록 했다(느11:1,2). 이 일도 불평이 없도록 바벨론에서 1차로 귀환한 자들의 명단을 입수하여 각 자손의 수효와 그들의 역할을 구분하여 예루살렘으로 이주를 시켰다.

우리가 어떤 책임을 맡았을 때, 느헤미야와 같은 세심함과 철저한 기획력이 있어야 한다. 이런 지혜와 행정력도 하나님께서 느헤미야에게 주신 것이다.

> "내 하나님이 내 마음을 감동하사 귀족들과 민장들과 백성을 모아 그 계보대로 등록하게 하시므로 내가 처음으로 돌아온 자의 계보를 얻었는데 거기에 기록된 것을 보면"(5절).

느헤미야에게 감동을 주어 예루살렘과 유다를 잘 다스리게 하신 하나님께서 오늘, 우리가 가정과 교회와 직장에서 어떻게 일해야 효과적으로 일할 수 있을지 지혜와 통찰력을 주시기 바란다. 공동체의 일은 주먹구구식으로 해서는 안 된다. 모든 성도가 이해되도록 어떤 행정 자료나 기록에 의하여 평등하게 일을 처리해야 하고, 어떤 일에서 제외시킬 때에도 정확한 사실이나 자료에 의하여 실시해야 원망과 불평이 없을 것이다.

총독인 느헤미야는 페르시아에서 떠나오기 전부터 기도와 성령의 감동으로 하나님의 일을 하였다. 우리도 기도와 성령의 감동으로 맡은 사명을 잘 감당할 수 있어야 한다.

Nehemiah Explanation

13
율법책의 낭독과 감동

느 8:1-12

1이스라엘 자손이 자기들의 성읍에 거주하였더니 일곱째 달에 이르러 모든 백성
이 일제히 수문 앞 광장에 모여 학사 에스라에게 여호와께서 이스라엘에게 명령
하신 모세의 율법 책을 가져 오기를 청하매 2일곱째 달 초하루에 제사장 에스라
가 율법 책을 가지고 회중 앞 곧 남자나 여자나 알아들을 만한 모든 사람 앞에
이르러 3수문 앞 광장에서 새벽부터 정오까지 남자나 여자나 알아들을 만한 모
든 사람 앞에서 읽으매 뭇 백성이 그 율법 책에 귀를 기울였는데 4그 때에 학사
에스라가 특별히 지은 나무 강단에 서고 그의 곁 오른쪽에 선 자는 맛디댜와 스
마와 아나야와 우리야와 힐기야와 마아세야요 그의 왼쪽에 선 자는 브다야와 미
사엘과 말기야와 하숨과 하스밧다나와 스가랴와 므술람이라 5에스라가 모든 백
성 위에 서서 그들 목전에 책을 펴니 책을 펼 때에 모든 백성이 일어서니라 6에
스라가 위대하신 하나님 여호와를 송축하매 모든 백성이 손을 들고 아멘 아멘
하고 응답하고 몸을 굽혀 얼굴을 땅에 대고 여호와께 경배하니라 7예수아와 바
니와 세레뱌와 야민과 악굽과 사브대와 호디야와 마아세야와 그리다와 아사랴와
요사밧과 하난과 블라야와 레위 사람들은 백성이 제자리에 서 있는 동안 그들에
게 율법을 깨닫게 하였는데 8하나님의 율법 책을 낭독하고 그 뜻을 해석하여 백
성에게 그 낭독하는 것을 다 깨닫게 하니 9백성이 율법의 말씀을 듣고 다 우는
지라 총독 느헤미야와 제사장 겸 학사 에스라와 백성을 가르치는 레위 사람들이
모든 백성에게 이르기를 오늘은 너희 하나님 여호와의 성일이니 슬퍼하지 말며
울지 말라 하고 10느헤미야가 또 그들에게 이르기를 너희는 가서 살진 것을 먹
고 단 것을 마시되 준비하지 못한 자에게는 나누어 주라 이날은 우리 주의 성일
이니 근심하지 말라 여호와로 인하여 기뻐하는 것이 너희의 힘이니라 하고 11레
위 사람들도 모든 백성을 정숙하게 하여 이르기를 오늘은 성일이니 마땅히 조용
하고 근심하지 말라 하니 12모든 백성이 곧 가서 먹고 마시며 나누어 주고 크게
즐거워하니 이는 그 읽어 들려 준 말을 밝히 앎이라

하나님의 말씀을 사모한 백성들

성벽 재건을 마치고 새롭게 시작한 일은 백성들의 심령 부흥이었다. 칠월 초하루가 되자 모든 백성이 일제히 수문 앞 광장에 모였다. 유다인의 칠월 초하루는 한국의 설날과 같은 기념일이다. 한 해를 시작하면서 그들은 광장에 모여 하나님의 말씀 듣기를 간절히 요청했다.

> "이스라엘 자손이 자기들의 성읍에 거주하였더니 일곱째 달에 이르러 모든 백성이 일제히 수문 앞 광장에 모여 학사 에스라에게 여호와께서 이스라엘에게 명령하신 모세의 율법책을 가져오기를 청하매" (1절).

에스라가 억지로 백성들을 모은 것이 아니라 백성들 스스로가 율법의 말씀을 듣기 원하였다. 그 동안 예루살렘 성벽 건축을 하면서 하나님의 은혜를 체험한 그들은 이제 하나님의 말씀을 듣고 싶었다. 하나님께서는 어떤 때 가장 은혜스러운 말씀을 주시는가? 백성들의 마음이 말씀을 간절히 사모할 때이다. 말씀 전하는 자의 준비 과정 만큼이나 듣는 자의 기도 과정이 있어야 하고 사모하는 심령이 있어야 한다.

> "하나님이여 사슴이 시냇물을 찾기에 갈급함 같이 내 영혼이 주를 찾기에 갈급하니이다" (시42:1).

> "일곱째 달 초하루에 제사장 에스라가 율법책을 가지고 회중 앞 곧 남자나 여자나 알아들을 만한 모든 사람 앞에 이르러 수문 앞 광장에서 새벽부터 정오까지 남자나 여자나 알아들을 만한 모든 사람 앞에서 읽으매 뭇 백성이 그 율법책에 귀를 기울였는데" (2,3절).

하나님께서는 말씀을 사모하고 그 말씀을 들을 준비가 된 자들에게 은혜를 베푸신다. 에스라가 "남자와 여자, 무릇 알아들을 만한 회중 앞에서 읽었다"고 두 번이나 강조하고 있는데, 이것은 말씀 선포자가 회중을 그만큼 인정하고 귀하게 여긴다는 의미가 담겨있다. 말씀 선포자가 그 자리에 모인 자들이 말씀을 들을 자격이 있는 하나님의 자녀들이라고 생각할 때에, 그 회중들을 귀하게 여기고 더욱 성심성의껏 말씀을 전하게 된다.

설교자가 자기 감정에 치우쳐 하나님의 뜻을 정확히 전달하지 못하거나 상처 입히는 말을 하지 않도록 조심해야 한다. 갈급한 심령으로 왔다가 말씀에 아무런 감동도 얻지 못하고 돌아가는 성도가 없도록 설교자는 특히 유의해야 한다. 유다 백성들에게 본 받을 점은 그 율법책에 귀를 기울였다는 것이다. 하나님의 말씀을 간절한 마음으로 듣기 원하는 것 자체가 복이다.

> "그러나 너희 눈은 봄으로, 너희 귀는 들음으로 복이 있도다"(마 13:16).

> "이 말을 너희 귀에 담아 두라. 인자가 장차 사람들의 손에 넘겨지리라 하시되"(눅9:44).

에스라가 특별히 지은 나무 강단에 서서 말씀을 읽었다. 자신도 백성들을 잘 보면서 전했고, 백성들도 집중해서 에스라의 낭독에 귀를 기울였다. 그리고 좌우편에 선 자들이 나오는데 아마 이 지도자들은 이 부흥회를 함께 준비한 사람들이었을 것이다.

> "그 때에 학사 에스라가 특별히 지은 나무 강단에 서고 그의 곁 오른쪽에 선 자는 맛디댜와 스마와 아나야와 우리야와 힐기야와 마아세

야요 그의 왼쪽에 선 자는 브다야와 미사엘과 말기야와 하숨과 하스밧다나와 스가랴와 므술람이라" (4절).

학사 에스라의 곁에 선 자들은 성경을 돌아가며 낭독하거나 에스라를 돕는 역할을 했을 것이며, 이들이 좌우편에 서 있으므로 말씀 전하는 자가 더욱 존경을 받도록 했을 것이다. 율법책을 펼 때 모든 백성들이 일어서는 것도 말씀의 권위와 설교자 앞에 존경을 표하는 것이다.

교회에서 목사가 존경을 받는 것은 하나님의 말씀을 강론하는 자이기 때문이다. 목사를 존경하지 않으면서 말씀의 권위를 인정한다는 것은 모순된다. 하나님 말씀의 권위를 인정하게 되면 비록 설교자가 젊고 보잘것 없는 자라도 자연히 존경의 대상이 된다.

또한 성경을 가르쳐야 하는 자녀들이나 믿음이 부족한 자들을 위하여 특별히 설교자에게 존경을 표해야 한다. 설교자의 허물과 약점을 말하거나 비난하게 되면 그들은 말씀 자체를 믿으려고 하지 않을 것이다. 설교자 자신은 인격적인 실수나 허물을 만들지 않기 위하여 무척 조심할 필요가 있고, 회중들은 하나님의 말씀을 전하는 설교자를 존경해야 한다.

부흥의 기초

에스라는 백성들의 존경의 대상이 되었지만 자신을 드러내지는 않았다. 그는 광대하신 하나님 여호와께 영광을 돌리고 송축하였다. 설교자의 필수 덕목은 겸손이며 항상 하나님을 높이는 것이다.

백성들은 하나님을 높이며 경배하였다. 그러한 마음의 자세가 하나님의 말씀을 더욱 귀담아 잘 듣게 하였고 은혜를 입게 하였다.

"에스라가 위대하신 하나님 여호와를 송축하매 모든 백성이 손을 들고 아멘 아멘 하고 응답하고 몸을 굽혀 얼굴을 땅에 대고 여호와께 경배하니라"(6절).

지도자들이 율법책을 낭독하고 그 뜻을 해석하여 그 낭독한 말씀을 다 깨닫게 했다(8절). 에스라는 느헤미야보다 14년 전에 유다에 올라온 인물인데 아마도 전부터 이 백성들을 훈련시켰는 지도 모른다. 백성들은 말씀을 사모하여 듣고 그 말씀을 다 깨달았다.

오늘날 교회 부흥의 시작은 바로 하나님의 말씀을 잘 듣고 깨닫는데 있다. 어떻게 하면 성도들이 하나님의 말씀에 사로잡히게 할까를 연구해야 한다. 성경을 잘 풀어 깨닫게 할 때에 교회는 부흥하게 된다.

백성들이 율법의 말씀을 듣고 다 울었다. 그 동안 하나님의 말씀대로 준행하지 못하여 다윗의 왕통이 끊어지고 바벨론의 포로가 되었다. 그러나 그들이 회개하였을 때 하나님께서는 바사 왕 고레스를 감동시켜 신앙적으로 자유를 얻게 하셨다. 그리고 스룹바벨과 귀환자들을 보내어 예루살렘 성전을 재건하게 하시고, 느헤미야를 보내시어 성벽을 재건하게 하셨다.

하나님의 말씀을 읽고 들으면서 지난 시간들의 은혜를 생각하니 회개와 감사의 눈물이 나왔다. 에스라와 레위 사람들은 거룩한 여호와의 성일이니 울지 말라고 그들을 위로하였다(9절).

느헤미야는 백성들에게 고기와 단 것을 먹으며 준비하지 못한 자들에게는 나누어 주라고 지시했다. "모든 백성이 곧 가서 먹고 마시며 나누어 주고 크게 즐거워하였다" 고 기록하고 있다(10-12절). 그들의 즐거움은 레위 사람들이 율법을 읽고 들려준 하나님의 말씀을 밝히 이해했기 때문이다.

성도의 참된 즐거움은 하나님의 말씀을 듣고 깨닫는 것이다. 하나님의 말씀을 사모하여 경청하고 깨닫아 회개하고, 그 말씀대로 실천할 때에 삶의 기쁨과 즐거움이 온다.

말씀을 전하시는 하나님

시내산에서 모세에게 말씀하신 하나님은 자신의 종들을 통하여 계속 말씀하신다. 시내산 위에서 나팔소리와 같은 음성으로 언약의 말씀인 십계명을 주셨다(출20-23장). 그리고 하나님께 예배드리는 방법으로 성막과 제사 제도를 계시해 주셨다(출25-40장). '지시하다, 가르치다'의 '야라'(יָרָה)란 단어는 구약시대에도 신약시대에도 지금도 계속해서 적용되고 있다(출24:12, 35:34, 레10:11). 율법이나 하나님의 말씀을 가르치고 선언하실 뿐만 아니라 성막의 기구를 만드는 기술적인 재능도 보여주시고 가르쳐 주셨다.

8절의 "그 뜻을 해석하였다"라고 할 때에 '야라'란 단어를 쓰고 있다. '가르치다, 설명하다, 이해시키다'란 의미를 지니고 있다. 모세에게 말씀하셨던 하나님은 느헤미야 시대에는 학사 에스라와 레위 사람들을 통하여 하나님의 말씀을 가르치게 하셨다. 그리고 신약시대에는 하나님의 아들 예수 그리스도께서 직접 말씀하셨다(히1:1, 마5:22,28). 3년 동안이나 제자들에게 말씀하시고, 그 제자들이 사도가 되어 사람들에게 말씀을 전하도록 하셨다.

시내산에서는 나팔소리와 같은 웅장한 말씀으로, 신약시대에 오신 그리스도는 온유하고 겸손하신 부드러운 음성으로 말씀하셨다. 그리고 예수님의 승천 후에는 성령을 충만히 받은 사도들을 통하여 뜨겁고 열정적인 음성으로 하나님의 뜻을 전하게 하셨다.

그 하나님은 지금도 목회자들을 통하여 교회 성도들에게 말씀하게 하셨다. 하나님이 주신 말씀, 성령님의 감동으로 주신 말씀이 아닌 다른 말씀은 전해서는 안 된다. 성령을 받은 사도들이 전한 복음이 아닌, 다른 복음을 전하면 저주를 받는다.

> "그러나 우리나 혹은 하늘로부터 온 천사라도 우리가 너희에게 전한 복음 외에 다른 복음을 전하면 저주를 받을지어다"(갈1:8).

학사 에스라를 통하여 그 백성들에게 말씀을 들려주신 하나님은 지금도 우리에게 하나님의 말씀을 읽고 듣기를 원하신다. 말씀을 듣고 그 인격이 변화 되고 구원의 확신과 성결한 삶을 사는 성도들이 되어야 한다.

Nehemiah Explanation

14
초막절을 지킨 백성들

느 8:13-18

13그 이튿날 뭇 백성의 족장들과 제사장들과 레위 사람들이 율법의 말씀을 밝히
알고자 하여 학사 에스라에게 모여서 14율법에 기록된 바를 본즉 여호와께서 모
세를 통하여 명령하시기를 이스라엘 자손은 일곱째 달 절기에 초막에서 거할지
니라 하였고 15또 일렀으되 모든 성읍과 예루살렘에 공포하여 이르기를 너희는
산에 가서 감람나무 가지와 들감람나무 가지와 화석류나무 가지와 종려나무 가
지와 기타 무성한 나무 가지를 가져다가 기록한 바를 따라 초막을 지으라 하라
한지라 16백성이 이에 나가서 나무 가지를 가져다가 혹은 지붕 위에, 혹은 뜰 안
에, 혹은 하나님의 전 뜰에, 혹은 수문 광장에, 혹은 에브라임 문 광장에 초막을
짓되 17사로잡혔다가 돌아온 회중이 다 초막을 짓고 그 안에서 거하니 눈의 아
들 여호수아 때로부터 그 날까지 이스라엘 자손이 이같이 행한 일이 없었으므로
이에 크게 기뻐하며 18에스라는 첫날부터 끝날 까지 날마다 하나님의 율법 책을
낭독하고 무리가 이레 동안 절기를 지키고 여덟째 날에 규례를 따라 성회를 열
었느니라

율법 연구와 초막절

온 백성들이 율법의 말씀을 깨닫고 크게 즐거워하였다. 그리고 그 이튿날은 족장과 제사장과 레위인들이 에스라에게 모였다. 율법의 말씀을 더 자세히 알기 원했기 때문이다. 행정적인 지도자들과 영적인 지도자들이 율법의 말씀을 밝히 알려고 했다. 그들은 백성들의 책임자이며 인솔자이기 때문에 무엇보다도 하나님의 말씀을 잘 알아야 한다.

> "그 이튿날 뭇 백성의 족장들과 제사장들과 레위 사람들이 율법의 말씀을 밝히 알고자 하여 학사 에스라에게 모여서 율법에 기록된 바를 본즉 여호와께서 모세를 통하여 명령하시기를 이스라엘 자손은 일곱째 달 절기에 초막에서 거할지니라 하였고" (13,14절).

사람들은 돈이 많고 먹을 것이 충분하면 잘 살 수 있다고 생각한다. 그러나 세상의 역사는 물질적인 것이 충족될 때에 복을 받은 것이 아니었다. 하나님의 말씀이 풍성하고 그 말씀대로 순종할 때에 복을 받았다. 예수님도 사람이 떡으로만 사는 것이 아니라 하나님의 입에서 나오는 말씀으로 산다고 하셨다.

> "예수께서 대답하여 이르시되 기록되었으되 사람이 떡으로만 살 것이 아니요 하나님의 입으로부터 나오는 모든 말씀으로 살 것이라 하였느니라" (마4:4).

이스라엘 백성들은 다윗과 솔로몬 왕의 시대에 가장 풍요롭고 부요하게 살았다. 그러나 왕과 백성들이 하나님의 말씀을 떠나 우상숭배와 도덕적으로 타락하였을 때, 그 부요는 영적 유익이 되지 못했다. 급기야는 왕국이 분열되고 적군의 포로가 되었다. 우리가 하나님의 말씀으로 돌아올 때에 하나님의 은총이 임한다. 특히 나라와 교회의 지도자들, 그리고 가정의 부모들은 성경을 자세히 알아야 한다. 성경을 밝히 알아야 국민들과 성도들과 자녀들의 영적 인도자가 될 수 있다.

율법에 대한 깊은 연구를 통해 백성들은 초막에 거하면서 칠일 동안 초막절을 지켜야 한다는 사실을 깨달았다. 이 절기는 이스라엘 백성들이 출애굽의 광야에서 방황하던 동안의 고달픈 생활을 재연해 봄으로 다시금 하나님의 보호와 해방을 기념하고, 풍성한 추수에 대한 감사를 체험하는 것이다.

이 축일은 제 칠월 십오일부터 일주일간 가지게 되는데 제 팔일째 되는 날은 성회로 모인다. 백성들은 일주일 동안 집을 떠나 초막에서 생활했다(레23:33-43). 율법책을 유의해서 보니 자신들이 그동안 초막절 행사에 대해서 소홀히 했다는 것을 깨닫게 되었다. 아마 그들은 포로 기간 동안 율법 준행이 거의 불가능했을 것이다. 그래서 그들은 잊고 있던 초막절 행사가 하나님의 명령인 것을 새롭게 발견하게 되었다.

말씀을 깊이 묵상하는 자만이 하나님의 뜻대로 살 수 있다. 말씀을 대하지 않으면 하나님이 원하시는 생활방식은 점차 망각하고 자기 방식대로 살아 갈 수밖에 없다.

깨달은 후의 실천

지도자들이 율법의 말씀을 깨달은 후에 백성들 모두가 그 말씀대로 실천에 옮기도록 했다. 백성들이 나가서 나뭇가지를 취하여 지붕과 뜰에, 혹은 하나님의 전 뜰에, 혹은 수문 광장과 에브라임 문 광장에 초막을 지었다.

설교하는 자는 말씀을 듣는 회중에게 실천할 수 있는 기회를 주어야 한다. 또 말씀을 들은 자는 스스로 실천하려고 노력해야 한다. 말씀 적용은 빠를수록 좋다. 마음으로 작정만 하고서 실천은 뒤로 미루면 좀처럼 말씀을 나의 삶 속에 적용해 나가기가 어렵다. 말씀을 상고하고 깨달음이 올 때 가급적이면 속히 실천에 옮겨야 한다. 그리고 설교자가 실천할 수 있는 프로그램이나 기회를 제공해 준다면 더욱 바람직하다.

만약 구제에 대한 말씀을 깨달았으면 구체적으로 구제 대상자를 선정하거나 가난한 복지 시설을 소개하여 도울 수 있도록 기회를 줄 수도 있다. 선교나 개척교회 후원에 대한 말씀을 들었다면, 성도들이 기도할 수 있는 선교 단체나 개척교회를 선정해 주고 직접 가서 섬길 수 있는 기회를 제공할 수도 있다.

말씀을 깨닫고 실천하였을 때 백성들에게 큰 기쁨이 있었다. 여호수아 시대부터 그 날까지 초막절을 지킨 경험은 있었지만, 이때만큼 백성들이 한 마음으로 칠일간 온전히 지켜진 초막절이 없었기 때문에 그들은 크게 즐거워하였다.

> "사로잡혔다가 돌아온 회중이 다 초막을 짓고 그 안에서 거하니 눈의 아들 여호수아 때로부터 그날까지 이스라엘 자손이 이같이 행한 일이 없었으므로 이에 크게 기뻐하며, 에스라는 첫날부터 끝날까지 날마다 하나님의 율법책을 낭독하고 무리가 이레 동안 절기를 지키고 여덟째 날에 규례를 따라 성회를 열었느니라"(17,18절).

우리의 생활 속에서 하나님의 말씀을 적용시켜 영적인 기쁨을 맛보는 신앙생활이 되어야 한다. 영적 지도자 에스라는 날마다 하나님의 율법책을 낭독하여 백성들이 듣고 실천하도록 하였고, 백성들은 말씀대로 초막절을 지키고 여덟째 날은 대부흥회를 열어 은혜를 받았다.

Nehemiah Explanation

15
회개와 결단

느 9:1-6

1그 달 스무나흗 날에 이스라엘 자손이 다 모여 금식하며 굵은 베 옷을 입고 티
끌을 무릅쓰며 2모든 이방 사람들과 절교하고 서서 자기의 죄와 조상들의 허물
을 자복하고 3이날에 낮 사분의 일은 그 제자리에 서서 그들의 하나님 여호와의
율법 책을 낭독하고 낮 사분의 일은 죄를 자복하며 그들의 하나님 여호와께 경
배하는데 4레위 사람 예수아와 바니와 갓미엘과 스바냐와 분니와 세레뱌와 바니
와 그나니는 단에 올라서서 큰 소리로 그들의 하나님 여호와께 부르짖고 5또 레
위 사람 예수아와 갓미엘과 바니와 하삽느야와 세레뱌와 호디야와 스바냐와 브
다히야는 이르기를 너희 무리는 마땅히 일어나 영원부터 영원까지 계신 너희 하
나님 여호와를 송축할지어다 주여 주의 영화로운 이름을 송축하올 것은 주의 이
름이 존귀하여 모든 송축이나 찬양에서 뛰어남이니이다 6오직 주는 여호와시라
하늘과 하늘들의 하늘과 일월성신과 땅과 땅 위의 만물과 바다와 그 가운데 모
든 것을 지으시고 다 보존하시오니 모든 천군이 주께 경배하나이다

결단을 통한 회개

우리가 말씀을 깊이 있게 알게 되면 회개가 나온다. 유다 백성들은 초막절 절기가 끝나고 그 달 24일에 회개하기 시작했다. '초막절'은 히브리어로 '하그 하숙코트'(חַג הַסֻּכּוֹת)라고 하는데, '초막, 임시 처소'를 뜻하는 '수카'(סֻכָּה)라는 말에서 왔다. 초막절은 이스라엘 3대 절기 가운데 마지막 절기이다. 수장절 혹은 장막절이라고도 한다. 초막절은 유대력으로 티쉬리 월(7월) 15일부터 시작하여 일주일 동안 계속되었다(레23:34). 양

력으로는 10월 초순경에 해당한다. 이 때는 추수가 모두 끝날 즈음이었다(출34:22). 본문에 나와 있는 7월 24일은 초막절 행사가 끝나고 이틀 후를 말한다. 그들이 금식하면서 굵은 베 옷을 입고 티끌을 무릅쓴 것은 죄에 대한 애통의 표시였다(삼상4:12, 욥2:12).

유다인들이 율법의 말씀대로 초막절을 지킴으로 말씀의 은혜를 받고 하나님의 영에 감동이 되었다. 그리고 회개가 터져나왔다.

> "그 달 스무나흗 날에 이스라엘 자손이 다 모여 금식하며 굵은 베 옷을 입고 티끌을 무릅쓰며" (1절).

이스라엘 백성들의 회개는 레위인들이 백성들의 잘못을 먼저 지적해 준 것이 아니라 말씀을 통하여 자신들의 잘못을 깨달았기 때문이다(8:8,9). 그리고 하나님께서 이스라엘 백성을 어떻게 인도해 주셨는지 레위인들이 알려주었기 때문이다(9:18,19).

성도들이 하나님의 말씀만 귀를 기울이고 잘 듣고 묵상하면 목회자가 죄를 책망하지 않아도 스스로 깨닫게 된다. 설교자가 성도들의 약점이나 죄악을 직선적으로 책망하면 기분이 상하기 쉽고, 또 신앙이 연약한 자는 마음의 상처도 받을 수 있다. 그러므로 성도들이 회개하도록 하나님께서 지나온 시간들을 어떻게 인도하셨고 보호하셨으며 구원하셨는지 잘 가르쳐주어야 한다.

자녀들이나 성도들에게 잘못이 있을 때 무조건 윽박지르거나 책망하는 것보다 하나님께서 얼마나 사랑하시고 철저하게 인도하셨는지 깨닫게 해 주어야 한다. 가정예배를 통하여 성경을 읽어 가면 자녀들은 스스로 하나님의 뜻을 깨닫게 될 것이고, 자신들의 잘못도 함께 회개하게 될 것이다.

참된 회개는 결단력 있는 행동으로부터 나온다. 그들이 금식하며 슬퍼만 하지 않고 거기서 한 걸음 더 나아가 죄악된 부분을 끊어내었다. 그 동안 이방인들과 결혼하여 이스라엘의 영적 순수성을 지키지 못했다. 신앙적으로나 도덕적으로 하나님을 떠나 우상숭배와 이방의 습관대로 살았던 점을 자복하고 과감하게 그들과 절교하는 결단을 내렸다. 죄와 허물을 과감하게 끊지 못하면 형식적인 신앙생활을 할 수밖에 없다.

> "모든 이방 사람들과 절교하고 서서 자기의 죄와 조상들의 허물을 자복하고"(2절).

> "무릇 내게 붙어 있어 열매를 맺지 아니하는 가지는 아버지께서 그것을 제거해 버리시고 무릇 열매를 맺는 가지는 더 열매를 맺게 하려 하여 그것을 깨끗하게 하시느니라"(요15:2).

열매를 맺을 수 없는 가지는 과감히 잘라내야 좋은 포도 열매를 딸 수 있다. 유다인들이 신앙에 걸림돌이 되는 우상숭배와 이방인들과의 관계를 끊은 것처럼, 우리도 신앙에 걸림돌이 되는 나쁜 습관과 죄를 끊을 줄 알아야 한다.

회개의 시간

회개의 기도는 온 종일 계속되었다. 낮의 시간을 12시간으로 잡으면 3시간 동안은 서서 율법책을 낭독하였고 3시간은 죄를 자복하며 하나님께 경배를 드렸다. 예수아를 비롯한 레위인 팔 명은 단에 올라서서 큰 소리로 하나님 여호와께 부르짖었다. 백성들의 대표로 레위인들이 회개기도를 하였다.

> "이 날에 낮 사분의 일은 그 제자리에 서서 그들의 하나님 여호와의 율법책을 낭독하고 낮 사분의 일은 죄를 자복하며 그들의 하나님 여호와께 경배하는데 레위 사람 예수아와 바니와 갓미엘과 스바냐와 분니와 세레뱌와 바니와 그나니는 단에 올라서서 큰 소리로 그들의 하나님 여호와께 부르짖고"(3,4절).

여기서 우리가 배울 점을 찾는다면 기도 운동의 순서이다. 먼저 하나님의 말씀을 낭독하였고 그 말씀을 깨닫고 백성들이 죄를 자복하였다는 것이다. 그리고 나서 하나님께 경배하였다. 우리는 자신의 죄를 깨닫기 전에는 하나님의 말씀을 깊이 상고해야 한다. 깨닫고 난 후에는 그 하나님의 구원과 은혜에 감격하여 하나님께 찬송과 영광을 돌려야 한다.

레위인의 두 명단에서 다섯 명은 같은 인물이다. 둘째 명단은 첫째 명단에 포함된 다섯 사람에 추가하여 세 사람이 첨가되었다. 이들의 이름은 모두 '여호와의 성호'와 관련이 있다. 예수아는 '여호와께서 구원하신다'이고, 갓미엘은 '하나님은 첫째이시다'이고, 바니는 '여호와께서 지으셨다'이고, 스바냐는 '여호와께서 나를 회복하셨다'이고, 세레뱌는 '여호와께서 뜨거운 사막으로 보내셨다'이고, 그나니는 '여호와께서 굳게 만드셨다'이고, 하삽느야는 '여호와께서 나를 생각하신다'이고, 호디야는 '여호와께서 빛이시다'이고, 브다히야는 '여호와께서 여셨다'라는 의미를 가지고 있다.

이들은 공중 예배를 인도하면서 큰 소리로 부르짖어 기도하면서 회중들의 기도를 도왔다. 그들의 기도는 간절하였고 길고 자세하였다(6-38

절). 무려 세 시간이나 진행된 기도였다. 그들은 혼신을 다하여 오랜 시간을 바쳐 백성들을 위하여 기도하였다. 우리의 신앙인격이 하나님 앞에서 재정비되는 데에는 상당한 시간이 걸려야 한다. 기독교 격언에도 "거룩하게 되기 위하여 시간을 잡으라"는 말이 있다.

하나님의 위대하심을 알다

> "또 레위 사람 예수아와 갓미엘과 바니와 하삽느야와 세레뱌와 호디야와 스바냐와 브다히야는 이르기를 너희 무리는 마땅히 일어나 영원부터 영원까지 계신 너희 하나님 여호와를 송축할지어다. 주여 주의 영화로운 이름을 송축하올 것은 주의 이름이 존귀하여 모든 송축이나 찬양에서 뛰어남이니이다. 오직 주는 여호와시라 하늘과 하늘들의 하늘과 일월성신과 땅과 땅 위의 만물과 바다와 그 가운데 모든 것을 지으시고 다 보존하시오니 모든 천군이 주께 경배하나이다" (5,6절).

죄를 회개한 맑고 청아한 심령은 하나님을 찬양하지 않을 수 없다. 죄를 회개하고 바로 살기로 작정한 영적 지도자들이 하나님을 높이며 감격의 기도와 찬송을 올렸다. 레위인들은 온 백성들이 영의 눈을 뜨고 하나님이 누구신지 알게 하였다.

우리는 영의 눈을 뜨고 하나님이 얼마나 위대하고 존귀하신 분인 줄 알아야 한다. "영원부터 영원까지 계신 지존하신 하나님"은 우리가 마땅히 찬송과 경배를 드려야 할 분이시다. 그 하나님은 우주만물을 창조하신 위대하신 분이다. '하늘들의 하늘과 일월성신'은 광대한 우주와 별들을 지칭한다. 우주 앞에 선 인간이란 참으로 티끌에 지나지 않는 존재이다. 시간과 공간적으로 우리가 차지하는 부분은 지극히 작다. 우리가 창조주 앞에서 지극히 낮아지고 겸손해져야 할 이유이다. 창조하셨을 뿐만 아니라 보존하시고 다스리신다.

모든 천군 천사가 경배를 드리는 그 하나님 앞에서 인간은 오직 그 말씀에 복종할 수밖에 없는 존재이다. 그럼에도 불구하고 인간은 끊임없이 불순종하고 하나님의 말씀을 거역하였다. 레위인들이 율법책을 낭독하고 해석해 주었을 때 백성들은 자신들이 얼마나 하나님의 말씀에서 벗어났는지 깨달았고, 자신과 조상들의 죄에 대하여 참회하였던 것이다.

우리는 유다인들처럼 구습에 얽매여 그저 적당히 살아가는 사람이 되어서는 안 된다. 습관적으로 교회만 출석하는 교인이 되어서는 안 되며, 말씀을 묵상하여 깨닫고 성령을 받아 변화된 삶을 살아야 한다. 자신이 믿는 하나님이 어떤 분인 것을 깨닫고 겸허한 마음으로 하나님의 말씀대로 살려고 최선을 다해야 한다.

Nehemiah Explanation

16
네 가지 고백

느 9:7-22

7주는 하나님 여호와시라 옛적에 아브람을 택하시고 갈대아 우르에서 인도하여
내시고 아브라함이라는 이름을 주시고 8그의 마음이 주 앞에서 충성됨을 보시고
그와 더불어 언약을 세우사 가나안 족속과 헷 족속과 아모리 족속과 브리스 족
속과 여부스 족속과 기르가스 족속의 땅을 그의 씨에게 주리라 하시더니 그 말
씀대로 이루셨사오매 주는 의로우심이로소이다 9주께서 우리 조상들이 애굽에서
고난 받는 것을 감찰하시며 홍해에서 그들의 부르짖음을 들으시고 10이적과 기
이한 일들을 베푸사 바로와 그의 모든 신하와 그의 나라 온 백성을 치셨사오니
이는 그들이 우리의 조상들에게 교만하게 행함을 아셨음이라 주께서 오늘과 같
이 명예를 얻으셨나이다 11또 주께서 우리 조상들 앞에서 바다를 갈라지게 하사
그들이 바다 가운데를 육지같이 통과하게 하시고 쫓아오는 자들을 돌을 큰물에
던짐같이 깊은 물에 던지시고 12낮에는 구름 기둥으로 인도하시고 밤에는 불기
둥으로 그들이 행할 길을 그들에게 비추셨사오며 13또 시내 산에 강림하시고 하
늘에서부터 그들과 말씀하사 정직한 규례와 진정한 율법과 선한 율례와 계명을
그들에게 주시고 14거룩한 안식일을 그들에게 알리시며 주의 종 모세를 통하여
계명과 율례와 율법을 그들에게 명령하시고 15그들의 굶주림 때문에 그들에게
양식을 주시며 그들의 목마름 때문에 그들에게 반석에서 물을 내시고 또 주께서
옛적에 손을 들어 맹세하시고 주겠다고 하신 땅을 들어가서 차지하라 말씀하셨
사오나 16그들과 우리 조상들이 교만하고 목을 굳게 하여 주의 명령을 듣지 아
니하고 17거역하며 주께서 그들 가운데에서 행하신 기사를 기억하지 아니하고
목을 굳게 하며 패역하여 스스로 한 우두머리를 세우고 종 되었던 땅으로 돌아
가고자 하였나이다 그러나 주께서는 용서하시는 하나님이시라 은혜로우시며 긍
휼히 여기시며 더디 노하시며 인자가 풍부하시므로 그들을 버리지 아니하셨나이
다 18또 그들이 자기들을 위하여 송아지를 부어 만들고 이르기를 이는 곧 너희
를 인도하여 애굽에서 나오게 한 신이라 하여 하나님을 크게 모독하였사오나 19
주께서는 주의 크신 긍휼로 그들을 광야에 버리지 아니하시고 낮에는 구름 기둥
이 그들에게서 떠나지 아니하고 길을 인도하며 밤에는 불기둥이 그들이 갈 길을
비추게 하셨사오며 20또 주의 선한 영을 주사 그들을 가르치시며 주의 만나가
그들의 입에서 끊어지지 않게 하시고 그들의 목마름을 인하여 그들에게 물을 주

어 21사십 년 동안 들에서 기르시되 부족함이 없게 하시므로 그 옷이 해어지지
아니하였고 발이 부르트지 아니하였사오며 22또 나라들과 족속들을 그들에게 각
각 나누어 주시매 그들이 시혼의 땅 곧 헤스본 왕의 땅과 바산 왕 옥의 땅을 차
지하였나이다

깨달음은 어떻게 오는가

우리는 기도생활과 예배를 통하여 하나님께 지혜와 통찰력을 얻는다. 기도하면서 어떤 문제를 깊이 묵상하면 하나님께서 깨달음과 영적 통찰력을 주신다. 특히 사람과의 관계가 쉽지 않는데, 하나님과 좋은 관계가 되면, 사람을 이해하게 하시고 그 사람이 어떤 영적 상태에 있는지 깨닫게 해 주신다. 그 사람을 알고 대하면 관계를 원만하게 만들어 나갈 수 있다.

율법을 낭독하였던 레위인 예수아와 갓미엘을 비롯한 팔 명은 "영원부터 영원까지 계신 너희 하나님 여호와를 송축하라"고 외쳤다(5절). 그리고 그들이 깨달은 것을 이스라엘 백성들에게 전달하였다. 이 본문은 믿음의 아버지 아브라함으로부터 시작하여 이스라엘 백성들이 출애굽한 사건과 광야 사십 년간의 생활과 가나안 정복과 사사시대와 왕정시대를 거치면서 하나님의 말씀대로 순종하지 않고 교만하였던 과거사를 나열하고 있다. 이스라엘의 역사를 통찰해 볼 때에 그들이 얼마나 하나님의 말씀을 불순종하였는지, 그리고 그 위대하신 구원의 하나님께 어찌 감히 교만한 목을 꼿꼿하게 세웠는지 깨달았다.

영혼의 깨달음은 성경을 읽고 묵상하면서 자신의 죄를 발견해야 한다. 이스라엘 백성들은 초막절 이후에도 계속하여 금식하면서 기도하고 율법을 읽었다. 그리고 말씀을 지키지 못한 것을 회개하였다. 그리고 하나님의 영화로운 이름을 찬양하였다.

구원에 대한 고백

강단에 섰던 레위인들은 율법을 통하여 크게 깨달은 것, 네 가지를 고백하였다. 과거 이스라엘의 역사를 조명하면서 하나님이 이스라엘을 얼마나 사랑하고 큰 은혜와 구원을 베푸셨는지 깨달았다. 믿음의 조상인 '아브람'을 택하시고 갈대아 우르에서 인도해 내시고 '아브라함'으로 개명해 주셨다(7절). 그리고 장차 가나안 땅을 아브라함의 후손에게 주시겠다고 약속해 주셨다(창12:1-3).

그러나 이스라엘의 자손들이 애굽에 이주하여 살다가 애굽의 종이 되었다. 하나님께서 애굽의 노예로 전락한 불쌍한 이스라엘 백성들을 구원해 내셨다. 이스라엘 백성들이 고난 중에 부르짖었을 때 하나님께서 두 손을 그들에게 뻗치셨다. 한 손으로 바로와 애굽인을 쳐서 심판하셨고, 또 한 손으로는 자기 백성들이 의기양양하게 탈출하도록 길을 열어주셨다. 그들 스스로의 힘으로는 도무지 감당할 수 없는 탈출이었다. 그들은 단지 하나님께 부르짖고 호소하였을 뿐이다.

그들을 애굽의 종살이에서 구원하신 분은 오직 하나님이셨다. 이스라엘의 구원은 전적으로 하나님의 은혜였다. 하나님은 그들이 자기 백성이요, 또한 그들과 그 후손에게 구원과 축복을 약속하셨기 때문에 구원의 길을 열어주셨다.

"주께서 우리 조상들이 애굽에서 고난 받는 것을 감찰하시며 홍해에서 그들의 부르짖음을 들으시고 이적과 기사를 베푸사 바로와 그의 모든 신하와 그의 나라 온 백성을 치셨사오니 이는 그들이 우리의 조상들에게 교만하게 행함을 아셨음이라 주께서 오늘과 같이 명예를 얻으셨나이다"(9,10절).

오늘 우리가 죄에서 해방된 것은 우리 힘으로는 불가능한 일이었다. 죄와 허물로 인하여 죽었던 우리들이었다(엡2:1,2). 전적으로 부패하여 지옥에 떨어질 수밖에 없었던 우리를 오직 하나님의 선택과 은혜로 구원을 받은 것이다. 이미 택하셨기 때문에 하나님께서 일방적으로 사랑하셔서 한 손으로는 사탄의 권세를 물리치시고, 또 한 손으로는 우리를 그리스도의 품으로 인도해 주신 것이다. 그러므로 우리의 구원은 오직 하나님의 은혜이다.

이방 종교들은 대부분 자력으로 구원이 가능하다고 말한다. 도덕적으로 선을 행하거나 수행을 통하여 욕심을 버리고 이웃을 사랑하면 구원에 이른다고 가르친다. 그러나 성경은 인간이 전적으로 부패하고 타락하여, 자력으로 구원이 가능하지 않다고 말한다. 오직 하나님의 선택과 은총으로만 가능하다.

마치 이스라엘 백성들이 그들의 힘으로 애굽이라는 강대국을 쳐서 멸할 힘이 없었고, 오직 하나님의 은혜로 출애굽을 하여 영적 해방을 얻은 것과 같다. 우리 또한 레위인들의 구원 고백과 같이, 하나님의 은혜로 받은 구원에 대하여 감사해야 한다.

계명으로 인하여 단절되지 않았음을 고백

순간 순간 하나님의 은혜를 잊어버리고 원망하기 잘하는 그 백성에게 시내산에서 모세를 통하여 율법을 주셔서 그들이 하나님의 법도와 율례에서 떠나지 않도록 하셨다. 이스라엘 백성들이 그래도 하나님으로부터 끊어지지 않은 것은 하나님의 말씀을 주셨기 때문이라고 고백했다.

"또 시내산에 강림하시고 하늘에서부터 그들과 말씀하사 정직한 규례와 진정한 율법과 선한 율례와 계명을 그들에게 주시고, 거룩한 안식일을 그들에게 알리시며 주의 종 모세를 통하여 계명과 율례와 율법을 그들에게 명령하시고"(13,14절).

"오직 여호와의 율법을 즐거워하여 그의 율법을 주야로 묵상하는도다"(시1:2).

지금도 하나님은 우리를 구원하시기 위하여 하나님의 말씀을 듣게 하시고 깨닫게 하시고 믿게 하신다. 늘 하나님의 말씀을 가까이 대하고 사모하는 자는 복 있는 사람이며 하나님께 인정받는 자가 된다. 시편의 시인은 하나님의 말씀을 즐거워하고 주야로 묵상하는 자가 복이 있는 사람이라고 했다. 언제나 복의 뿌리는 세상의 물질과 쾌락이 아니고, 하나님의 말씀과 은혜이다.

구원의 길은 우리가 하나님의 법도를 잊지 않고 따르는 것이다. 하나님의 말씀은 광야와 같은 우리 인생길에 등이요 빛이다(시119:105). 말씀을 읽고 묵상하고 그 말씀대로 순종한다면 하나님이 기뻐하시는 길로 인도하실 것이다.

일용할 것에 대한 감사의 고백

하늘에서 만나를 내려주시고 반석에서 물을 내신 하나님은(15절) 오늘도 영적 양식 뿐 아니라 육신적인 필요를 채워주신다. 우리의 일용할 양식과 필요한 것들을 채워주신 하나님의 은혜에 감사를 드려야 한다. 과거 이스라엘은 이러한 하나님의 은혜를 잊어버리고 교만하여, 스스로 한 두

목을 세우고 종 되었던 곳으로 돌아가려고 했으니 그들의 죄악이 얼마나 컸던가!

"그들과 우리 조상들이 교만하고 목을 굳게 하여 주의 명령을 듣지 아니하고 거역하여 주께서 그들 가운데에서 행하신 기사를 기억하지 아니하고 목을 굳게 하며 패역하여 스스로 한 우두머리를 세우고 종 되었던 땅으로 돌아가고자 하였나이다" (16,17절).

거기다가 금송아지를 부어 만들기까지 했으니 이는 하나님에 대한 모독이요 정면 충돌이었다. 오만불손한 그 백성을 당장에 벌해야 옳지만 하나님께서는 용서하시고 긍휼히 여기셨으며 그 백성을 버리지 않으셨다. 오히려 끝까지 사랑하시고 먹여주시고 보호해 주셨다. 그리고 마침내 약속의 땅 가나안을 정복하게 하셨다. 어찌 그 백성이 감격하지 않을 수 있으며 찬송하지 않을 수 있었겠는가?

"...그러나 주께서는 용서하시는 하나님이시라 은혜로우시며 긍휼히 여기시며 더디 노하시며 인자가 풍부하시므로 그들을 버리지 아니하셨나이다" (17절).

하나님의 은혜에 대한 고백

하나님은 불순종했던 이스라엘 백성들을 영원히 벌하지 않으시고, 오히려 용서하시고 은혜와 긍휼을 베푸셨다. 왜 그렇게까지 하셨는가? 그 백성들이 은혜 받을 자격이 있어서가 아니라 하나님께서 변함없이 보살펴 주시기로 약속해 주셨기 때문이다. 그들과 그 후손에게 구원과 축복을 약속하셨기 때문에, 그 백성의 죄와 교만에도 인내하시면서 그들을 훈련시켜 나갔던 것이다.

> "모든 사람이 죄를 범하였으매 하나님의 영광에 이르지 못하더니, 그리스도 예수 안에 있는 속량으로 말미암아 하나님의 은혜로 값 없이 의롭다 하심을 얻은 자 되었느니라"(롬3:23,24).

> "악인은 그의 길을, 불의한 자는 그의 생각을 버리고 여호와께로 돌아오라 그리하면 그가 긍휼히 여기시리라 우리 하나님께로 돌아오라 그가 너그럽게 용서하시리라"(사55:7).

하나님께서는 이스라엘 백성들을 끝 없이 용서하시고 긍휼히 여기셨다. 우리도 마찬가지다. 하나님께서 우리를 버리지 않으시고 끝까지 붙드시고 은혜를 베푸셨기 때문에 지금 은총 가운데 존재하는 것이다. 만약에 하나님께서 세 번만 용서하셨다면, 아마 우리는 한 사람도 구원을 받지 못할 것이다. 끝없는 하나님의 사랑과 긍휼이 오늘 우리를 구원하시는 것이다.

> "또 그들이 자기들을 위하여 송아지를 부어 만들고 이르기를 이는 곧 너희를 인도하여 애굽에서 나오게 한 신이라 하여 하나님을 크게 모독하였사오나 주께서는 주의 크신 긍휼로 그들을 광야에 버리지 아니하시고 낮에는 구름 기둥이 그들에게서 떠나지 아니하고 길을 인도하며 밤에는 불 기둥이 그들이 갈 길을 비추게 하셨사오며"(18,19절).

Nehemiah Explanation

17
주의 긍휼 크시도다

느 9:23-38

23주께서 그들의 자손을 하늘의 별같이 많게 하시고 전에 그들의 열조에게 들어
가서 차지하라고 말씀하신 땅으로 인도하여 이르게 하셨으므로 24그 자손이 들
어가서 땅을 차지하되 주께서 그 땅 가나안 주민들이 그들 앞에 복종하게 하실
때에 가나안 사람과 그들의 왕들과 본토 여러 족속들을 그들의 손에 넘겨 임의
로 행하게 하시매 25그들이 견고한 성읍들과 기름진 땅을 점령하고 모든 아름다
운 물건이 가득한 집과 판 우물과 포도원과 감람원과 허다한 과목을 차지하여
배불리 먹어 살찌고 주의 큰 복을 즐겼사오나 26그들은 순종하지 아니하고 주를
거역하며 주의 율법을 등지고 주께로 돌아오기를 권면하는 선지자들을 죽여 주
를 심히 모독하였나이다 27그러므로 주께서 그들을 대적의 손에 넘기사 그들이
곤고를 당하게 하시매 그들이 환난을 당하여 주께 부르짖을 때에 주께서 하늘에
서 들으시고 주의 크신 긍휼로 그들에게 구원자들을 주어 그들을 대적의 손에서
구원하셨거늘 28그들이 평강을 얻은 후에 다시 주 앞에서 악을 행하므로 주께서
그들을 원수들의 손에 버려두사 원수들에게 지배를 당하게 하시다가 그들이 돌
이켜 주께 부르짖으매 주께서 하늘에서 들으시고 여러 번 주의 긍휼로 건져내시
고 29다시 주의 율법을 복종하게 하시려고 그들에게 경계하셨으나 그들이 교만
하여 사람이 준행하면 그 가운데에서 삶을 얻는 주의 계명을 듣지 아니하며 주
의 규례를 범하여 고집하는 어깨를 내밀며 목을 굳게 하여 듣지 아니하였나이다
30그러나 주께서 그들을 여러 해 동안 참으시고 또 주의 선지자들을 통하여 주
의 영으로 그들을 경계하시되 그들이 듣지 아니하므로 열방 사람들의 손에 넘기
시고도 31주의 크신 긍휼로 그들을 아주 멸하지 아니하시며 버리지도 아니하셨
사오니 주는 은혜로우시고 불쌍히 여기시는 하나님이심이니이다 32우리 하나님
이여 광대하시고 능하시고 두려우시며 언약과 인자하심을 지키시는 하나님이여
우리와 우리 왕들과 방백들과 제사장들과 선지자들과 조상들과 주의 모든 백성
이 앗수르 왕들의 때로부터 오늘까지 당한 모든 환난을 이제 작게 여기시지 마
옵소서 33그러나 우리의 당한 모든 일에 주는 공의로우시니 우리는 악을 행하였
사오나 주께서는 진실하게 행하셨음이니이다 34우리 왕들과 방백들과 제사장들
과 조상들이 주의 율법을 지키지 아니하며 주의 명령과 주께서 그들에게 경계하
신 말씀을 순종하지 아니하고 35그들이 그 나라와 주의 베푸신 큰 복과 자기 앞

에 주신 넓고 기름진 땅을 누리면서도 주를 섬기지 아니하며 악행을 그치지 아
니하였으므로 36우리가 오늘날 종이 되었는데 곧 주께서 우리 조상들에게 주사
그것의 열매를 먹고 그것의 아름다운 소산을 누리게 하신 땅에서 우리가 종이
되었나이다 37우리의 죄로 말미암아 주께서 우리 위에 세우신 이방 왕들이 이
땅의 많은 소산을 얻고 그들이 우리의 몸과 가축을 임의로 관할하오니 우리의
곤란이 심하오매 38우리가 이 모든 일로 말미암아 이제 견고한 언약을 세워 기
록하고 우리의 방백들과 레위 사람들과 제사장들이 다 인봉하나이다 하였느니라

큰 복은 받았으나 불순종한 이스라엘

하나님은 약속을 신실하게 지키시는 분이다. 이스라엘 민족의 조상으로 선택된 아브라함에게 약속하신 것을 성취하게 하셨다. 백 세에 낳은 이삭을 통하여 별처럼 많은 자손을 주셨다(창15:5). 그리고 그들의 기업으로 약속하신 가나안 땅을 얻게 하셨고, 그 원주민들을 임의로 다스리게 하셨다. 거기다가 덧붙여 견고한 성과 아름다운 물건을 채운 집과 우물과 포도원과 허다한 과목을 주셨다. 영적인 은혜를 입은 그들에게 영예와 물질적인 부도 함께 허락하셨다.

> "주께서 그들의 자손을 하늘의 별같이 많게 하시고 전에 그들의 열조에게 들어가서 차지하라고 말씀하신 땅으로 인도하여 이르게 하셨으므로, 그 자손이 들어가서 땅을 차지하되 주께서 그 땅 가나안 주민들이 그들 앞에 복종하게 하실 때에 가나안 사람들과 그들의 왕들과 본토 여러 족속들을 그들의 손에 넘겨 임의로 행하게 하시매" (23,24절).

문제는 이렇게 많은 은혜와 복을 받았지만 이스라엘 백성들은 하나님의 말씀에 순종하지 않았다는 것이다. 주님의 율법은 등 뒤로 던지고 주

님께로 돌아오기를 권면하는 선지자들을 죽이기까지 하였다. 아합 왕 시대에 엘리야 선지자의 고백을 들어보자.

> "그가 대답하되 내가 만군의 여호와 하나님께 열심이 유별하오니 이는 이스라엘 자손이 주의 언약을 버리고 주의 제단을 헐며 칼로 주의 선지자들을 죽였음이오며 오직 나만 남았거늘 그들이 내 생명을 찾아 빼앗으려 하나이다"(왕상19:14).

아합과 이세벨이 하나님의 선지자들을 죽인 일 외에도, 유다 왕 '요아스'는 제사장 '여호야다'의 은혜를 잊어버리고 그의 아들 '스가랴'를 돌로 쳐서 죽게 하였다(대하24:20-22). 악한 자들은 의인들을 미워한다. 하나님의 뜻대로 살기를 거부하기 때문에 선지자들의 올바른 충언을 수용할 수 없었던 것이다. 이스라엘의 왕과 백성들이 가나안으로 들어가서 여호수아가 죽은 후부터 바벨론에 포로로 잡혀가기까지 여호와 하나님을 거역하고 우상을 숭배하고(왕상14:15), 선지자들을 괴롭힌 일이 비일비재했다.

> "그들이 견고한 성읍들과 기름진 땅을 점령하고 모든 아름다운 물건이 가득한 집과 판 우물과 포도원과 감람원과 허다한 과목을 차지하여 배불리 먹어 살찌고 주의 큰 복을 즐겼사오나 그들은 순종하지 아니하고 주를 거역하며 주의 율법을 등지고 주께로 돌아오기를 권면하는 선지자들을 죽여 주를 심히 모독하였나이다"(25,26절).

이스라엘의 죄

이스라엘의 죄는 바알과 아스다롯을 숭배하는 죄로 시작하여, 종교지도자들과 권력자들의 타락과 부패가 심각했다. 그들은 하나님의 언약을 버리고 주님의 제단을 헐며, 말씀을 올바로 전하는 선지자들을 죽였다. 부패한 이스라엘의 사회는 사치와 향락과 폭음과 사기와 속임이 난무하였다. 침실에서도 어떻게 이웃을 속일까 궁리하였으니 어찌 하나님께서 얼굴을 외면하지 않으셨겠는가?

북 이스라엘의 왕 '여로보암 2세' 때에 예언하였던 '아모스(B.C.750년경) 선지자는 이스라엘 백성들의 부정부패와 타락상을 경고하고 있다. 특히 여자들까지도 술에 취하여 사는 폭음의 현실을 고발하였다(암4:1). 그리고 유다 왕 '요담' 때에 주로 예언했던 이사야(742-700) 선지자는 이스라엘 백성들의 사치와 향락 생활을 책망하였다(사3:18-26). 유다 왕 '아하스' 때에 주로 예언했던 선지자 '미가'(722-701)는 지도자들이 뇌물을 받는 부정부패와 거짓말과 장사하는 자들의 속임에 대하여 고발하고 있다(미3:11,6:10-12).

오늘날도 우리에게 이런 죄가 있을 수 있다. 하나님께서 물질적인 윤택함을 주시고 은혜를 베푸셨으나 오히려 감사하기는커녕 더욱 세속화 되고 타락해 가는 신자들이 있다. 주님보다도 세상의 돈과 향락을 더 사랑하며 주님의 말씀을 등 뒤로 돌리며 자기 주관대로 살며, 말씀대로 바로 살라고 권면하는 목회자들을 오히려 비난하고 대적하는 자들이 있다. 우리는 이러한 타락한 삶을 살지 않도록 회개하면서 경성해야 한다.

질투하시는 하나님

하나님은 질투하시는 분이다. 자기의 백성들이 우상을 숭배하고 세상을 더 사랑할 때 비록 자기 백성이라 하더라도 채찍으로 치시고 곤경에 빠지게 하신다. 택한 백성이 범죄하는 것을 그냥 넘기시는 법이 없으시다. 만약 하나님이 자기 백성들이 범죄하고 타락해 가는 것을 그냥 묵인하고 넘어가신다면 하나님은 결코 그 백성을 사랑한다고 말할 수 없다. 어느 부모가 사랑하는 자식이 거짓말을 하고 나쁜 짓을 하는데도 책망하지 않겠는가? 하나님이 사랑하는 자라면 그들이 죄를 범할 때 그냥 방관하지 않으시고 징계하실 것이다.

> "너희 중에 계신 너희의 하나님 여호와는 질투하시는 하나님이신즉 너희의 하나님 여호와께서 네게 진노하사 너를 지면에서 멸절시키실까 두려워하노라" (신6:15).

이스라엘이 하나님을 거역하고 우상을 숭배하며 책망하는 선지자들을 죽였을 때에, 하나님은 진노하시고 대적들을 거센 손으로 징계하셨다. 결국에는 앗수르와 바벨론의 침략으로 황폐하게 하시고 많은 백성들이 전쟁으로 죽고 포로로 끌려가게 하셨다. 그때서야 이스라엘 백성들은 하나님의 징계의 손을 두려워했다. 환난이 극심해지자 그들은 새파랗게 질려서 하나님께 살려달라고 부르짖었다.

고난 중에 부르짖는 이스라엘을 하나님은 그냥 방관하지 않으시고 크게 긍휼을 발하셔서 초창기에는 사사들을 보내어 구원하셨고, 왕정시대에는 엘리야나 엘리사 같은 선지자들을 통하여 구원하시기도 하였다. 그러나 유다 말기의 역사에는 왕들과 사회의 타락이 심각하여 이방 나라들을 통하여 징계하셨다. 그들은 선지자들의 예언을 귀담아 듣지 않을 뿐 아니라 오히려 선지자들을 결박하여 고통을 주었다. 권력자들은 교만한 목을 굳게 세우고 여호와의 말씀에 순종하지 않았다.

하나님께서는 여러 해 동안 인내하시고 이스라엘의 죄악을 지켜보고 계셨다. 그리고 혹시 그들이 회개하고 돌아올까봐 선지자들을 보내어 경고하셨지만, 그들은 교만하여 회개하지 않았다. 범죄하면서 회개하지 않을 때 그들을 이방인들의 손에 붙이셨다. 그러나 긍휼이 풍성하신 하나님은 자기 백성들을 영원히 멸하지 않으시고 버리지 않으셨다.

마치 누가복음 15장의 방탕한 아들을 기다리는 아버지와 같은 심정으로 인내하셨다. 이스라엘이 죄악 행하기를 밥 먹듯이 하면서 하나님께로 마음을 돌이키지 않았을 때, 하나님은 사랑의 채찍을 들지 않을 수 없으셨다. 징계와 심판을 당한 뒤에 이스라엘은 자신들이 이방인들에게 포로가 된 이유를 깨달았다(35-37절).

> "우리의 죄로 말미암아 주께서 우리 위에 세우신 이방 왕들이 이 땅의 많은 소산을 얻고 그들이 우리의 몸과 가축을 임의로 관할하오니 우리의 곤란이 심하오며"(37절).

바로 살기로 언약함

고백의 기도 끝에 모든 죄를 뉘우치고 견고한 언약을 하였다. 하나님께서는 약속대로 다 성취하게 하셨는데 자기들은 말로만 용서를 빌 것이 아니라 서약을 하고 실천해 나가기로 했다.

> "우리가 이 모든 일로 말미암아 이제 견고한 언약을 세워 기록하고 우리의 방백들과 레위 사람들과 제사장들이 다 인봉하나이다 하였느니라"(38절).

백성들의 지도자인 방백들과 레위 사람들, 제사장들이 말씀대로 바로 살기로 작정하고 다 도장을 찍었다. 여기서 본받을 일은 말로만 용서를 비는 것이 아니라 실제적으로 고쳐야 할 것을 기록하여 지켜나가도록 애썼다는 것이다.

우리 또한 말씀대로 바로 살지 못하는 것이 있으면 수첩에 기록하였다가 하나씩 고쳐나가고 실천하는 삶이 필요하다. 하나님 앞에서 말로 회개하였으면 그 다음에는 삶 속에서 죄와 허물을 청산하는 실천이 따라야 한다.

우리가 구원을 받고 천국에 갈 수 있는 것은 우리의 선행이나 공로에 있는 것이 아니라, 오직 하나님의 긍휼에 있다는 것을 잊지 말아야 할 것이다.

Nehemiah Explanation

18
서약자들의 결단

느 10:1-31

1그 인봉한 자는 하가랴의 아들 총독 느헤미야와 시드기야, 2스라야, 아사랴, 예
레미야, 3바스훌, 아마랴, 말기야, 4핫두스, 스바냐, 말룩, 5하림, 므레못, 오바댜,
6다니엘, 긴느돈, 바룩, 7므술람, 아비야, 미야민, 8마아시야, 빌개, 스마야이니 이
는 제사장들이요 9또 레위 사람 곧 아사냐의 아들 예수아, 헤나닷의 자손 중 빈
누이, 갓미엘과 10그의 형제 스바냐, 호디야, 그리다, 블라야, 하난, 11미가, 르홉,
하사뱌, 12삭굴, 세레뱌, 스바냐, 13호디야, 바니, 브니누요, 14또 백성의 우두머리
들 곧 바로스, 바핫모압, 엘람, 삿두, 바니, 15분니, 아스갓, 베배, 16아도니야, 비
그왜, 아딘, 17아델, 히스기야, 앗술, 18호디야, 하숨, 베새, 19하립, 아나돗, 노배,
20막비아스, 므술람, 헤실, 21므세사벨, 사독, 얏두아, 22블라댜, 하난, 아나야, 23
호세아, 하나냐, 핫숩, 24할르헤스, 빌하, 소벡, 25르훔, 하삽나, 마아세야, 26아히
야, 하난, 아난, 27말룩, 하림, 바아나이니라 28그 남은 백성과 제사장들과 레위
사람들과 문지기들과 노래하는 자들과 느디님 사람들과 및 이방 사람과 절교하
고 하나님의 율법을 준행하는 모든 자와 그들의 아내와 그들의 자녀들 곧 지식
과 총명이 있는 자들은 29다 그들의 형제 귀족들을 따라 저주로 맹세하기를 우
리가 하나님의 종 모세로 통하여 주신 하나님의 율법을 따라 우리 주 여호와의
모든 계명과 규례와 율례를 지켜 행하여 30우리의 딸들을 이 땅 백성에게 주지
아니하고 우리의 아들을 위하여 그들의 딸들을 데려오지 아니하며 31혹시 이 땅
백성이 안식일에 물품이나 온갖 곡물을 가져다가 팔려고 할지라도 우리가 안식
일이나 성일에는 그들에게서 사지 않겠고 일곱째 해마다 땅을 쉬게 하고 모든
빚을 탕감하리라 하였고

거룩한 이름들

유다인들은 자기 민족에게 베푸신 하나님의 은혜와 긍휼을 기억하고

자신들의 죄악과 교만을 회개했다. 그리고 지도자들이 율법의 말씀대로 바로 살려고 서약을 하고 도장을 찍었다. 1-27절까지는 인친 자들의 명단이다. 제사장이 23명이고 레위인이 17명이고 백성의 우두머리가 44명이다. 모두 84명인데 그 중 50명 이상이 하나님의 이름과 관계가 있는 이름을 사용하고 있다. 느헤미야는 '하나님의 위로'이고, 시드기야는 '여호와는 의로우시다'이고, 스라야는 '여호와께서 주가 되심'이고, 아사랴는 '여호와께서 도우셨다'는 뜻을 가진다. 이와 같은 형태의 이름들이 삼분의 이 정도 된다는 것이다. 자기들의 경건한 이름에 부합하는 삶과 결단을 한 셈이다.

오늘 우리도 '그리스도인' 혹은 '성도'라는 이름에 합당한 삶과 결단이 있어야 할 것이다. 교회의 중직을 맡은 목사나 장로, 권사, 집사가 경건하게 살지 못하면 불신자들의 지탄의 대상이 된다.

서울 강남에 있는 어느 교회는 대로변에 큰 현수막을 걸어놓았는데, 거기에 "교회의 분열을 일으킨 장로들은 물러가라"고 적고 장로들의 이름을 크게 기록하고 있었다. 비록 그 교회 장로들이 잘못을 범했다 하더라도 성도들의 분쟁을 사회에 알리는 것은 어리석은 행동이다. 성도들끼리 싸운다면 누가 환영을 하겠는가? 얼마나 하나님의 영광을 가리는 일인가? 보는 사람들마다 그 교회를 욕할 것이고 누가 그 교회에서 예배를 드리고 싶어하겠는가? 교회를 비난하기 좋아하는 사람들은 그 교회뿐만 아니라 전체 기독교를 싸잡아 욕할 것이다. 성도는 자기의 신분대로 경건하게 살아야 하고, 죄는 멀리 해야 한다.

그들이 도장을 찍어 서약한 것은 곧 그 약속에 대하여 책임을 지겠다는 것이다. 여기서 하나 배울 점은 우리가 한 약속에 대하여 확실하게 책임을 지는 성실함이 있어야 한다는 것이다.

개혁운동에 찬동한 자들

서약하고 인치지 않은 다른 사람들도 그 언약에 순종하겠다고 맹세한다. 이들은 느헤미야의 개혁운동에 찬동한 사람들로서 문서에 인친 자들이나 그 인치는 것을 목격한 지도자들이었을 것이다.

> "그 남은 백성과 제사장들과 레위 사람들과 문지기들과 노래하는 자들과 느디님 사람들과 및 이방 사람과 절교하고 하나님의 율법을 준행하는 모든 자와 그들의 아내와 그들의 자녀들 곧 지식과 총명이 있는 자들은 다 그들의 형제 귀족들을 따라 저주로 맹세하기를 우리가 하나님의 종 모세를 통하여 주신 하나님의 율법을 따라 우리 주 여호와의 모든 계명과 규례와 율례를 지켜 행하여"(28,29절).

그들 중에는 바벨론에 포로로 잡혀가지 않고 본토에 남았다가 이방인들과 통혼한 자들도 있었는데, 그들은 이방인과 절교하고 하나님의 율법대로 살려고 결심하였다. 잘못된 것을 단절하는 것도 중요하지만, 단절한 후에 말씀대로 바로 사는 것은 더욱 중요하다. 불신 친구와 사귀지 못하도록 금하는 것보다, 말씀대로 바로 살아서 그 친구들을 전도하는 것이 더욱 중요하다.

"그 아내와 자녀들까지도" 언약에 동참하였다. 말씀에 어긋난 것을 고치고 말씀대로 바로 사는 일에는 어린 자녀들까지 참여시켜야 한다. 결국 다음 세대가 한국교회와 가정을 이끌고 가야 한다. 부모가 하나님 앞에서 바로 살겠다고 언약할 때에 그 자녀들까지 약속에 동참시켜야 한다. 부모가 새벽기도 갈 때에 함께 데리고 나가고, 수요예배 드릴 때 같이 나가고, 구역예배 드릴 때 같이 예배를 드려야 한다. 물론 신앙의 성숙도가 다르기는 해도 어린이들은 모방하면서 배운다. 거룩한 일에는 가족이 함께 해야 한다.

그리고 그들은 저주로 맹세를 하였다(29절). 그 까닭은 자신들이 한 언약을 지키지 않을 때는 하나님의 징계와 심판을 받는다는 두려운 생각을 가지고 하나님 앞에서 굳게 맹세하기 위해서이다. 유다인들은 자기들이 한 약속에 대하여 기필코 지켜야 한다는 다짐을 하였다.

이방 결혼과 안식일 성수

"우리의 딸들을 이 땅 백성에게 주지 아니하고 우리의 아들들을 위하여 그들의 딸들을 데려오지 아니하며" (30절).

이방인의 자녀와 결혼시키지 않겠다는 것은 자기 민족의 거룩성을 유지하겠다는 뜻이다. 우리 딸, 우리 아들이라는 기록으로 봐서 결혼할 당사자들의 결의라기보다 그들을 키운 부모들의 약속임을 알 수 있다. 결혼의 문제가 부모의 책임도 따른다는 것을 보여준다. 결혼 전에 부모들은 성경적인 결혼을 자녀들에게 잘 교육하여 말씀대로 혼인하도록 유도해야 한다.

교회적으로도 결혼 적령기의 청년들을 중심으로 결혼준비반을 운영할 수도 있을 것이며, 각 기관별로 이성교제나 바람직한 결혼에 대한 특강을 가져 성경적인 결혼을 할 수 있도록 도와야 한다.

유다인들은 바벨론의 포로기 동안에 이방인들과의 통혼으로 인하여 여호와 신앙의 거룩성을 상실하고 이방 우상을 숭배하는 죄를 지었다. 결혼은 신앙을 전수하는 중요한 문제이다. 말씀대로 순종하는 자라면 신앙의 배우자를 선택해야 하고, 자기 자녀들을 하나님 중심으로 양육해야 한다.

> "혹시 이 땅 백성이 안식일에 물품이나 온갖 곡물을 가져다가 팔려고 할지라도 우리가 안식일이나 성일에는 그들에게서 사지 않겠고 일곱째 해마다 땅을 쉬게 하고 모든 빚을 탕감하리라 하였고"(31절).

안식일과 성일에는 물품이나 곡물을 사고 팔지 않기로 서약을 하였다. 안식일은 하나님께 예배를 드려야 하는 거룩한 날이다. 그 날에 물품 거래에 신경을 쓰게 되면 자연히 안식일은 거룩하게 지키지 못하게 될 것이다. 지금도 유다인들의 안식일 성수는 철저하다. 상점들이 문을 닫는 것은 물론이고 버스 같은 대중교통도 쉰다.

물론 지금은 우리가 주일을 지키지만 4계명의 정신은 그대로 유효하다. 성도들이 주일날 사업이나 직장에 분주하게 되면 주일예배와 경건생활에 등한할 수밖에 없다. 주일은 온전히 하나님께 영광 돌릴 수 있는 날로 거룩하게 구별해 놓아야 한다.

토지도 칠 년 마다 쉬게 하고 모든 빚도 탕감하기로 약속하였다. 토지도 안식이 필요하다. 땅을 묵혀 두는 이유는 땅을 위하여, 또 가난한 자들과 들짐승을 위해서였다(레25:6,7, 출23:10,11).

> "일곱째 해에는 그 땅이 쉬어 안식하게 할지니 여호와께 대한 안식이라 너는 그 밭에 파종하거나 포도원을 가꾸지 말며"(레25:4).

> "매 칠 년 끝에는 면제하라. 면제의 규례는 이러하니라. 그의 이웃에게 꾸어준 모든 채주는 그것을 면제하고 그의 이웃에게나 그 형제에게 독촉하지 말지니 이는 여호와를 위하여 면제를 선포하였음이라"(신15:1,2).

안식년 제도가 의미하는 바는 단지 쉰다는 차원을 넘어서 자기만을 위한 이기적인 발상을 떠나 나누어 쓰는 마음을 가지라는 것이다. 자신의 이기적 욕심에서 벗어나 땅도 생각하고 가난한 자들과 짐승도 생각하라는 것이다. 빚지고 가난한 이웃들도 배려하고 함께 살아가는 도리를 터득하라는 것이다. 기독교는 모든 민족이 다 잘 사는 사회를 구가하고 있다.

> "네가 만일 네 하나님 여호와의 말씀만 듣고 내가 오늘 네게 내리는 그 명령을 다 지켜 행하면 네 하나님 여호와께서 네게 기업으로 주신 땅에서 네가 반드시 복을 받으리니 너희 중에 가난한 자가 없으리라" (신15:4,5).

> "너는 반드시 그에게 줄 것이요, 줄 때에는 아끼는 마음을 품지 말 것이니라. 이로 말미암아 네 하나님 여호와께서 네가 하는 모든 일과 네 손이 닿는 모든 일에 네게 복을 주시리라" (신15:10).

사업이나 장사를 하는 자가 평생 쉬지 않고 돈을 버는데만 신경을 쓸 것이 아니라, 6년쯤 벌었으면 그 다음 해에는 직원들의 복지를 위하여 투자하고 가난한 자들을 구제하는 자선사업에도 관심을 가져야 한다. 목회자들에게도 안식년을 주어 쉼을 통하여 재충전할 수 있도록 도와야 한다.

6년이 지나도 여전히 빚을 갚지 못한 자들에게 그 빚을 탕감해 주어 정신적인 부담을 덜어주었다. 빚 탕감을 통하여 유다인들이 다른 사람들과 더불어 살아가도록 용기와 희망을 주었다. 그렇게 하는 것이 이스라엘 공동체를 건강하고 복되게 하는 것이고, 모든 사람들이 함께 넉넉해지는 지름길이었다.

Nehemiah Explanation

19
첫 열매와 십일조

느 10:32-39

32우리가 또 스스로 규례를 정하기를 해마다 각기 세겔의 삼분의 일을 수납하여
하나님의 전을 위하여 쓰게 하되 33곧 진설병과 항상 드리는 소제와 항상 드리
는 번제와 안식일과 초하루와 정한 절기에 쓸 것과 성물과 이스라엘을 위하는
속죄제와 우리 하나님의 전의 모든 일을 위하여 쓰게 하였고 34또 우리 제사장
들과 레위 사람들과 백성들이 제비뽑아 각기 종족대로 해마다 정한 시기에 나무
를 우리 하나님의 전에 바쳐 율법에 기록한 대로 우리 하나님 여호와의 제단에
사르게 하였고 35해마다 우리 토지 소산의 맏물과 각종 과목의 첫 열매를 여호
와의 전에 드리기로 하였고 36또 우리의 맏아들들과 가축의 처음 난 것과 소와
양의 처음 난 것을 율법에 기록된 대로 우리 하나님의 전으로 가져다가 우리 하
나님의 전에서 섬기는 제사장들에게 주고 37또 처음 익은 밀의 가루와 거제물과
각종 과목의 열매와 새 포도주와 기름을 제사장들에게로 가져다가 우리 하나님
의 전의 여러 방에 두고 또 우리 산물의 십일조를 레위 사람들에게 주리라 하였
나니 이 레위 사람들은 우리의 모든 성읍에서 산물의 십일조를 받는 자임이며
38레위 사람들이 십일조를 받을 때에는 아론의 자손 제사장 한 사람이 함께 있
을 것이요 레위 사람들은 그 십일조의 십분 일을 가져다가 우리 하나님의 전 여
러 방에 두되 39곧 이스라엘 자손과 레위 자손이 거제로 드린 곡식과 새 포도주
와 기름을 가져다가 성소의 그릇들을 두는 골방 곧 섬기는 제사장들과 문지기들
과 노래하는 자들이 있는 골방에 둘 것이라 그리하여 우리가 우리 하나님의 전
을 버려두지 아니하리라

성전세를 내기로 하다

유다인들의 결정을 통하여 총독 느헤미야 시대에 그들이 어떻게 하나

님을 섬겼는지 짐작할 수 있다. 경제적으로 힘든 시대였지만 하나님의 성전 살림까지 신경을 썼다. 성도들이 비록 가난한 살림을 살더라도 항상 교회의 살림을 돌아보아야 한다. 교회의 운영이 원활한지, 또 목회자들의 생활은 안정적인지 살펴서 최선을 다하여 협조하고 십일조 생활도 거르지 말아야 한다.

출30:13에는 반 세겔의 성전세를 납부하도록 규정되어 있다. 그런데 본문 32절에는 삼분의 일 세겔로 약간 삭감되어 있다. 그것은 백성들에게 경제적인 부담을 줄인 것으로 이해된다. 율법에도 하나님의 긍휼이 내포되어 있다.

아마 그들은 성전세를 그 동안 바치지 않았던 것 같다. 그러나 하나님의 성전에 필요한 것이 많다는 것을 깨달았다. 소제와 번제와 속죄제를 드릴 때 제물과 곡물들을 비롯하여 레위인들이 필요한 것이 많기 때문에 성전세를 드리는 것이 옳다는 것을 알았다.

> "우리가 또 스스로 규례를 정하기를 해마다 각기 세겔의 삼분의 일을 수납하여 하나님의 전을 위하여 쓰게 하되 곧 진설병과 항상 드리는 소제와 항상 드리는 번제와 안식일과 초하루와 정한 절기에 쓸 것과 성물과 이스라엘을 위하는 속죄제와 우리 하나님의 전의 모든 일을 위하여 쓰게 하였고"(32,33절).

> "또 우리 제사장들과 레위 사람들과 백성들이 제비 뽑아 각기 종족대로 해마다 정한 시기에 나무를 우리 하나님의 전에 바쳐 율법에 기록한 대로 우리 하나님 여호와의 제단에 사르게 하였고"(34절).

유다 지도자들이 강압적으로 성전세를 부과하지 않고 백성들이 스스로 규례를 정하여 삼분의 일 세겔을 내기로 했던 것이다. 영적 일에 관심이 없었더라면 성전에서 무엇이 필요한가를 생각하지 않았을 것이다. 그러나 백성들이 말씀의 은혜를 받고 하나님의 뜻대로 살려고 마음에 결심을 하고 보니 성전에 필요한 것이 많다는 것을 알았고 성전세를 내서 레위인들이 하나님을 섬기는 일에 협조하기로 했다.

제단의 불은 항상 피워서 꺼지지 않게 해야 된다(레6:12,13). 제단에 불을 계속 피우기 위해서는 나무가 계속 공급되어야 한다. 아빕월 14일에 나무제물을 드리기로 정하였다. 그래서 제사장과 레위인과 백성들이 제비를 뽑아 해마다 정한 시기에 나무를 드렸다. 제단불을 항상 피우기 위해서는 나무도 항상 준비되어야 하는 것처럼, 하나님과의 영적인 교제가 늘 긴밀하기 위해서는 항상 준비된 마음이 필요하다. 우리가 주님을 위하여 일한다는 것은 구체적인 준비가 신실하게 이루어져야 한다는 것을 의미한다.

목회자가 교회를 섬기려면 언제나 설교가 준비되어 있어야 한다. 준비 없이 설교를 하게 되면 당황하게 되고 성도들에게 완성도 있는 은혜를 끼치기 어렵다.

유다 백성들은 성전세와 별도로 나무를 더 드렸다. 우리가 하나님께 드리는 기본적인 헌금외에도 선교나 구제를 위하여 더 드리는 것과 유사하다. 백성들이 하나님께 은혜를 체험하고 최선을 다하여 하나님을 섬기려고 했던 것을 엿볼 수 있다.

제비를 뽑아서 시행한 것은 사람들의 주관대로 하지 않고 하나님의 뜻에 순종하였다는 것을 의미한다. 가나안 땅을 분배받을 때도, 초대 왕 사울을 선택할 때에도 그 방법을 사용하였다. 또 각 종족대로 시행한 것은 특정한 종족에 부담을 주지 않았다는 것이다. 하나님은 협력을 통하여 성전의 업무가 원만히 이루어지도록 하셨다.

교회의 재정도 모두가 함께 협력해야 한다. 열심 있는 몇 사람만 부담하게 하는 것은 바람직하지 못하다. 다 함께 참여할 때 교회에 대한 책임도 함께 지는 것이다.

십일조 정신

그 시대의 유다인들은 토지 소산물과 과목의 첫 열매를 여호와께 드리기로 하였다. 유다인들의 의식 속에 처음의 것은 하나님의 것이란 성별 의식이 있었다. 사실 우리가 하나님으로부터 받은 것은 모두 하나님의 것이다. 그러므로 다 하나님께 드려야 마땅하다. 처음의 것을 구별하여 드린다는 것은 모든 것이 하나님의 것임을 시인하는 것이다. 그러므로 처음 것을 드린 자는 모든 것을 다 드린 것이나 다를 바 없고, 처음의 것을 드리지 못한 자는 아무 것도 바치지 못한 것과 같은 것이다.

토지 소산의 맏물, 각종 과목의 첫 열매, 맏아들, 가축의 처음 난 것은 하나님께 바쳐야 할 구별된 것들이다. 맏아들을 대신하여 소를 바쳤다. 장남을 하나님께 바친 것은 모든 자녀가 다 하나님의 소유임을 고백하는 것이다. 우리가 소유한 모든 것은 하나님으로부터 위임 받은 것이지 영원히 나의 소유가 될 수 없다.

> "해마다 우리 토지 소산의 맏물과 각종 과목의 첫 열매를 여호와의 전에 드리기로 하였고, 또 우리의 맏아들들과 가축의 처음 난 것과 소와 양의 처음 난 것을 율법에 기록된 대로 우리 하나님의 전으로 가져다가 우리 하나님의 전에서 섬기는 제사장들에게 주고, 또 처음 익은 밀의 가루와 거제물과 각종 과목의 열매와 새 포도주와 기름을 제사장들에게로 가져다가 우리 하나님의 전의 여러 방에 두고

또 우리 산물의 십일조를 레위 사람들에게 주리라 하였나니 이 레위 사람들은 우리의 모든 성읍에서 산물의 십일조를 받는 자임이며" (36,37절).

만물과 더불어 산물의 십일조를 하나님께 바쳤다. 십일조는 처음의 것을 포함한 모든 수입의 십분의 일이다. 십일조는 기업이 주어지지 않았던 레위인이나 과부나 고아와 같은 극빈자들을 위하여 사용되었다(민18:24, 신14:28,29). 삼 년마다 극빈자들의 구제를 위한 십일조와 레위인들을 위한 해마다 드리는 십일조를 나누어 생각할 수 있다.

십일조 정신은 빈부의 격차가 없이 모두 비슷하게 살게 하는 것이다. 물론 더 부지런히 일을 한 사람은 더 많은 수익을 가지겠지만, 하나님은 기업이 없는 레위인들과 고아, 과부, 외국 나그네들까지 배려하여 그들도 더불어 복을 받게 하셨다. 모든 사람들은 함께 살아야 한다는 정신이 십일조 정신이다.

십일조는 복을 받는 통로이다

하나님의 집에 양식이 있도록 하는 것과 가난한 자와 나누는 것은 하나님의 명령이다. 처음의 것을 바치게 함으로 레위인과 가난한 자들과 함께 나누어 가져 극빈자가 없도록 하셨다.

"이스라엘 자손 중에서 사람이나 짐승을 막론하고 태에서 처음 난 것은 다 거룩하여 내게 돌리라 이는 내 것이니라 하시니라" (출13:2).

온전한 십일조와 헌물을 바치지 않으면 하나님의 성별된 것을 도둑질한 것이 되고 만다(말3:8-10). 그리고 하나님은 십일조와 헌금을 통하여 복을 주시겠다고 약속하셨기 때문에 십일조를 드리지 않는 것은 하나님의 물질적인 복을 거부하는 것이나 마찬가지다.

'대의 그룹' 채의숭 장로는 자기가 사업에 성공하게 된 까닭은 십일조와 헌금을 정성껏 드렸기 때문이라고 간증했다. 우리의 복은 하나님께 드릴 때에 온다. 섬기고 헌신하고 드리는 것은 신앙이 성숙되었다는 증거다. 특히 물질적인 드림에서 물질의 복이 온다. 사실 마음이 있는 곳에 물질이 따라가기 마련이다. 사랑하는 사람에게 값진 선물을 주는 것처럼, 하나님을 진정으로 사랑할 때에 십일조와 헌금을 드리게 된다.

십일조 감독관

레위인들이 백성들로부터 십일조를 받을 때에 아론 자손의 제사장 한 사람이 참관하였다. 이것은 레위인들이 물질에 시험을 받을까봐 감독관을 둔 것이다.

> "레위 사람들이 십일조를 받을 때에는 아론의 자손 제사장 한 사람이 함께 있을 것이요 레위 사람들은 그 십일조의 십분의 일을 가져다가 우리 하나님의 전 곳간의 여러 방에 두되"(38절).

교회의 재정도 회계를 맡은 자가 정직하고 정확하게 관리해야 하고, 물질에 시험 들지 않도록 감독할 자를 두어야 한다. 재정 관리를 두세 명이 분담하여 서로 감독하게 하는 것이 바람직하다. 학교에서 시험을 칠 때도 감독 교사가 있어 부정행위를 못하게 하는 것이 좋다. 교통 경찰이 굽은 도로의 모퉁이에 숨어 있다가 단속하는 것은 불법이다. 교통법규를 위반하지 못하도록 보이는 곳에 서 있어야 한다. 미국의 경우는 교통 경찰이 숨어있다가 스티커를 끊는 경우에 운전자가 고발하면 오히려 경찰이 벌금을 물어야 한다고 들었다. 사람들은 언제나 연약하여 시험에 들 수 있기 때문에 사전에 예방하는 것이 바람직하다.

레위인들도 십일조를 받으면 거기에서 십일조를 떼어 하나님의 전 곳간에 두었다. 제사장들과 성전 문지기들, 그리고 찬양하는 자들의 생활비를 위하여 레위인들이 낸 십일조가 사용되었다.

십일조를 드리는 것은 성도 스스로 교회를 지켜 나가는 것이다. 그리고 극빈자가 없이 더불어 살라는 하나님의 뜻을 실천하는 것이다.

> "곧 이스라엘 자손과 레위 자손이 거제로 드린 곡식과 새 포도주와 기름을 가져다가 성소의 그릇들을 두는 골방 곧 섬기는 제사장들과 문지기들과 노래하는 자들이 있는 골방에 둘 것이라 그리하여 우리가 우리 하나님의 전을 버려 두지 아니하리라"(39절).

Nehemiah Explanation

20
성별된 사람들

느 11:1-36

1백성의 지도자들은 예루살렘에 거주하였고 그 남은 백성은 제비뽑아 십분의 일
은 거룩한 성 예루살렘에서 거주하게 하고 그 십분의 구는 다른 성읍에 거주하
게 하였으며 2예루살렘에 거주하기를 자원하는 모든 자를 위하여 백성들이 복을
빌었느니라 3이스라엘과 제사장들과 레위 사람들과 느디님 사람들과 솔로몬의
신하들의 자손은 유다 여러 성읍에서 각각 자기 성읍 자기 기업에 거주하였느니
라 예루살렘에 거주한 그 지방의 지도자들은 이러하니 4예루살렘에 거주한 자는
유다 자손과 베냐민 자손 몇 명이라 유다 자손 중에는 베레스 자손 아다야니 그
는 웃시야의 아들이요 스가랴의 손자요 아마랴의 증손이요 스바댜의 현손이요
마할랄렐의 오대손이며 5또 마아세야이니 그는 바룩의 아들이요 골호세의 손자
요 하사야의 증손이요 아다야의 현손이요 요야립의 오대손이요 스가랴의 육대손
이요 실로 사람의 칠대손이라 6예루살렘에 거주한 베레스 자손은 모두 사백육십
팔 명이니 다 용사였느니라 7베냐민 자손은 살루이니 그는 므술람의 아들이요
요엣의 손자요 브다야의 증손이요 골라야의 현손이요 마아세야의 오대손이요 이
디엘의 육대손이요 여사야의 칠대손이며 8그 다음은 갑배와 살래 등이니 도합이
구백이십팔 명이라 9시그리의 아들 요엘이 그들의 감독이 되었고 핫스누아의 아
들 유다는 버금이 되어 성읍을 다스렸느니라 10제사장 중에는 요야립의 아들 여
다야와 야긴이며 11또 하나님의 전을 맡은 자 스라야이니 그는 힐기야의 아들이
요 므술람의 손자요 사독의 증손이요 므라욧의 현손이요 아히둡의 오대손이며
12또 전에서 일하는 그들의 형제이니 도합이 팔백이십이 명이요 또 아다야이니
그는 여로함의 아들이요 블라야의 손자요 암시의 증손이요 스가랴의 현손이요
바스훌의 오대손이요 말기야의 육대손이며 13또 그 형제의 족장 된 자이니 모두
이백사십이 명이요 또 아맛새니 그는 아사헬의 아들이요 아흐새의 손자요 므실
레못의 증손이요 임멜의 현손이며 14또 그들의 형제의 큰 용사들이니 모두 백이
십팔 명이라 하그돌림의 아들 삽디엘이 그들의 감독이 되었느니라 15레위 사람
가운데에는 스마야니 그는 핫숩의 아들이요 아스리감의 손자요 하사뱌의 증손이
요 분니의 현손이며 16또 레위 사람의 족장 삽브대와 요사밧이니 그들은 하나님
의 전 바깥일을 맡았고 17또 아삽의 증손 삽디의 손자 미가의 아들 맛다냐이니
그는 기도할 때에 감사하는 말씀을 인도하는 자가 되고 형제 중에 박부갸가 버

금이 되었으며 또 여두둔의 증손 갈랄의 손자 삼무아의 아들 압다니 18거룩한
성에 레위 사람은 모두 이백팔십사 명이었느니라 19성 문지기는 악굽과 달몬과
그 형제이니 모두 백칠십이 명이며 20그 나머지 이스라엘 백성과 제사장과 레위
사람은 유다 모든 성읍에 흩어져 각각 자기 기업에 살았고 21느디님 사람은 오
벨에 거주하니 시하와 기스바가 그들의 책임자가 되었느니라 22노래하는 자들인
아삽 자손 곧 미가의 현손 맛다냐의 증손 하사뱌의 손자 바니의 아들 웃시는 예
루살렘에 거주하는 레위 사람의 감독이 되어 하나님의 전 일을 맡아 다스렸으니
23이는 왕의 명령대로 노래하는 자들에게 날마다 할 일을 정해 주었기 때문이며
24유다의 아들 세라의 자손 곧 므세사벨의 아들 브다히야는 왕의 수하에서 백성
의 일을 다스렸느니라 25마을과 들로 말하면 유다 자손의 일부는 기럇 아르바와
그 주변 동네들과 디본과 그 주변 동네들과 여갑스엘과 그 마을들에 거주하며
26또 예수아와 몰라다와 벧벨렛과 27하살수알과 브엘세바와 그 주변 동네들에
거주하며 28또 시글락과 므고나와 그 주변 동네들에 거주하며 29또 에느림몬과
소라와 야르뭇에 거주하며 30또 사노아와 아둘람과 그 마을들과 라기스와 그 들
판과 아세가와 그 주변 동네들에 살았으니 그들은 브엘세바에서부터 힌놈의 골
짜기까지 장막을 쳤으며 31또 베냐민 자손은 게바에서부터 믹마스와 아야와 벧
엘과 그 주변 동네들에 거주하며 32아나돗과 놉과 아나냐와 33하솔과 라마와 깃
다임과 34하딧과 스보임과 느발랏과 35로드와 오노와 장인들의 골짜기에 거주하
였으며 36유다에 있던 레위 사람의 일부는 베냐민과 합하였느니라

보충된 예루살렘의 주민들

예루살렘에는 세 부류의 거주자들이 생겼다. 이미 예루살렘에 거주하던 백성의 두목들(11:3-24)과 제비를 뽑아서 정책적으로 배치된 남은 백성의 십분의 일과 예루살렘에 거주하겠다고 자원한 자들이다.

> "백성의 지도자들은 예루살렘에 거주하였고 그 남은 백성은 제비 뽑아 십분의 일은 거룩한 성 예루살렘에서 거주하게 하고 그 십분의 구는 다른 성읍에 거주하게 하였으며 예루살렘에 거주하기를 자원하는 모든 자를 위하여 백성들이 복을 빌었느니라" (1,2절).

이렇게 정책적으로 인구를 이동시킨 이유는 예루살렘의 인구가 포로생활로 줄어든데다 성벽공사 이후로 방위의 책임과 종교행사를 위한 거주자가 부족한 상태였기 때문이다. 온 백성들이 힘을 합하여 성벽은 중건되었으나 막상 예루살렘 성의 중요한 역할들을 주도해 나갈 사람들이 부족했다. 그래서 백성들은 다시 예루살렘의 안보와 성전 봉사를 위하여 헌신하였던 것이다.

그들은 거주자를 선택하는 일에 있어 강제성을 띄지 않고 제비를 뽑은 것은 하나님의 뜻에 따르고자 한 것이다. 삶의 터전을 떠나 이주한다는 것이 그 시대 상황에서 쉬운 일이 결코 아니었을 것이다. 그러나 하나님의 뜻이면 순종하려 했던 그 시대 유다인들의 신앙을 엿볼 수 있고, 지도자는 나라의 일을 함에 있어 백성들의 불평과 원망이 없도록 했던 것이다.

> "제비는 사람이 뽑으나 모든 일을 작정하기는 여호와께 있느니라"(잠16:33).

그리고 자원하는 사람들이 스스로 예루살렘으로 이주하게 하였다. 백성들은 자원하는 모든 자들을 위하여 복을 빌어주었다. 예루살렘 성을 중건할 당시에도 그리했지만 예루살렘은 언제나 외적에게 공격당할 위험이 있었다. 그럼에도 불구하고 바벨론에서 돌아온 백성 중에 군인이 되어 그 성에 거주하기를 자원한 자들이 있었으니 그들은 칭찬받기에 충분한 자들이었다. 하나님의 일에는 이렇게 충성된 자들이 반드시 있어야 한다.

하나님의 일은 사후관리가 중요하다. 어떤 일을 시작하였으면 그 목적에 맞게 마무리도 잘 해야 한다. 예루살렘 성을 재건한 것은 성전예배와 하나님의 영광을 위해서였다. 이제 그 사역에 헌신할 백성들이 필요하였고, 예루살렘에 주민들을 보충하는 일이 시급하였다.

교회의 봉사도 끝맺음을 잘 하도록 도와야 한다. 이스라엘 백성들이 자원하는 자들에게 복을 빌었던 것처럼, 교회의 봉사자들을 격려하고 기도해 주어야 한다. 자원하여 봉사하는 자들이 많아질 때에 교회는 건강한 공동체가 될 것이다.

거주자들의 명단

3절 이하의 본문에서는 예루살렘에 거한 자들의 명단이 나온다. 먼저 유다 자손 중 '아다야'를 소개하고 있는데, 학자들은 바벨론에서 올라온 족장 중 한 사람으로 기록된 '우대'란 인물과 동일인으로 보고 있다(스 8:14). 그의 내력을 오대조까지 소급하여 자세히 말한 것으로 보아 느헤미야는 역사적 사실에 충실하려고 애쓴 것으로 짐작이 된다. 또 한 명의 지도자는 '마아세야'이다. 유다 지파의 '베레스' 자손이 모두 468명인데 다 용사였다고 기록하고 있다.

> "예루살렘에 거주한 베레스 자손은 모두 사백육십팔 명이니 다 용사였느니라"(6절).

과거에도 그리하였지만 유다 지파는 항상 이스라엘 민족의 선봉에 서서 헌신하였다. 그들은 유사시에 전투에 투입할 수 있는 용사들 468명을 예루살렘에 올려보냈다. 이스라엘 민족의 조상 야곱이 예언한 대로 유다의 자손들이 민족을 보호하는 정신적 지주였다.

> "유다야 너는 네 형제의 찬송이 될지라 네 손이 네 원수의 목을 잡을

> 것이요 네 아버지의 아들들이 네 앞에 절하리로다. 유다는 사자 새끼로다 내 아들아 너는 움킨 것을 찢고 올라갔도다. 그가 엎드리고 웅크림이 수사자 같고 암사자 같으니 누가 그를 범할 수 있으랴. 규가 유다를 떠나지 아니하며 통치자의 지팡이가 그 발 사이에서 떠나지 아니하기를 실로가 오시기까지 이르리니 그에게 모든 백성이 복종하리로다"(창49:8-10).

하나님은 유다 지파가 이스라엘의 보호자가 되고 장차에 인류의 구원자가 그 뿌리에서 오실 것이라고 말씀하셨다. "실로가 오신다"고 할 때에 그 '실로'(שִׁילוֹ)는 이스라엘의 지명을 뜻하는 것이 아니고, '하나님께 속한 자'란 그리스도를 의미한다.

유다 지파의 자손들이 민족을 보호하며 사자와 같이 용맹하게 전쟁에 앞장을 설 뿐만 아니라 원수들을 제압하고 징계할 것이다. 그리고 그 자손 중에서 만왕의 왕이신 그리스도가 오셔서 온 인류를 구원하실 것이다. 그 예언의 말씀대로 예수 그리스도는 유다의 계통에서 오셨고 다윗 왕의 후손으로 오셨다.

이스라엘의 중대한 일에 앞장 선 유다 자손들처럼 우리는 하나님의 일에 생명을 바쳐 헌신하는 열심 있는 성도가 되어야 한다.

유다 지파 자손 468명과(4-6절) 베냐민 지파 자손 928명을(7,8절) 비롯하여 '스라야' 제사장의 일가 형제가 82명이고(12절), 또 '아다야'의 형제가 242명이다(12,13절). 그리고 '아맛새'의 형제, 큰 용사들이 128명이었다(14절). 거룩한 성에 레위 사람은 284명이었고(18절), 성 문지기는 172명이었다(19절).

노래하는 자들 중 아삽의 자손 '웃시'는 예루살렘에 거주하는 레위 사람의 감독이 되어 하나님의 전 일을 맡아 다스렸다(22절). 노래하는 자들에게 할 일을 정해 준 것으로 보아 지금의 찬양대장이나 예배인도자의 역할을 한 것으로 보인다.

제사장과 레위인, 성문지기와 느디님 사람들, 노래하는 자들 중에서 각각 십분의 일을 택하여 예루살렘 성에 거주하도록 하였다. 느헤미야가 거주자 명단을 통하여 누가 부르심을 입었는지에 대하여 생각하도록 했던 것처럼 우리도 사역을 감당할 때에 주님의 부르심을 입었다는 사명감이 있어야 한다.

그리고 총독이 정확한 행정적 자료를 제시한 것으로 보아 하나님의 일을 자세하고 주도면밀하게 처리했음을 알 수 있다. 교회의 봉사와 행정도 좀 더 정확한 자료와 세심한 관심이 필요하다.

특별히 솔로몬 신하의 자손들과 유다와 베냐민 지파는 예루살렘에 대한 책임을 누구보다도 많이 느끼고 올라갔다. 오늘날 교회에서도 먼저 직분을 받은 중직자들이 일반 성도들보다도 하나님의 사역에 더 큰 책임감을 가지고 열심과 정성을 쏟아야 할 것이다.

Nehemiah Explanation

21
조상들의 발자취를 돌아보며

느 12:1-26

1스알디엘의 아들 스룹바벨과 및 예수아를 따라 돌아온 제사장들과 레위 사람들
은 이러하니라 제사장은 스라야와 예레미야와 에스라와 2아마랴와 말룩과 핫두
스와 3스가냐와 르훔과 므레못과 4잇도와 긴느도이와 아비야와 5미야민과 마아
댜와 빌가와 6스마야와 요야립과 여다야와 7살루와 아목과 힐기야와 여다야니
이상은 예수아 때에 제사장들과 그들의 형제의 지도자들이었느니라 8레위 사람
들은 예수아와 빈누이와 갓미엘과 세레뱌와 유다와 맛다냐니 이 맛다냐는 그의
형제와 함께 찬송하는 일을 맡았고 9또 그들의 형제 박부갸와 운노는 직무를 따
라 그들의 맞은 편에 있으며 10예수아는 요야김을 낳고 요야김은 엘리아십을 낳
고 엘리아십은 요야다를 낳고 11요야다는 요나단을 낳고 요나단은 얏두아를 낳
았느니라 12요야김 때에 제사장, 족장 된 자는 스라야 족속에는 므라리요 예레미
야 족속에는 하나냐요 13에스라 족속에는 므술람이요 아마랴 족속에는 여호하난
이요 14말루기 족속에는 요나단이요 스바냐 족속에는 요셉이요 15하림 족속에는
아드나요 므라욧 족속에는 헬개요 16잇도 족속에는 스가랴요 긴느돈 족속에는
므술람이요 17아비야 족속에는 시그리요 미냐민 곧 모아댜 족속에는 빌대요 18
빌가 족속에는 삼무아요 스마야 족속에는 여호나단이요 19요야립 족속에는 맛드
내요 여다야 족속에는 웃시요 20살래 족속에는 갈래요 아목 족속에는 에벨이요
21힐기야 족속에는 하사뱌요 여다야 족속에는 느다넬이었느니라 22엘리아십과
요야다와 요하난과 얏두아 때에 레위 사람의 족장이 모두 책에 기록되었고 바사
왕 다리오 때에 제사장도 책에 기록되었고 23레위 자손의 족장들은 엘리아십의
아들 요하난 때까지 역대지략에 기록되었으며 24레위 족속의 지도자들은 하사뱌
와 세레뱌와 갓미엘의 아들 예수아라 그들은 그들의 형제의 맞은편에 있어 하나
님의 사람 다윗의 명령대로 순서를 따라 주를 찬양하며 감사하고 25맛다냐와 박
부갸와 오바댜와 므술람과 달몬과 악굽은 다 문지기로서 순서대로 문안의 곳간
을 파수하였나니 26이상의 모든 사람들은 요사닥의 손자 예수아의 아들 요야김
과 총독 느헤미야와 제사장 겸 학사 에스라 때에 있었느니라

경건한 조상들의 이름

총독 느헤미야는 예루살렘의 성곽 봉헌식에 앞서 하나님의 사역에 공로가 있는 신앙 조상들의 발자취를 먼저 돌아보게 하였다. 1-7절까지의 명단은 바벨론 1차 포로귀환자 중에서 그 당시 대제사장이었던 '예수아'를 비롯한 제사장들과 레위인의 명단이다. 성전 제사에서 가장 중요한 역할을 감당했던 인물들이었다. 이들에 대하여 기록하기를 "형제의 지도자들" 이었다고 말하고 있다(7절). 제사장들 중에서도 '머리된 자'(로쉬) 즉 대표적 인물을 뜻한다. 포로귀환 시에 특별히 영적으로 우두머리가 될 만한 자들이 선발되었던 것으로 짐작된다. 그 당시 총독 스룹바벨을 위시하여 일반 민중이 42,360명, 종들이 7,337명, 그리고 노래하는 남녀가 200명 귀환하였다(B.C.537. 스2:1-70).

12-21절은 예수아의 아들 '요야김'이 대제사장이었던 시대의 제사장이며 족장이었던 자들의 명단이다. 그리고 8,9,22-25절은 주요 직무를 맡았던 레위인들의 명단이다. 8,9절은 하나님을 찬양하는 일을 맡은 레위인들을 소개하고 있다.

> "레위 사람들은 예수아와 빈누이와 갓미엘과 세레뱌와 유다와 맛다냐니 이 맛다냐는 그의 형제와 함께 찬송하는 일을 맡았고, 또 그들의 형제 박부갸와 운노는 직무를 따라 그들의 맞은편에 있으며"(8,9절).

> "레위 족속의 지도자들은 하사뱌와 세레뱌와 갓미엘의 아들 예수아라 그들은 그들의 형제의 맞은편에 있어 하나님의 사람 다윗의 명령대로 순서를 따라 주를 찬양하며 감사하고"(24절).

하나님 제사에 있어 찬양대의 역할이 중요했다. '맞은편'에 있었다는 것으로 미루어 보아, 두 찬양대가 서로 마주 보고 서서 찬양했던 것으로 짐작된다. 구약시대나 신약시대나 예배에는 경배와 찬양이 중요한 부분을 차지한다. 하나님의 은혜로 구원을 받은 성도들은 누구를 막론하고 그 감사와 감격을 찬송하지 않을 수 없다.

> "시와 찬송과 신령한 노래들로 서로 화답하며 너희의 마음으로 주께 노래하며 찬송하며, 범사에 우리 주 예수 그리스도의 이름으로 항상 아버지 하나님께 감사하며" (엡5:19,20).

다음 세대를 위한 교훈

25절에는 '맛다냐'를 비롯한 6명은 문안의 곳간을 파수하는 문지기였다고 기록하고 있다. 성전의 곳간에는 제사에 사용되는 중요한 성물들이 있었고 경건한 자들이 그 곳을 안전하게 파수하였다. 이상에 열거한 제사장들과 찬양하는 자들과 문지기들은 대제사장 예수아의 아들 요야김과 총독 느헤미야와 학사 에스라가 있었을 당시의 인물들이라고 26절은 밝히고 있다.

민족의 지도자들을 역사적인 자료에 의하여 살펴봄으로 하나님께서 자기 백성에 대한 끊임없는 보살핌과 은혜를 베푸셨다는 것을 유다 백성들이 되새겨 보게 되었다. 총독이 이스라엘의 과거 역사를 통하여 주권을 상실당하고 모진 환난과 역경의 시대를 견디어 온 신앙 조상들의 모습을 살펴보게 한 것은 다음 세대에게 귀감이 되도록 한 것이었다.

신앙 조상들의 명단은 여호와 신앙과 민족의 정신은 대를 이어 가야할 것을 암시하고 있다. 하나님을 잘 섬긴 자들의 이름을 기록에 남겨 민족의 경축일인 예루살렘 성곽 봉헌식 전에 기억하도록 한 것은 우리에게 대단히 큰 교훈을 준다.

첫째는 이스라엘 민족의 신앙과 기쁨이 하루 아침에 이루어진 것이 아니라 조상들의 피땀과 기도로 성취된 것을 인식시켰다. 그리고 둘째는 역사의 인물들처럼 하나님을 섬기는 일에 삶을 온전히 드리자는 것이다. 그리하여 자기들의 이름도 조상들과 함께 영원하도록 기념되어져야 할 것을 가슴 깊이 새기도록 한 것이다.

오늘날의 교회도 마찬가지다. 앞서 간 신앙의 순교자들과 조상들의 기도와 헌신과 충성이 있었기 때문에 그 후손들이 신앙을 보수해 나가며 축복의 열매를 따먹고 있다. 그리고 지금 우리의 신앙과 봉사도 후일 우리의 후손들에게 평가되고 기억될 것이다. 시대마다 최선을 다하여 교회를 섬기는 자들로 인하여 교회는 건실히 성장해 나가는 것이다.

지금 우리에게 맡겨주신 사명을 잘 감당하며 복음 전파와 세계 선교를 위하여 최선을 다하여야 할 것이다.

Nehemiah Explanation

22
감사와 찬양의 봉헌식

느 12:27-43

27예루살렘 성벽을 봉헌하게 되니 각처에서 레위 사람들을 찾아 예루살렘으로
데려다가 감사하며 노래하며 제금을 치며 비파와 수금을 타며 즐거이 봉헌식을
행하려 하매 28이에 노래하는 자들이 예루살렘 사방 들과 느도바 사람의 마을에
서 모여 들고 29또 벧길갈과 게바와 아스마웻 들에서 모여 들었으니 이 노래하
는 자들은 자기들을 위하여 예루살렘 사방에 마을들을 이루었음이라 30제사장들
과 레위 사람들이 몸을 정결하게 하고 또 백성과 성문과 성벽을 정결하게 하니
라 31이에 내가 유다의 방백들을 성벽 위에 오르게 하고 또 감사 찬송하는 자의
큰 무리를 둘로 나누어 성벽 위로 대오를 지어 가게 하였는데 한 무리는 오른쪽
으로 분문을 향하여 가게 하니 32그들의 뒤를 따르는 자는 호세야와 유다 지도
자의 절반이요 33또 아사랴와 에스라와 므술람과 34유다와 베냐민과 스마야와
예레미야이며 35또 제사장들의 자손 몇 사람이 나팔을 잡았으니 요나단의 아들
스마야의 손자 맛다냐의 증손 미가야의 현손 삭굴의 오대손 아삽의 육대손 스가
랴와 36그의 형제들인 스마야와 아사렐과 밀랄래와 길랄래와 마애와 느다넬과
유다와 하나니라 다 하나님의 사람 다윗의 악기를 잡았고 학사 에스라가 앞서서
37샘문으로 전진하여 성벽으로 올라가는 곳에 이르러 다윗성의 궁 윗길에서 동
쪽으로 향하여 수문에 이르렀고 38감사 찬송하는 다른 무리는 그들을 왼쪽으로
행진 하는데 내가 백성의 절반으로 더불어 그 뒤를 따라 성벽 위로 가서 화덕
망대 윗길로 성벽 넓은 곳에 이르고 39에브라임 문 위로 옛문과 어문과 하나넬
망대와 함메아 망대를 지나 양문에 이르러 감옥 문에 멈추매 40이에 감사 찬송
하는 두 무리가 하나님의 전에 섰고 또 나와 민장의 절반도 함께 하였고 41제사
장 엘리아김과 마아세야와 미냐민과 미가야와 엘료에내와 스가랴와 하나냐는 다
나팔을 잡았고 42또 마아세야와 스마야와 엘르아살과 웃시와 여호하난과 말기야
와 엘람과 에셀이 함께 있으며 노래하는 자는 크게 찬송하였는데 그 감독은 예
스라히야라 43이 날에 무리가 큰 제사를 드리고 심히 즐거워하였으니 이는 하나
님이 크게 즐거워하게 하셨음이라 부녀와 어린아이도 즐거워하였으므로 예루살
렘이 즐거워하는 소리가 멀리 들렸느니라

함께 짐을 지고 함께 기뻐하다

마침내 총독과 백성들은 완공된 예루살렘 성벽의 봉헌식을 거행하게 되었다. 그 동안 수고하여 만든 성벽과 성문을 하나님께 바치는 제사를 드렸다. 하나님께 영광을 돌리는 행사였으니 레위 사람들이 빠져서는 안 될 것이다.

> "예루살렘 성벽을 봉헌하게 되니 각처에서 레위 사람들을 찾아 예루살렘으로 데려다가 감사하며 노래하며 제금을 치며 비파와 수금을 타며 즐거이 봉헌식을 행하려 하매" (27절).

모든 백성들과 기쁨을 함께 누리기 위하여 각처의 레위인들을 불렀고 그들이 예루살렘으로 모여 들었다. 모든 사람들을 동참하게 한 것은 곧 그들도 성벽 건축과 관계가 있으며 그 거룩성을 보수해 나가는데 책임의식을 가지도록 한 것이다. 성을 건축할 때에도 온 백성이 뜻을 모았지만 봉헌식을 할 때에도 그 기쁨을 함께 누렸다.

교회는 어느 누구도 소외되지 않게 주님의 사업을 함께 성취해 나갈 수 있도록 독려해야 한다. 고난도 기쁨도 함께 하는 것이 성도의 생활이다.

> "이에 노래하는 자들이 예루살렘 사방 들과 느도바 사람의 마을에서 모여들고, 또 벧길갈과 게바와 아스마웻 들에서 모여들었으니 이 노래하는 자들은 자기들을 위하여 예루살렘 사방에 마을들을 이루었음이라" (28,29절).

> "즐거워하는 자들과 함께 즐거워하고 우는 자들과 함께 울라" (롬 12:15).

하나님의 영광을 위하여 고난을 함께 받았다면 영광도 함께 받을 자격이 있다. "그리스도와 함께 십자가를 지는 사람은 그리스도와 함께 부활의 영광도 누리게 된다." 모인 자들 중에 예루살렘 근교에서 살았던 노래하는 자들이 대거 참석했다. 그들이 즐겁고 의미 있는 봉헌식의 분위기를 주도했을 것이다. 제금과 비파와 수금까지 동원한 그들의 찬양은 하나님을 기쁘시게 한 일종의 예배 행위였다. 이들의 찬송은 하나님의 크신 은혜에 대한 감사에서 비롯되었다.

헌신된 사람에게 감사를 깨우쳐 주면 더욱 은혜스러운 찬송을 부를 수 있다. 우리가 왜 찬송할 수밖에 없는지 그 이유를 잘 설명해 준다면 훨씬 감격적인 찬송을 부를 수 있을 것이다.

정결의식

봉헌식을 거행하기에 앞서 정결의식을 거행했다. 이 의식은 몸을 씻거나 금식하는 행위, 그리고 피를 뿌리며 희생 제물을 드리는 일, 거룩한 물을 뿌리는 행위를 하였다. 의식을 집행할 지도자들인 제사장들과 레위인들이 먼저 몸을 정결하게 하고, 그 다음에 백성들과 새로 지은 성문과 성벽을 정결하게 하였다. 하나님께 바치는 것은 사람이든지 물건이든지 먼저 성결해야 한다. 성결하지 않고는 무엇이든지 하나님께 드릴 수 없다(레14:14-20, 민19:18-20).

> "제사장들과 레위 사람들이 몸을 정결하게 하고 또 백성과 성문과 성벽을 정결하게 하니라"(30절).

제사장들과 레위인들이 먼저 정결의식에 참여한 것을 통하여 오늘날 예배를 인도할 목회자들의 심령 상태가 먼저 성결해야 할 것을 교훈한다. 이 성결의 문제는 지도자는 물론 이고 모든 백성과 사용할 물건까지도 해당된다. 예배드리는 자는 말할 것도 없고, 예배실의 분위기도 조용하고 안락해야 되고, 성구도 깨끗하게 잘 정돈되어 있어야 한다. 하나님께 드려지는 것은 무엇이든지 거룩하고 깨끗해야 한다.

하나님 앞에 드려지기 전에 피를 뿌리거나 거룩한 물을 뿌린 것은 그리스도의 속죄사역을 예표한 것이다. 우리 자신이 하나님께 드려지기 위하여 그리스도의 피를 통한 속죄가 있어야 한다. 성결하게 된 자만이 참된 기쁨을 누린다. 예배자가 성결하게 되어야 하나님께 드려질 수 있고, 하나님께 드려진 자만이 영적인 기쁨을 누릴 수 있다.

감사와 찬송의 봉헌식

느헤미야가 봉헌식을 주도했다. 그는 머리 속에 봉헌식을 설계하고 계획하였고 당일에 직접 지휘에 나섰다. 레위인들과 백성들은 두 팀으로 행렬을 지어 감사 찬송을 부르며 성벽 위로 걸었다.

> "이에 내가 유다의 방백들을 성벽 위에 오르게 하고 또 감사 찬송하는 자의 큰 무리를 둘로 나누어 성벽 위로 대오를 지어 가게 하였는데 한 무리는 오른쪽으로 분문을 행하여 가게 하니"(31절).

목회의 전반적인 방향과 기획을 주도하는 자가 필요하다. 그러나 앞장서서 자기가 영광의 자리에 서면 안 되고 항상 겸허한 위치에 있어야 한다. 느헤미야는 38절에 보면 무리의 끝에 서서 따라갔다. 감사 찬송하는 무리를 두 떼로 나누었다. 그리고 그들이 쌓았던 예루살렘 성 위로 서로 마주보면서 행렬을 지어 가게 했다. 이렇게 성 위로 걸으면서 다시 한 번 예루살렘 성을 살필 기회를 가진 것은 그 동안 하나님께서 자기 백성들에게 얼마나 위대한 일을 하게 하셨는지 구체적으로 목격하고 실감하도록 한 것이다.

한 무리는 오른쪽으로 분문을 향하여 가게 하였다(31절). 호세야를 비롯한 유다 지도자들의 절반이었다. 에스라가 이끈 첫 번째 무리는 분문이 있는 성 아래쪽을 휘돌아 동쪽 성벽에서 성전이 있는 북쪽으로 나아갔다. 그리고 에스라 뒤에, 노래하는 자들과 방백들과 나팔을 지닌 제사장들과 현악기를 지닌 레위인들이 뒤따랐다.

또 다른 한 무리는 서쪽 중간부터 왼쪽으로 돌아서 북쪽으로 나아갔다. 그리고 성전으로 통하는 '양문'이 있는 곳까지 다다랐다(38,39절). 거기서 동쪽에서 올라온 다른 무리와 합쳐서 하나님의 성전 마당으로 들어갔다.

> "이에 감사 찬송하는 두 무리가 하나님의 전에 섰고 또 나와 민장의 절반도 함께 하였고"(40절).

> "이 날에 무리가 큰 제사를 드리고 심히 즐거워하였으니 이는 하나님이 크게 즐거워하게 하셨음이라 부녀와 어린 아이도 즐거워하였으므로 예루살렘이 즐거워하는 소리가 멀리 들렸느니라"(43절).

두 무리가 성전 마당에서 만나 성대한 제사를 드렸다. 정성이 모아진 온 백성의 제사였으니 실로 큰 제사였다. 적들의 방해공작이 난무한 어려운 상황 속에서도 이렇게 완공하게 해 주셨으니 온 백성이 심히 기뻐할만했을 것이다. 그 기쁨은 단지 자기네들의 성취감 정도가 아니라 하나님께서 직접 부여해 주신 신령한 은혜의 체험이었다.

진정한 기쁨은 하나님께서 주셔야 한다. 그래서 영적 희열은 하나님을 깊이 사랑하고 신뢰하는 자가 얻을 수 있는 것이다. 오늘날 우리 교회는 기쁨이 넘치는 곳이 되어야 한다. 하나님께서 베푸실 영적인 희열이 가득한 교회가 되도록 헌신과 감사와 찬송이 충만해야 한다.

그 기쁨의 봉헌식에 부녀와 어린이도 참여했고, 그들의 환호성이 멀리까지 울려퍼졌다. 그 소리는 온 백성들의 즐거움임과 동시에 하나님의 큰 기쁨과 영광이 되었다.

하나님께서는 환난 가운데 낙망한 이스라엘 백성들에게 느헤미야를 보내셔서 예루살렘 성벽을 재건하게 하셨고, 대적들의 시험과 위협에서도 참고 견디게 하셨다. 그리고 그들이 크게 즐거워하도록 봉헌식도 성대하게 치르게 하셨다. 하나님은 영원하도록 이스라엘 백성을 버리지 않으시고 위로해 주셨다.

오늘도 역시 하나님은 자기 백성들의 헌신과 감사와 찬양을 받으시고 기쁨과 보람을 선물로 주신다.

Nehemiah Explanation

23
섬기는 자들에 대한 예우

느 12:44-47

44그 날에 사람을 세워 곳간을 맡기고 제사장들과 레위 사람들에게 돌릴 것 곧
율법에 정한 대로 거제물과 처음 익은 것과 십일조를 모든 성읍 밭에서 거두어
이 곳간에 쌓게 하였노니 이는 유다 사람이 섬기는 제사장들과 레위 사람들로
말미암아 즐거워하기 때문이라 45그들은 하나님을 섬기는 일과 결례의 일을 힘
썼으며 노래하는 자들과 문지기들도 그러하여 모두 다윗과 그의 아들 솔로몬의
명령을 따라 행하였으니 46옛적 다윗과 아삽의 때에는 노래하는 자의 지도자가
있어서 하나님께 찬송하는 노래와 감사하는 노래를 하였음이며 47스룹바벨과 느
헤미야 때에는 온 이스라엘이 노래하는 자들과 문지기들에게 날마다 쓸 몫을 주
되 그들이 성별한 것을 레위 사람들에게 주고 레위 사람들은 그것을 또 성별하
여 아론 자손에게 주었느니라

율법의 말씀대로 십일조를 드리다

유다 백성들이 기쁨으로 성벽 봉헌식을 마쳤다. 그리고 이제 하나님의 거룩한 사역을 감당할 레위 사람들에게 율법의 규례대로 예우를 해 주었다. 하나님의 영광을 위하여 성전 제사도 드리고 예루살렘을 파수할 때에 찬양대와 성전 문지기를 비롯하여 여러 성직자들의 생활비를 공급해 주어야 했다. 온 백성들은 하나님의 말씀대로 레위인들에게 드려야 할 것을 공급해 주고, 레위인들은 성심성의껏 하나님의 성전 제사와 백성들을 도왔다.

"그 날에 사람을 세워 곳간을 맡기고 제사장들과 레위 사람들에게 돌릴 것 곧 율법에 정한 대로 거제물과 처음 익은 것과 십일조를 모든 성읍 밭에서 거두어 이 곳간에 쌓게 하였노니 이는 유다 사람이 섬기는 제사장들과 레위 사람들로 말미암아 즐거워하기 때문이라" (44절).

백성들이 하나님께 바치도록 율법에 정해진 것은 "제사를 드릴 때 제사장에게 구별하여 드리는 거제물과 첫 열매와 십일조" 였다. 그 동안 백성들은 하나님의 말씀대로 바로 행하지 못하여 성전 제사가 바로 시행되지 못했고 레위인들을 바로 돕지 못했다. 그러나 성벽을 봉헌한 후에는 하나님께 바쳐야 할 것들을 하나님께 바치는 역사가 일어났다.

그 당시에는 가난하고 궁핍했기 때문에 재물과 곡식을 하나님께 바친다는 것이 쉬운 일이 아니었다. 물질적으로 풍성한 오늘날도 마찬가지다. 믿음이 없고서는 십일조를 바치기 어렵다. 그럼에도 불구하고 유다 백성들이 십일조와 처음 익은 열매나 곡식을 하나님께 바치게 된 것은 대단한 변화가 아닐 수 없다.

백성들이 봉헌식을 하면서 제사장들과 레위인들의 수고를 절실히 깨달았고 또 그들이 얻은 영적인 기쁨이 컸기 때문이다. 은혜를 입은 그들은 하나님의 율법의 말씀대로 살기로 작정한 것이다. 영적 깨달음과 동시에 곧 바로 실천에 옮긴 유다 백성들의 신앙 행동이 귀하다.

거룩한 사역의 원상 복귀

유다 백성들은 기쁜 마음으로 레위인들을 예우하였고, 레위인들은 성전 제사를 비롯한 결례의 일에 전심전력하였다. 찬양을 부르고 노래하는 자들도 최선을 다하여 준비하였고, 성전과 성벽의 문지기들도 성실하게 자기들의 일에 최선을 다 하였다.

> "그들은 하나님을 섬기는 일과 결례의 일을 힘썼으며 노래하는 자들과 문지기들도 그러하여"(45절).

성전 찬양대가 다윗 왕 때만큼은 웅장하지 않았겠지만 다윗과 솔로몬의 명령을 따랐던 그 시대처럼 찬양대가 원상복귀하였다. 아마 '아삽'과 같은 찬양대장도 세워서 영적 질서를 잡아나갔을 것이다. 문지기들도 다윗과 솔로몬 시대처럼 질서와 규례를 만들어 시행했을 것이다.

> "모두 다윗과 그의 아들 솔로몬의 명령을 따라 행하였으니 옛적 다윗과 아삽의 때에는 노래하는 자의 지도자가 있어서 하나님께 찬송하는 노래와 감사하는 노래를 하였음이며"(46절).

유다 백성들이 율법대로 순종하니 영적인 모든 일이 은혜롭게 자리를 바로 잡아나가기 시작했다. 백성들은 레위인과 제사장, 그리고 노래하는 자들과 문지기들에게 날마다 쓸 것을 제공해 주었다. 백성들이 십일조를 비롯한 성별한 것을 레위인들에게 바치면, 레위인들은 또 거기서 성별하여 제사장들의 몫을 나누어 주었다.

> "스룹바벨 때와 느헤미야 때에는 온 이스라엘이 노래하는 자들과 문지기들에게 날마다 쓸 몫을 주되 그들이 성별한 것을 레위 사람들에게 주고 레위 사람들은 그것을 또 성별하여 아론 자손에게 주었느니라"(47절).

성별된 것을 바칠 때 오는 복

우리가 하나님께 십일조와 헌금을 드리는 것은 하나님의 영광을 회복하는 일이고 교회와 선교사역을 살리는 일이다. 사실 초신자들에게 십일조를 강조하는 것은 조심스럽다. 물질로 인하여 시험에 빠질 수도 있기 때문이다. 그럼에도 불구하고 한국 교회는 이 일을 실천하였고 더 큰 하나님의 복을 받았다.

물질이 가는 곳에 마음도 간다. 십일조를 하게 되면 교회를 더욱 사랑하게 된다. 물질적인 복도 하나님의 말씀대로 십일조를 드릴 때 더 크게 온다.

성도들은 하나님의 일에 몸을 바친 목회자와 자기의 좋은 것을 함께 나누어 가져야 한다. 목회자들은 성도들이 구원과 복을 얻도록 영적인 말씀을 전하고 기도를 해 준다. 그러므로 그 무엇보다도 큰 것을 성도들에게 주고 있기 때문에 성도들은 목회자들의 생활을 책임져야 한다.

> "가르침을 받는 자는 말씀을 가르치는 자와 모든 좋은 것을 함께 하라" (갈6:6).

'모든 좋은 것'은 상당히 함축적인 표현이다. 성도들의 생활 가운데 예상하지 못했던 경사가 있을 수 있다. 갑자기 물질적으로 큰 유익을 얻었다든지, 사회적으로 권력과 명예를 얻었을 때에 하나님께 감사를 표현해야 한다.

매사에 모든 좋은 것이 생겼을 때에 하나님의 말씀을 전하는 목회자를 생각하라는 것이다. 우리가 영적 생활에 관심을 기울이고 목회자를 배려한다는 것은 그 자체가 믿음이 있는 것이다.

"형제들아 우리가 너희에게 구하노니 너희 가운데서 수고하고 주 안에서 너희를 다스리며 권하는 자들을 너희가 알고 그들의 역사로 말미암아 사랑 안에서 가장 귀히 여기며 너희끼리 화목하라" (살전 5:12,13).

신앙공동체는 이러한 화목과 사랑을 통하여 하나님의 은총과 복을 더 누리게 된다. 하나님께 바쳐야 할 십일조와 헌물은 '이미 바쳐진 것'(헤렘: חֵרֶם)이기 때문에 손을 대면 안 된다. 목회자들은 하나님께 바쳐진 자들이기 때문에 세속적으로 살면 안 되고 하나님의 일에 전적으로 헌신해야 한다.

그와 마찬가지로 일반 성도들에게 십일조와 헌물은 하나님의 것이므로 자기가 손을 댈 수 없는 것이다. 그래서 '성별된 것' 이라고 성경은 표현하고 있다. '이미 바쳐진 것' 에 손을 대면 하나님이 징벌 하신다.

이스라엘 백성들이 첫 성 '여리고' 를 탈환했을 때 전리품은 하나님께 '바쳐진 것' 이므로 손대지 말라고 여호수아가 명령하였다. 그런데 '아간' 이란 자가 금과 은, 그리고 외투를 훔쳐서 자기 장막 밑에 숨겼다. 그 일로 인하여 그는 '바쳐진 것' 을 가져간 대가로 자기와 자기 가족들의 목숨과 모든 재산을 다 바치게 되었다.

나라에서 불량식품을 만드는 악덕 업자에게 징벌의 수위를 높이겠다고 방송에서 들었다. 발각이 되면 징역도 살지만 그 일로 인한 총수입에 10배를 벌금으로 물린다고 했다. 불량식품으로 1억을 벌었다면 10억을 벌금으로 내야 하기 때문에 한 마디로 쫄딱 망하게 되는 것이다.

영적으로도 십일조에 손대는 것이 그만큼 무서운 것이다. 말라기 선지자는 말3:8,9에서 십일조와 봉헌물을 내지 않은 유다 백성들은 하나님께 바쳐진 것을 도둑질한 것이므로 그들이 저주를 받았다고 선포하였다.

십일조는 이상한 힘을 가지고 있다. 십일조를 하나님께 바치면 수입의 10%가 줄어든다. 그런데 이상하게도 온전한 십일조를 드리는 자들은 더 수익이 늘어난다. 말라기 선지자는 십일조에 대하여 하나님을 시험해 보라고 했다.

> "만군의 여호와가 이르노라 너희의 온전한 십일조를 창고에 들여 나의 집에 양식이 있게 하고 그것으로 나를 시험하여 내가 하늘 문을 열고 너희에게 복을 쌓을 곳이 없도록 붓지 아니하나 보라. 만군의 여호와가 이르노라 내가 너희를 위하여 메뚜기를 금하여 너희 토지 소산을 먹어 없애지 못하게 하며 너희 밭의 포도나무 열매가 기한 전에 떨어지지 않게 하리니" (말3:10,11).

지난 가을에 바람이 불어 감이 많이 떨어졌는데도 시골 교회의 장로이신 처가댁 형님 댁의 감나무에는 감이 많이 맺혀 예년보다 오히려 비싼 값을 받았다고 하였다. 교회 장로님들이 복을 받는 이유 중의 하나는 교회에 책임이 크다 보니 십일조를 더 성심성의껏 하게 되고 봉사를 많이 하니 물질적인 복과 영적인 복도 그만큼 많이 받게 되는 것이다.

십일조를 바치지 않으면 10%의 돈이 남아야 하는데 이상하게도 수익은 더 줄어들고, 돈은 많이 벌었는데 빠져나가는 돈이 많이 생기게 된다. 메뚜기 떼가 날아와 다 갉아 먹어버리고, 곧 열매를 딸 기한이 다 되었는데 바람이 불어서 열매들이 떨어져 버린다. 하나님은 십일조 신앙의 성도들과 함께 하신다.

Nehemiah Explanation

24
성전 거룩에 대한 개혁

느 13:1-9

1그 날 모세의 책을 낭독하여 백성에게 들렸는데 그 책에 기록하기를 암몬 사람
과 모압 사람은 영원히 하나님의 총회에 들어오지 못하리니 2이는 그들이 양식
과 물로 이스라엘 자손을 영접하지 아니하고 도리어 발람에게 뇌물을 주어 저주
하게 하였음이라 그러나 우리 하나님이 그 저주를 돌이켜 복이 되게 하셨다 하
였는지라 3백성이 이 율법을 듣고 곧 섞인 무리를 이스라엘 가운데에서 모두 분
리하였느니라 4이전에 우리 하나님의 전의 방을 맡은 제사장 엘리아십이 도비야
와 연락이 있었으므로 5도비야를 위하여 한 큰 방을 만들었으니 그 방은 원래
소제물과 유향과 그릇과 또 레위 사람들과 노래하는 자들과 문지기들에게 십일
조로 주는 곡물과 새 포도주와 기름과 또 제사장들에게 주는 거제물을 두는 곳
이라 6그 때에는 내가 예루살렘에 있지 아니하였느니라 바벨론 왕 아닥사스다
삼십이 년에 내가 왕에게 나아갔다가 며칠 후에 왕에게 말미를 청하고 7예루살
렘에 이르러서야 엘리아십이 도비야를 위하여 하나님의 전 뜰에 방을 만든 악한
일을 안지라 8내가 심히 근심하여 도비야의 세간을 그 방 밖으로 다 내어 던지
고 9명령하여 그 방을 정결하게 하고 하나님의 전의 그릇과 소제물과 유향을 다
시 그리로 들여놓았느니라

암몬과 모압인을 축출하다

느헤미야서의 마지막 장은 지도자 느헤미야의 개혁에 대하여 서술하고 있다. 그는 구체적으로 하나님의 말씀에서 어긋난 것을 뿌리 뽑으려고 최선을 다하였다. 그의 개혁은 행정적으로만 전달된 개혁이 아니었고, 그가 직접 나서서 과감하게 수정하고 처벌까지도 했다. 갑작스러운 개혁은

반발을 초래할 수도 있고 임시방편으로 형식만 취할 수도 있었다. 결코 쉽지 않는 일을 느헤미야는 결단력 있게 행하였다. 율법의 원칙에 바로 서 있었고, 그가 솔선수범하여 헌신했기 때문에 백성들은 느헤미야의 리더쉽에 응할 수 있었던 것으로 짐작된다.

> "그 날 모세의 책을 낭독하여 백성에게 들렸는데 그 책에 기록하기를 암몬 사람과 모압 사람은 영원히 하나님의 총회에 들어오지 못하리니"(1절).

느헤미야는 하나님의 말씀에 기록된 대로 암몬과 모압 사람들을 경건한 이스라엘 총회로부터 축출하였다. 백성들은 이스라엘 가운데 섞여서 살아가고 있는 암몬과 모압 사람들을 모두 분리시켰다(3절). 이스라엘 백성들이 출애굽 할 때부터 이방인들은 그들과 섞여 있었다. 그리고 이스라엘 백성들이 가나안 땅에 들어가기 직전에 요단 동쪽에 살았던 암몬과 모압 사람들과 전투를 하여 그들의 땅을 빼앗았다.

이스라엘 민족이 출애굽 한 때로부터 바벨론에 포로로 끌려갔다가 다시 예루살렘으로 귀환하고 스룹바벨과 느헤미야가 예루살렘 성전과 성벽을 재건하기까지 거의 천 년의 세월이 흘렀다. 느헤미야가 다스리던 그 당시에는 이방인들과 혼혈이 되어 다문화의 인종들이 살았다.

어느 특정한 족속을 가려내어 추방한다는 것이 대단히 번거롭고 어려운 일이었을 것이다. 그럼에도 불구하고 느헤미야는 율법대로 암몬과 모압인들을 분리시켜 추방시키는 개혁을 시도하였다. 2절은 암몬과 모압인들이 여호와의 총회에 들어올 수 없는 이유가 나와 있다.

> "이는 그들이 양식과 물로 이스라엘 자손을 영접하지 아니하고 도리

어 발람에게 뇌물을 주어 저주하게 하였음이라 그러나 우리 하나님 이 그 저주를 돌이켜 복이 되게 하셨다 하였는지라”(2절).

암몬과 모압인들이 하나님의 총회에 들어올 수 없는 까닭은 출애굽 당시에 이스라엘 백성의 행로를 막아 대적하였고, 발람 선지자를 매수하여 저주하려고 했던 것이다. 그들을 무조건 배척하였던 것이 아니고 역사적인 정당한 이유를 말했고, 또 하나님께서 그들이 거룩한 총회에 들어올 수 없도록 말씀했기 때문이다.

“암몬 사람과 모압 사람은 여호와의 총회에 들어오지 못하리니 그들에게 속한 자는 십 대뿐 아니라 영원히 여호와의 총회에 들어오지 못하리라. 그들은 너희가 애굽에서 나올 때에 떡과 물로 너희를 길에서 영접하지 아니하고 메소보다미아의 브돌 사람 브올의 아들 발람에게 뇌물을 주어 너희를 저주하게 하려 하였으나”(신23:3,4).

느헤미야는 2절에서 “발람에게 뇌물을 주어 저주하게 하였다”라고 기록하고 있다. ‘발람’은 메소포타미아 지역 ‘브돌’에 살았고 널리 알려진 예언자였다. 이스라엘 백성들이 광야의 긴 여정을 거의 끝마치고 모압 광야에 진을 쳤을 때, 모압 왕 ‘발락’은 이스라엘의 세력과 그 수효에 큰 두려움을 느꼈다. 그래서 저주를 부탁하기 위하여 발람에게 사신을 보냈다(민22:1-6).

뇌물에 눈이 어두워 이스라엘을 저주하려고 했던 발람은 모압 왕의 의도와 달리 이스라엘을 저주하기는커녕 오히려 이스라엘을 네 번이나 축복하고 말았다. 발람은 이스라엘 군대를 무너뜨릴 계교를 냈는데 그것은, 이스라엘 백성들이 모압과 미디안 족속의 바알 제사에 참석하게 해서 그곳 여자들과 음행을 행하게 한 것이다(민31:16). 이 발람의 죄를 하나님께께서 잊지 않으시고, 이스라엘이 미디안을 정복했을 때 발람도 죽이게 하셨다(민31:8).

> "이스라엘 자손이 그들을 살육하는 중에 브올의 아들 점술가 발람도 칼날로 죽였더라" (수13:22).

암몬과 모압인의 배척은 하나님의 말씀을 실행한 것이며, 이스라엘의 지속적인 거룩을 유지하려고 했기 때문이다. 율법을 읽고 백성들이 들은 후에 즉각적으로 그들을 분리시킴으로 이스라엘의 거룩을 유지하였다. 그리고 잘못된 것을 깨달았을 때 과감히 단절하는 실천적인 용기가 있었다.

우리는 느헤미야와 이스라엘 백성들의 그런 신앙적인 결단력을 본받아야 한다. 성별을 위하여 우리가 멀리 해야 할 사람들이 있다. 불신앙의 술 친구들이나 함께 나쁜 일을 모의하려는 사람들은 과감히 절교해야 한다. 크리스찬은 가까이 붙여야 할 사람과 멀리 해야 할 사람을 분리시켜 교제해야 한다.

암몬인 도비야를 성전에 들이다

느헤미야가 8년 정도 페르시아로 내려갔다가 다시 왔다. 그가 없을 동안 하나님의 전 골방을 맡은 제사장 '엘리아십'이 암몬 사람 도비야와 내통하였다(6절). 도비야는 결혼을 통해 유다인 지도자와 관계를 맺고(6:18) 엘리아십과 친척이 된 것 같다.

성전의 큰 방을 엘리아십이 성결하지 못한 암몬인 도비야에게 내어주었다. 그 방은 원래 소제물과 유향과 기명, 그리고 십일조를 넣어두는 곳이었다. 도비야에게 사사로이 사용하도록 함으로 하나님의 성전을 성결하지 못하게 하였다. 엘리아십은 하나님보다도 도비야를 인간적으로 더 두려워했다.

느헤미야는 엘리아십이 도비야를 위하여 하나님의 전 뜰에 방을 갖춘 악한 일을 알게 되었다. 그가 되돌아 와서 살펴본 것이 얼마나 중요한가? 수산궁에 있으면 편안하게 살 수 있었을 것이나 하나님의 영광과 예루살렘을 생각하고 되돌아 왔다. 그런데 이방인에게 성전의 큰 방을 내어준 악한 일이 벌어져 있었다.

교회도 사람의 단체인 이상 모든 일을 성경대로 완벽하게 해 낸다는 보장이 없다. 그러므로 교회의 지도자는 악한 풍습이나 이단 사상이 침범하지 않았는지 항상 살펴보아야 한다(요15:2, 살전5:21,22).

성전 청결 사건

본문의 8,9절은 예수님의 성전 청결사건을 기억나게 한다(요2:13-16). 느헤미야는 하나님의 영광을 위하여 과격한 행동을 했다. 제사장에게 시킬 수도 있었지만 정의로운 느헤미야는 참고 있을 수 없었다. 에스라도 느헤미야와 같이 개혁을 단행했지만 그와 성격이 달라서 그런지 혼자서 근심하였고, 또 기도하면서 다른 사람들이 깨닫도록 기다렸다(스9:5, 10:1-5).

불의한 모습을 보고 어떻게 대처하는 것이 더 은혜스럽겠는가? 성격에 따라 다소 차이는 있겠으나 될 수 있으면 먼저 자기의 책임을 통감하고 회개해야 할 것이며, 그 다음에 죄악을 척결할 결단을 내리는 것이 좋을 것이다.

도비야의 세간을 방 밖으로 다 내어 던지고, 그 방을 정결하게 한 다음에 원래 목적대로 소제물과 유향을 다시 그리로 들여놓았다(9절). 우리가 하나님의 말씀에서 변질되고 벗어났을 때에는 항상 개혁하여 원래의 위치에 설 수 있도록 해야 한다.

영적 지도자는 교회와 가정 공동체의 일원들이 말씀에서 벗어나지 않도록 항상 눈여겨 살펴야 한다. 신앙인들이 연수가 오래 되다 보면 자신도 모르는 사이에 말씀에서 떠나 자기 위주로 살 때가 있다. 그러므로 지도자는 자기 공동체의 일원이 말씀에서 벗어나지 않도록 바로 잡아주어야 한다.

Nehemiah Explanation

25
십일조 생활의 개혁

느 13:10-14

10내가 또 알아본즉 레위 사람들이 받을 것을 주지 아니하였으므로 그 직무를
행하는 레위 사람들과 노래하는 자들이 각각 자기 밭으로 도망하였기로 11내가
모든 민장들을 꾸짖어 이르기를 하나님의 전이 어찌하여 버린바 되었느냐 하고
곧 레위 사람을 불러 모아 다시 제자리에 세웠더니 12이에 온 유다가 곡식과 새
포도주와 기름의 십일조를 가져다가 곳간에 들이므로 13내가 제사장 셀레먀와
서기관 사독과 레위 사람 브다야를 창고지기로 삼고 맛다냐의 손자 삭굴의 아들
하난을 버금으로 삼았나니 이는 그들이 충직한 자로 인정됨이라 그 직분은 형제
들에게 분배하는 일이었느니라 14내 하나님이여 이 일로 말미암아 나를 기억하
옵소서 내 하나님의 전과 그 모든 직무를 위하여 내가 행한 선한 일을 도말하지
마옵소서

십일조의 재개혁

자동차와 기계를 고장 없이 오래 사용하려면 정기적으로 검사와 점검을 받아야 한다. 우리의 신앙생활도 그러한 세밀한 점검의 시간이 필요하다. 신앙의 연수가 오래 되다 보면 자신도 모르게 말씀에서 벗어나 세속적이고 자기 위주의 생활을 할 수 있다. 매일 자신이 하나님의 말씀 앞에서 바로 살아가고 있는지 점검을 해 보아야 한다.

지도자 느헤미야는 페르시아에 내려갔다가 다시 올라오는 8여년간 유다 백성들의 신앙이 율법에서 이탈한 것을 발견하였다(6절). 12:44-47에 유다 백성들이 제사장들과 레위 사람들을 위하여 십일조 생활을 시작하였다고 되어 있는데, 본문에서는 레위인들에게 십일조를 지급하지 않아서 그들이 자기들의 직무를 행하지 않고 도망하였다고 기록하고 있다.

> "내가 또 알아본즉 레위 사람들이 받을 몫을 주지 아니하였으므로 그 직무를 행하는 레위 사람들과 노래하는 자들이 각각 자기 밭으로 도망하였기로"(10절).

지도자가 어떤 일을 명하였을 때 사후관리가 중요하다. 계속 하여 잘 되고 있는지 반드시 점검해야 한다. "내가 또 알아보았다"는 것은 십일조 생활과 안식일 성수를 비롯하여, 이미 명한 일들이 잘 수행되고 있는가 다시 살펴보았다는 것이다. 인간은 연약하고 결심한 것이 변하기 쉬우므로 말씀에서 어긋나지 않도록 지도자는 늘 살펴야 한다. 한 번 개혁한 일을 사람들이 계속 기억하고 실천하도록 도와야 한다.

성전의 직무를 행하던 레위인과 노래하는 자들이 각각 밭으로 일하러 가 버리고 성전의 일을 돌보지 않았다. 그 까닭은 레위 사람들에게 생활비를 지급하지 않아 궁핍해졌기 때문이다. 유다 백성들이 십일조를 드리기로 약속하였지만 지속적으로 실천하지 못했다.

책임을 다하지 못한 민장들

비록 생활이 궁핍하여도 성전 직무를 맡은 레위인들은 참고 견디면서 백성들을 바로 가르쳐야 하는데 그러지 못했고, 민장들도 십일조를 받아 레위인들의 생활비를 챙겨주지 못했으므로 큰 책임이 있었다. 그래서 느헤미야는 민장들을 소집하여 책망하였다.

> “내가 모든 민장들을 꾸짖어 이르기를 하나님의 전이 어찌하여 버린 바 되었느냐 하고 곧 레위 사람을 불러 모아 다시 제자리에 세웠더니”(11절).

백성들이 말씀대로 순종하지 못했을 때, 하나님의 전이 버린 바가 되었다. 오늘날도 마찬가지다. 교회와 성도들이 하나님의 말씀대로 준행하지 못할 때, 교회는 제 역할을 감당하지 못하여 하나님으로부터 책망을 듣고 불신 사회로부터는 비난을 받게 된다. 목회자도 성도들도 하나님의 말씀대로 제 역할과 사명을 다해야 한다.

> “너희는 세상의 소금이니 소금이 만일 그 맛을 잃으면 무엇으로 짜게 하리요 후에는 아무 쓸 데 없어 다만 밖에 버려져 사람에게 밟힐 뿐이니라”(마5:13).

교회와 성도들은 세상의 빛과 소금의 역할을 바로 감당해야 한다. 우리의 영적인 책임을 다하지 못할 때, 세상 사람들의 비난을 피할 수 없게 된다. 목회자의 생활이 궁핍하다면 그것은 일차적으로 성도들의 책임이다. 교인들이 온전한 십일조 생활만 한다면 목회자들이 교인들의 중간 수준으로는 생활할 수 있다. 목사의 가정이 일용할 양식이 없으면 교회의 직무는 행하지 않고 생활전선에 뛰어들어 다른 일에 전념하게 될 것이다. 성도들이 아무리 교회와 목사를 사랑한다고 말할지라도 십일조 생활을 하지 않는다면 진정으로 사랑하는 것이 아니다.

"만일 형제나 자매가 헐벗고 일용할 양식이 없는데 너희 중에 누구든지 그에게 이르되 평안히 가라, 덥게 하라, 배부르게 하라 하며 그 몸에 쓸 것을 주지 아니하면 무슨 유익이 있으리요. 이와 같이 행함이 없는 믿음은 그 자체가 죽은 것이라"(약2:15-17).

십일조 생활은 그 무엇보다도 그 사람의 믿음을 정확하게 보여주는 바로미터이다. 물질에 대한 애착을 가진 자들이 하나님께 십일조를 드릴 수 있다는 것은 믿음을 행함으로 보여주는 것이다.

성도만 십일조를 할 것이 아니라 교회도 십일조 정신을 가지고 다른 교회와 가난한 자들을 구제해야 한다. 경제적으로 자립하지 못하는 농어촌 교회나 개척교회는 충분히 가진 도시 교회들이 십일조를 한다고 생각하고 어려운 교회들을 돌보고 나누어 주어야 한다.

그리고 교단의 총회는 소속된 목회자들 중에서 기초생활이 되지 않는 자들에게 기초생활의 대책을 세워주어야 한다. 십일조는 레위인을 위한 것이지만, 더 나아가 모든 백성들이 가난에서 벗어나기 원하시는 하나님의 마음이 잘 나타나 있다.

충직한 자들에게 맡기다

느헤미야는 "레위 사람들을 다시 불러 모아" 그 직무를 행하던 처소에 세웠다. 개혁하였으나 언약을 잊고 그릇 행할 때에 재차 개혁을 해야 한다. 개혁의 방향은 항상 하나님의 말씀이다. 거기서 떠나면 언제나 환원해야 한다. 유다 백성들은 처음 언약대로 십일조를 하기 시작했고, 레위 사람들은 다시 자기의 직무를 찾아 행하였다.

"이에 온 유다가 곡식과 새 포도주와 기름의 십일조를 가져다가 곳간에 들이므로" (12절).

느헤미야는 행정적으로 그 일을 잘 이행하기 위하여 제사장 셀레먀와 서기관 사독과 레위인 브다야를 고지기로 삼고, 하난을 부 책임자로 삼았다. 그들은 충직한 자로 인정을 받았던 인물이다.

"내가 제사장 셀레먀와 서기관 사독과 레위 사람 브다야를 창고지기로 삼고 맛다냐의 손자 삭굴의 아들 하난을 버금으로 삼았나니 이는 그들이 충직한 자로 인정 됨이라 그 직분은 형제들에게 분배하는 일이었느니라" (13절).

교회가 가끔 충직한 자보다 재능이나 실력이 있는 자를 찾는 경우가 있는데, 될 수 있으면 충성스럽고 정직한 자를 세워야 한다. 한 번 맡은 책임을 실수 없이 잘 이행하고 물질에 대하여 정직한 사람이라야 문제를 일으키지 않는다. 특히 교회 재정적인 직무는 더욱 그리하다. 세움을 받은 자들의 직분은 레위인들에게 십일조를 분배하는 일이었다.

유다 백성들은 십일조를 바로 하게 되었고, 직분을 맡은 자들은 성실하게 분배해 줌으로 성전의 직무는 원활하게 진행되었다. 14절의 기도는 도우시는 하나님을 통하지 않고는 개혁한 선한 일이 잘 유지될 수 없음을 고백한 것이다.

"내 하나님이여 이 일로 말미암아 나를 기억하옵소서 내 하나님의 전과 그 모든 직무를 위하여 내가 행한 선한 일을 도말하지 마옵소서" (14절).

느헤미야는 "내 하나님이여 이 일로 말미암아 나를 기억하소서"라고 하였는데, 그는 신앙 개혁에 대하여 백성들에게 인정받기보다도 하나님께 인정받기를 바랐다. 아무리 위대한 개혁을 단행했더라도 하나님의 지속적인 돌보심과 은혜가 없으면 좋은 결과를 얻을 수 없다. 그러므로 선한 일을 행한 후에도 하나님의 은혜와 도움을 입기 위하여 계속하여 기도해야 한다.

Nehemiah Explanation

26
안식일 성수 개혁

느 13:15-22

15그 때에 내가 본즉 유다에서 어떤 사람이 안식일에 술틀을 밟고 곡식 단을 나
귀에 실어 운반하며 포도주와 포도와 무화과와 여러 가지 짐을 지고 안식일에
예루살렘에 들어와서 음식물을 팔기로 그 날에 내가 경계하였고 16또 두로 사람
이 예루살렘에 살며 물고기와 각양 물건을 가져다가 안식일에 예루살렘에서도
유다 자손에게 팔기로 17내가 유다의 모든 귀인들을 꾸짖어 그들에게 이르기를
너희가 어찌 이 악을 행하여 안식일을 범하느냐 18너희 조상들이 이같이 행하지
아니하였느냐 그래서 우리 하나님이 이 모든 재앙으로 우리와 이 성읍에 내리신
것이 아니냐 그럼에도 불구하고 너희가 안식일을 범하여 진노가 이스라엘에게
더욱 심하게 임하도록 하는도다 하고 19안식일 전 예루살렘 성문이 어두워갈 때
에 내가 명령하여 성문을 닫고 안식일이 지나기 전에는 열지 말라 하고 나를 따
르는 종자 몇을 성문마다 세워 안식일에 아무 짐도 들어오지 못하게 하였으므로
20장사꾼들과 각양 물건 파는 자들이 한두 번 예루살렘 성 밖에서 자므로 21내
가 그들에게 경계하여 이르기를 너희가 어찌하여 성 밑에서 자느냐 다시 이같이
하면 내가 잡으리라 하였더니 그 후부터는 안식일에 그들이 다시 오지 아니하였
느니라 22내가 또 레위 사람들에게 몸을 정결하게 하고 와서 성문을 지켜서 안
식일을 거룩하게 하라 하였느니라 내 하나님이여 나를 위하여 이 일도 기억하시
옵고 주의 크신 은혜대로 나를 아끼시옵소서

느헤미야의 살핌과 재개혁

느헤미야는 백성들이 하나님의 말씀대로 바로 사는지 항상 눈여겨 보았다. 또 살펴보니 안식일에 물건을 파는 사람들이 있었다. 지도자는 항

상 백성들의 삶을 살펴야 한다. 목회자도 성도들이 어떻게 생활하는지 살펴서 바른 길을 가도록 권면해야 하고, 자본주들도 직원들이 어떻게 일하고 사는지 주의 깊게 살펴보아야 한다. 지도자의 책임 중 하나가 돌아보는 것이다. 유다 백성들은 그들이 이미 약속한 것을 지키지 못하고 있었다.

> "혹시 이 땅 백성이 안식일에 물품이나 온갖 곡물을 가져다가 팔려고 할지라도 우리가 안식일이나 성일에는 그들에게서 사지 않겠고" (느10:31).

> "그 때에 내가 본즉 유다에서 어떤 사람이 안식일에 술틀을 밟고 곡식단을 나귀에 실어 운반하며 포도주와 포도와 무화과와 여러 가지 짐을 지고 안식일에 예루살렘에 들어와서 음식물을 팔기로 그 날에 내가 경계하였고, 또 두로 사람이 예루살렘에 살며 물고기와 각양 물건을 가져다가 안식일에 예루살렘에서도 유다 자손에게 팔기로" (15,16절).

느헤미야는 유다인이 안식일에 술틀을 밟아 포도주를 짜고, 나귀의 등에 곡식단을 지게 하여 운반하고, 포도와 무화과를 비롯한 음식물을 팔고, 또 두로 사람이 아예 예루살렘에 살면서 물고기와 각양 물건들을 유다인에게 팔고 있는 것을 적발하였다. 그는 말씀을 지키지 못하는 유다인과 이방인들을 보고 그대로 지나칠 수 없었었다.

다른 사람들도 그 잘못을 보았지만 유독 느헤미야는 그 일을 주의시키고 엄히 책망하였다. 영적인 눈이 열려 있는 자와 세속적인 삶을 사는 자는 보고 행하는 것에 차이가 난다. 우리는 말씀대로 바로 살려는 열정이 있어야 재차 개혁할 수 있다.

느헤미야의 책망과 조치

유다인이 예루살렘에 들어와서 음식물이나 곡물을 팔거나 두로의 페니키아 상인들이 물건을 팔거나 모두 악한 일로 취급했다. 유다인들이 안식일에 물건을 파는 것도 잘못이요, 또 두로인의 것을 사는 것도 잘못이었다. 느헤미야는 책임이 있는 귀족들을 불러 꾸짖었다.

> "내가 유다의 모든 귀인들을 꾸짖어 그들에게 이르기를 너희가 어찌 이 악을 행하여 안식일을 범하느냐. 너희 조상들이 이 같이 행하지 아니하였느냐 그래서 우리 하나님이 이 모든 재앙을 우리와 이 성읍에 내리신 것이 아니냐 그럼에도 불구하고 너희가 안식일을 범하여 진노가 이스라엘에게 더욱 심하게 임하도록 하는도다 하고" (17,18절).

물건을 사고 파는 일은 재력이 있는 귀족들과 관계가 있었다. 그들은 조상들이 안식일을 지키지 않다가 모진 환난과 재앙을 당한 것을 뻔히 알면서도 여전히 정신을 차리지 못하고 하나님의 진노를 더하였다. 책임을 지고 있는 귀족들이 말씀대로 바로 살지 못함으로 백성들도 그 영향을 받고 있었다. 교회나 가정이나 책임을 맡은 자들이 먼저 말씀대로 순종해야 한다. 지도자가 바로 살지 못하면 다른 사람들도 그 영향을 받게 된다. 느헤미야는 귀족들에게 책망하였을 뿐만 아니라 실제적인 제재를 가하였다.

> "안식일 전 예루살렘 성문이 어두워갈 때에 내가 성문을 닫고 안식일이 지나기 전에는 열지 말라 하고 나를 따르는 종자 몇을 성문마다

세워 안식일에는 아무 짐도 들어오지 못하게 하였으므로 장사꾼들과 각양 물건 파는 자들이 한두 번 예루살렘 성 밖에서 자므로 내가 그들에게 경계하여 이르기를 너희가 어찌하여 성 밑에서 자느냐 다시 이 같이 하면 내가 잡으리라 하였더니 그 후부터는 안식일에 그들이 다시 오지 아니하였느니라" (19-21절).

안식일 전날 초저녁에 성문을 닫아 걸었다. 안식일이 지나기까지는 상인들이 일절 출입을 하지 못하게 하였다. 성문마다 느헤미야의 종 두세 사람들을 문지기로 세웠다. 안식일에 물건을 사고 파는 일에 대하여 철저하게 금지시켰다. 그의 종들에게 성문을 지키게 한 것을 보면 그가 얼마나 세심하게 일을 처리했는가를 알 수 있다.

상인들이 안식일에 예루살렘에 들어오지 못하여 다음 날 일찍 들어오려고 예루살렘 성 밖에서 잠자는 일도 있었다. 그러나 느헤미야는 이런 행위까지 금지시켰다. 아예 잘못된 일은 뿌리 채 뽑으려는 철저한 신앙 자세를 엿볼 수 있다. 느헤미야가 과감한 조치를 취했을 때, 더 이상 안식일에 상인들이 예루살렘에 오지 않았다.

"악은 모든 모양이라도 버리라" (살전5:22).

우리는 비신앙적인 것을 제거하기 위하여 강력한 조치가 때로 필요하다. 현대교회는 죄에 대하여 치리가 강화되어야 한다. 비신앙적인 것에 대하여 징계를 가하므로 전 교인이 죄에 대하여 경고를 받도록 해야 한다. 느헤미야가 백성들에게 죄에 대하여 책망하고 징계하기 위해서 자신은 얼마나 경건하게 살려고 최선을 다하였겠는가? 지도자가 말씀대로 철저하게 순종하지 못하면 다른 사람들을 바로 지도할 수 없다.

사람보다 하나님의 인정을 받으라

안식일 성수가 어느 정도 해결되었으나 느헤미야는 레위인들에게 명하여 몸을 정결하게 하고 안식일을 거룩하게 지킬 수 있도록 성문을 잘 지키라고 지시했다. 책임진 자들이 바로 시행해야 다른 백성들이 범죄하지 않는다.

느헤미야는 이런 힘겨운 개혁을 단행하면서도 사람들에게 추앙받으려 하지 않고 하나님께서 기억해 주시기를 바랐다.

> "내가 또 레위 사람들에게 몸을 정결하게 하고 와서 성문을 지켜서 안식일을 거룩하게 하라 하였느니라. 내 하나님이여 나를 위하여 이 일도 기억하시옵고 주의 크신 은혜대로 나를 아끼시옵소서"(22절).

그는 세상에서 대가를 바라지 않고 사후에 갚아주시는 하나님을 바라보았다. 자기의 선한 행위가 사람들에게 인정받기보다도 하나님께 인정받기를 기대했다. 힘든 개혁을 하려고 했을 때 백성들의 불평과 원망이 왜 없었겠는가? 그래서 그는 하나님의 크신 은혜를 기원했고 자신을 아껴달라고 청했던 것이다.

하나님의 말씀대로 행하려고 개혁을 단행한다는 것은 어려운 일이다. 십자가를 지고 가는 마음으로 헌신할 때에 하나님께서 우리에게 지혜와 힘을 주실 것이다.

은퇴하신 목사님께서 어떤 교회가 분열이 일어났는데 문제를 수습하려고 가서 법대로 하려고 했더니 교인 30%만 따르고 나머지 사람들은 싫어하더라고 하셨다. 사람들은 하나님의 말씀대로 그대로 살기를 거부하고, 자기들이 편한대로 살기를 바란다.

오늘날 주일성수만 하더라도 교인들은 자기 형편에 따라서 행한다. 목사가 엄격하게 말하거나 책망을 하면 싫어한다. 그럴지라도 지도자는 기도하고 하나님의 말씀을 가르치고 그대로 지켜나가려고 최선을 다해야 한다. 무엇보다도 교회의 중직자들이 솔선수범하여 하나님의 말씀을 지켜나가야 한다.

주일날 자기의 형편에 따라서 예배에 빠진다든지, 쇼핑을 하거나 스포츠 경기를 관람하거나 장사를 하는 일이나 음식을 사 먹는 일들을 삼가야 한다. 느헤미야와 같이 성도들과 자녀들이 주일성수를 범하지 않도록 잘 살피고 권면해야 할 것이다.

Nehemiah Explanation

27
신앙의 순결

느 13:23-31

23그 때에 내가 또 본즉 유다 사람이 아스돗과 암몬과 모압 여인을 맞아 아내로
삼았는데 24그들의 자녀가 아스돗 방언을 절반쯤은 하여도 유다 방언은 못하니
그 하는 말이 각 족속의 방언이므로 25내가 그들을 책망하고 저주하며 그들 중
몇 사람을 때리고 그들의 머리털을 뽑고 이르되 너희는 너희 딸들을 그들의 아
들들에게 주지 말고 너희 아들들이나 너희를 위하여 그들 딸들을 데려오지 아니
하겠다고 하나님을 가리켜 맹세하라 하고 26또 이르기를 옛적에 이스라엘 왕 솔
로몬이 이 일로 범죄하지 아니하였느냐 그는 많은 나라 중에 비길 왕이 없이 하
나님의 사랑을 입은 자라 하나님이 그를 왕으로 삼아 온 이스라엘을 다스리게
하셨으나 이방 여인이 그를 범죄하게 하였나니 27너희가 이방 여인을 아내로 맞
아 이 모든 큰 악을 행하여 우리 하나님께 범죄하는 것을 우리가 어찌 용납하겠
느냐 28대제사장 엘리아십의 손자 요야다의 아들 하나가 호론 사람 산발랏의 사
위가 되었으므로 내가 쫓아내어 나를 떠나게 하였느니라 29내 하나님이여 그들
이 제사장의 직분을 더럽히고 제사장의 직분과 레위 사람에 대한 언약을 어겼사
오니 그들을 기억하옵소서 30내가 이와 같이 그들에게 이방 사람을 떠나게 하여
깨끗하게 하고 또 제사장과 레위 사람의 반열을 세워 각각 자기의 일을 맡게 하
고 31또 정한 기한에 나무와 처음 익은 것을 드리게 하였사오니 내 하나님이여
나를 기억하사 복을 주옵소서

금지시켰던 이방 혼인

느헤미야 총독의 세 가지 중대 개혁은 십일조 생활과 안식일 성수, 그리고 이방 혼인 금지였다. 사실 우리가 하나님을 바로 섬기는 일에 이 세

가지는 너무나도 중요하다. 사람들은 돈을 중시하고 우상시 한다. 그 어떤 일보다 살아가기 위하여 돈 버는 일은 중요하다. 직장이나 사업 중심으로 우리의 생활이 움직인다. 물질을 하나님께 거룩하게 구별할 수 있다면 벌써 신앙의 반은 자리를 잡았다고 할 수 있다.

그리고 자기의 시간 계획 속에 주일성수가 우선이라고 한다면 그 사람의 삶은 하나님 중심의 삶이 자리를 잡고 있다고 말할 수 있다. 그리고 평생을 함께 살아가는 배우자가 같은 신앙을 가지고 있다면 그 인생은 신앙의 갈등이 없이 형통할 것이다. 누구의 지시에 의해서가 아니라 스스로 하나님의 말씀대로 순종하겠다는 마음 중심에서 이 세 가지의 법을 지킨다면 그 사람은 신실한 그리스도인으로 인정할 수 있을 것이다.

총독은 금지시켰던 이방 혼인을 유다인들이 다시 한 것을 발견하였다. 이미 개혁했던 일을 다시 살폈더니 또 문제가 생긴 것이다. 인간은 가만히 두면 계속 하여 범죄하고 실수한다. 그래서 영적인 지도자는 지속적으로 성도들의 경건생활을 살펴야 한다.

> "그 때에 내가 또 본즉 유다 사람이 아스돗과 암몬과 모압 여인을 맞아 아내로 삼았는데 그들의 자녀가 아스돗 방언을 절반쯤은 하여도 유다 방언은 못하니 그 하는 말이 각 족속의 방언이므로"(23,24절).

유다인들이 아스돗과 암몬과 모압 여자들을 아내로 삼았는데 그들의 자녀들이 유다 말은 못하고 각 족속의 방언으로 말했다. 하나님을 믿는 백성들이 유다 말은 하지 못하고 외국 말만 하고 있으니 기가 막힐 노릇이었다. 언어가 다르니 유다 백성들이 하나님 중심으로 뭉쳐질 수 없었다. 유다 언어를 쓰지 못한다는 것은 하나님의 율법을 전해 들을 수 없고, 결국 여호와 신앙을 가질 수 없다는 것이다.

오늘날 우리가 세속 문화를 거부하는 이유 중의 하나가 하나님의 말씀에 집중할 수 없다는 것이다. 하나님의 말씀을 읽고 듣지 못하면 결국 하나님을 섬길 수 없는 결과를 초래하게 된다.

느헤미야의 강력한 징계

> "내가 그들을 책망하고 저주하며 그들 중 몇 사람을 때리고 그들의 머리털을 뽑고 이르되 너희는 너희 딸들을 그들의 아들들에게 주지 말고 너희 아들들이나 너희를 위하여 그들의 딸들을 데려오지 아니하겠다고 하나님을 가리켜 맹세하라 하고"(25절).

총독은 이방 결혼을 하여 신앙의 순수성을 저버린 자들을 책망하고 저주하였다. 너무 화가 나서 몇 사람을 때리고 그들의 머리털을 뽑기까지 하였다. 그들의 죄가 다른 어떤 죄보다 중하고 심각함을 되새겨 주었다. 위법자들을 강경하게 처벌하므로 온 백성에게 경종이 되었을 것이다.

바벨론 포로시대로부터 그 때까지 유다인들은 이방 혼인을 정치적인 외압으로 어쩔 수 없이 받아들일 수밖에 없었다. 자주국이 아니라 강대국의 지배 세력 아래에 있었기 때문에 이방인들과 섞여 살았고, 따라서 이방 혼인도 자연스럽게 수용했을 것이다.

그러나 느헤미야는 이방 혼인이 여호와 신앙에서 순수성을 상실하는 큰 죄가 된다는 것을 다시 일깨워주었다. 그는 이방인의 딸들을 데려와 자기의 아들들과 결혼을 시키지 않고, 이방의 아들들을 데리고 와 그들의 딸들과 결혼을 시키지 않겠다고 하나님의 이름으로 맹세를 시켰다. 왜 이방인과 결혼하는 것이 죄가 되는지 솔로몬의 경우를 들어 자세하게 가르쳐주었다. 유다인들에게 과거의 역사를 기억하게 하여 이방 결혼의 죄악상을 일깨워주었다.

> "또 이르기를 옛적에 이스라엘 왕 솔로몬이 이 일로 범죄하지 아니하였느냐 그는 많은 나라 중에 비길 왕이 없이 하나님의 사랑을 입은 자라 하나님이 그를 왕으로 삼아 온 이스라엘을 다스리게 하셨으나 이방 여인이 그를 범죄하게 하였나니, 너희가 이방 여인을 아내로 맞아 이 모든 큰 악을 행하여 우리 하나님께 범죄하는 것을 우리가 어찌 용납하겠느냐(26,27절).

성경의 내용과 과거 역사를 잘 상기시켜준다면 훨씬 효과적인 교훈이 될 것이다. 유다의 우상숭배의 죄는 결국 이방 혼인에서 기인하였다. 솔로몬 왕이 많은 이방 여인들을 아내로 삼으면서 이방의 신들이 수입되었고, 온 나라는 우상숭배의 죄로 가득 채워졌다.

그 결과로 나라는 분열되었고 타락하였으며 마침내 앗수르와 바벨론에 의하여 멸망당하였고 백성들은 포로로 잡혀가고 말았다. 그 비극의 역사를 알고 있는 백성들이 다시금 이방 혼인의 범죄를 느헤미야는 결코 용납할 수 없었다.

제사장직 박탈

대제사장 엘리아십의 증손자 하나가 이방인 산발랏의 사위가 되었으므로 총독은 그의 직위를 박탈하고 다시는 제사장의 직분을 맡을 수 없도록 했다.

이방인 호론 사람 산발랏은 유다인들의 원수이다. 예루살렘 성벽을 재건하려고 했을 때 앞장 서 반대하던 인물이었다(느4:1,6:1,2). 영적 지도자인 제사장이 그런 집안의 사위가 된다는 것은 도무지 신앙적으로 용납할 수 없는 일이었다. 백성들에게 대제사장의 가문은 가장 큰 영향력을 끼치기 때문에 더 강력하게 징계를 가했던 것이다.

> "대제사장 엘리아십의 손자 요야다의 아들 하나가 호론 사람 산발랏의 사위가 되었으므로 내가 쫓아내어 나를 떠나게 하였느니라"(28절).

느헤미야가 권력의 중심에 있었던 대제사장의 가족을 엄중하게 징계할 수 있었던 것은 그가 하나님의 말씀 앞에서 바르게 살았기 때문이다. 만약 느헤미야가 부정직하고 불의하게 정치를 했더라면 부와 실권을 쥐고 있는 권력자들을 엄중하게 벌하지 못했을 것이다. 느헤미야는 사람을 두려워하지 않고 하나님을 두려워했기 때문에 율법대로 범죄자들을 강력하게 처벌할 수 있었다.

지도자는 자기의 삶이 정직하고 말씀에서 벗어나지 않아야 다른 사람들을 책망하고 징계할 수 있다. 아무리 유력한 교인이라도 하나님의 말씀을 어기고 범죄할 때에는 책망하고 징계할 수 있어야 한다. 항상 말씀을 묵상하고 자기를 돌아보는 신앙 자세가 중요하다.

> "형제들아 사람이 만일 무슨 범죄한 일이 드러나거든 신령한 너희는 온유한 심령으로 그러한 자를 바로잡고 너 자신을 살펴보아 너도 시험을 받을까 두려워하라"(갈6:1).

제사장의 직분을 더럽히고 언약을 어긴 자들을 총독이 충분히 징계하지 못한 부분은 하나님께서 징계해 주시기를 바랐다. 그리고 범죄한 것을 개혁하고 바로잡고 다시 영적 책임자들을 세워 율법을 바로 이행하도록 했다.

> "내 하나님이여 그들이 제사장의 직분을 더럽히고 제사장의 직분과 레위 사람에 대한 언약을 어겼사오니 그들을 기억하옵소서. 내가 이와 같이 그들에게 이방 사람을 떠나게 하여 그들을 깨끗하게 하고 또 제사장과 레위 사람의 반열을 세워 각각 자기의 일을 맡게 하고" (29,30절).

느헤미야는 이방 결혼을 금지시키고 이스라엘의 신앙적인 순결을 보존하도록 했을 뿐만 아니라, 제사장과 레위 사람들의 반열을 세워 각자 임무를 맡겼다. 후일에 총독 자신이 떠난 뒤에라도 하나님의 일이 온전히 개혁되도록 하였다.

하나님의 제사를 위하여 정한 기한에 나무를 드리는 것과 처음 익은 열매를 드리도록 한 선한 과업들을 하나님께서 기억해 주시기를 원했다. 사람들에게 자기의 공로를 인정받기 보다는 하나님이 인정하고 알아주실 것을 원했다.

> "또 정한 기한에 나무와 처음 익은 것을 드리게 하였사오니 내 하나님이여 나를 기억하사 복을 주옵소서" (31절).

우리는 느헤미야의 개혁 정신을 본받아야 한다. 장차 재림하실 예수님을 위하여 우리는 어떻게 살아야 할 것인가? 과연 하나님의 말씀에서 벗어나지 않고 바로 살고 있는가? 자신의 신앙을 점검해 보고 말씀 위에 굳게 서야 할 것이다.

학사 에스라와 유다 총독 느헤미야가 유다에 와서 영적 개혁을 주도하고 예루살렘 성벽을 재건하였다. 그 이후에 '말라기' 선지자가 와서 신앙개혁을 강력히 부르짖었다. 그는 B.C.435년에서 425년까지 약 10여년 동안, 유다 민족이 하나님의 말씀대로 바로 순종하면서 살 것을 외쳤고, 장차 오실 메시야에 대하여 예언하였다.

> "만군의 여호와가 이르노라 보라 용광로 불 같은 날이 이르리니 교만한 자와 악을 행하는 자는 다 지푸라기 같을 것이라 그 이르는 날에 그들을 살라 그 뿌리와 가지를 남기지 아니할 것이로되 내 이름을 경외하는 너희에게는 공의로운 해가 떠올라서 치료하는 광선을 비추리니 너희가 나가서 외양간에서 나온 송아지 같이 뛰리라"(말 4:1,2).

'말라기' 선지자는 이스라엘과 온 인류가 기다리고 갈망하던 구원주 '메시야'가 오실 것과 그의 길을 예비할 엘리야의 심령과 능력을 지닌 '세례요한'이 올 것을 예언하였다(말4:5,6, 눅1:17). 그리고 마침내 신약의 '예수 그리스도'가 미가 선지자의 예언대로 베들레헴에서 탄생하셨다(미5:2).

에스라서와 느헤미야서를 연구하면서 깨달았던 가장 큰 교훈은 하나님은 언약하신 대로 반드시 성취하시는 신실한 주님이라는 것과 예배드리는 거룩한 공동체는 반드시 복을 주시고 구원하신다는 것이다. 고난의 바벨론 포로의 역사 기간 동안 유다인들은 여러 번 언약의 역사에서 끊어질 뻔했지만, 하나님의 크신 사랑과 은혜로 구원을 받았다는 것이다.

에스라, 느헤미야서 강해

구약의 유다 마지막 역사

■
초판 1쇄 인쇄 / 2021년 1월 11일
초판 1쇄 발행 / 2021년 1월 21일

■
지은이 / 김 홍 규
펴낸이 / 김 수 관
펴낸곳 / 도서출판 영문
03401 서울시 은평구 역말로 53(역촌동)
☏ (02)357-8585
FAX • (02)382-4411
E-mail • kskym49@daum.net

■
출판등록번호 / 제 03-01016호
출판등록일 / 1997. 7. 24

파본은 교환해 드립니다.
본 출판물은 저작권법으로 보호 받는
저작물이므로 출판사나 저자의 허락없이
무단 전재나 무단 복제를 할 수 없습니다.

정가 15,000원
ISBN 978-89-8487-348-3 03230
Printed in Korea